全国计算机技术与软件专业技术资格(水平)考试指定用书

电子商务设计师
2016至2020年试题分析与解答

计算机技术与软件专业技术资格考试研究部　主编

清华大学出版社
北　京

内 容 简 介

电子商务设计师考试是计算机技术与软件专业技术资格（水平）考试的中级职称考试，是历年各级考试报名中的热点之一。本书汇集了从 2016 下半年到 2020 下半年的所有试题和权威的解析，参加考试的考生，认真读懂本书的内容后，将会更加了解考题的思路，对提升自己考试通过率的信心会有极大的帮助。

本书扉页为防伪页，封面贴有清华大学出版社防伪标签，无上述标识者不得销售。
版权所有，侵权必究。举报：010-62782989，beiqinquan@tup.tsinghua.edu.cn。

图书在版编目（CIP）数据

电子商务设计师 2016 至 2020 年试题分析与解答 / 计算机技术与软件专业技术资格考试研究部主编. —北京：清华大学出版社，2021.12（2024.5重印）
全国计算机技术与软件专业技术资格（水平）考试指定用书
ISBN 978-7-302-58934-1

Ⅰ.①电… Ⅱ.①计… Ⅲ.①电子商务－资格考试－题解 Ⅳ.①F713.361-44

中国版本图书馆 CIP 数据核字(2021)第 174475 号

责任编辑：杨如林
封面设计：杨玉兰
责任校对：徐俊伟
责任印制：沈　露

出版发行：清华大学出版社
网　　址：https://www.tup.com.cn，https://www.wqxuetang.com
地　　址：北京清华大学学研大厦 A 座　　邮　编：100084
社 总 机：010-83470000　　邮　购：010-62786544
投稿与读者服务：010-62776969，c-service@tup.tsinghua.edu.cn
质量反馈：010-62772015，zhiliang@tup.tsinghua.edu.cn

印 装 者：大厂回族自治县彩虹印刷有限公司
经　　销：全国新华书店
开　　本：185mm×230mm　　印　张：16　　防伪页：1　　字　数：379 千字
版　　次：2021 年 12 月第 1 版　　印　次：2024 年 5 月第 2 次印刷
定　　价：59.00 元

产品编号：093776-01

前 言

根据国家有关的政策性文件，全国计算机技术与软件专业技术资格（水平）考试（以下简称"计算机软件考试"）已经成为计算机软件、计算机网络、计算机应用、信息系统、信息服务领域高级工程师、工程师、助理工程师（技术员）国家职称资格考试。而且，根据信息技术人才年轻化的特点和要求，报考这种资格考试不限学历与资历条件，以不拘一格选拔人才。现在，软件设计师、程序员、网络工程师、数据库系统工程师、系统分析师、系统架构设计师和信息系统项目管理师等资格的考试标准已经实现了中国与日本互认，程序员和软件设计师等资格的考试标准已经实现了中国和韩国互认。

计算机软件考试规模发展很快，至今累计报考人数超过 600 万人。

计算机软件考试已经成为我国著名的 IT 考试品牌，其证书的含金量之高已得到社会的公认。计算机软件考试的有关信息见网站www.ruankao.org.cn中的资格考试栏目。

对考生来说，学习历年试题分析与解答是理解考试大纲的最有效、最具体的途径。

为帮助考生复习备考，计算机技术与软件专业技术资格考试研究部组织编写了电子商务设计师 2016 至 2020 年的试题分析与解答（本考试安排在每年下半年），以便于考生测试自己的水平，发现自己的弱点，更有针对性、更系统地学习。

计算机软件考试的试题质量高，包括了职业岗位所需的各个方面的知识和技术，不但包括技术知识，还包括法律法规、标准、专业英语、管理等方面的知识；不但注重广度，而且还有一定的深度；不但要求考生具有扎实的基础知识，还要具有丰富的实践经验。

这些试题中，包含了一些富有创意的试题，一些与实践结合得很好的试题，一些富有启发性的试题，具有较高的社会引用率，对学校教师、培训指导者、研究工作者都是很有帮助的。

由于编者水平有限，时间仓促，书中难免有错误和疏漏之处，诚恳地期望各位专家和读者批评指正，对此，我们将深表感激。

编者

2021 年 9 月

目　录

第 1 章　2016 下半年电子商务设计师上午试题分析与解答 1
第 2 章　2016 下半年电子商务设计师下午试题分析与解答 32
第 3 章　2017 下半年电子商务设计师上午试题分析与解答 52
第 4 章　2017 下半年电子商务设计师下午试题分析与解答 81
第 5 章　2018 下半年电子商务设计师上午试题分析与解答 100
第 6 章　2018 下半年电子商务设计师下午试题分析与解答 131
第 7 章　2019 下半年电子商务设计师上午试题分析与解答 152
第 8 章　2019 下半年电子商务设计师下午试题分析与解答 184
第 9 章　2020 下半年电子商务设计师上午试题分析与解答 202
第 10 章　 2020 下半年电子商务设计师下午试题分析与解答 231

第1章 2016下半年电子商务设计师上午试题分析与解答

试题（1）
在 Excel 中，假设单元格 A1、A2、A3 和 A4 的值分别为 23、45、36、18，单元格 B1、B2、B3、B4 的值分别为 29、38、25、21。在单元格 C1 中输入"=SUM(MAX(A1：A4)，MIN(B1：B4))"（输入内容不含引号）并按 Enter 后，C1 单元格显示的内容为__(1)__。
（1）A．44　　　　　　B．66　　　　　　C．74　　　　　　D．84

试题（1）分析
本题考查 Excel 基础知识。
SUM 函数的功能是求和，MAX 函数是求最大值，MIN 函数是求最小值，所以 SUM(MAX(),MIN()) 的含义是求 A1：A4 区域内的最大值 45 和 B1：B4 区域内的最小值 21 之和，结果为 66。

参考答案
（1）B

试题（2）
计算机系统中，虚拟存储体系由__(2)__两级存储器构成。
（2）A．主存-辅存　　　　　　　　B．寄存器-Cache
　　　C．寄存器-主存　　　　　　　　D．Cache-主存

试题（2）分析
本题考查计算机系统基础知识。
虚拟存储是指将多个不同类型、独立存在的物理存储体，通过软、硬件技术，集成为一个逻辑上的虚拟的存储系统，集中管理供用户统一使用。这个虚拟逻辑存储单元的存储容量是它所集中管理的各物理存储体的存储量的总和，而它具有的访问带宽则在一定程度上接近各个物理存储体的访问带宽之和。
虚拟存储器实际上是主存-辅存构成的一种逻辑存储器，实质是对物理存储设备进行逻辑化的处理，并将统一的逻辑视图呈现给用户。

参考答案
（2）A

试题（3）
程序计数器（PC）是__(3)__中的寄存器。
（3）A．运算器　　　　B．控制器　　　　C．Cache　　　　D．I/O 设备

试题（3）分析
本题考查计算机系统基础知识。
计算机中控制器的主要功能是从内存中取出指令，并指出下一条指令在内存中的位置，

首先将取出的指令送入指令寄存器，然后启动指令译码器对指令进行分析，最后发出相应的控制信号和定时信息，控制和协调计算机的各个部件有条不紊地工作，以完成指令所规定的操作。

程序计数器（PC）的内容为下一条指令的地址。当程序顺序执行时，每取出一条指令，PC 内容自动增加一个值，指向下一条要取的指令。当程序出现转移时，则将转移地址送入 PC，然后由 PC 指出新的指令地址。

参考答案

（3）B

试题（4）

在计算机系统中总线宽度分为地址总线宽度和数据总线宽度。若计算机中地址总线的宽度为 32 位，则最多允许直接访问主存储器 __(4)__ 的物理空间。

（4）A．40MB　　　B．4GB　　　C．40GB　　　D．400GB

试题（4）分析

本题考查计算机系统基础知识。

在计算机中总线宽度分为地址总线宽度和数据总线宽度。其中，数据总线的宽度（传输线根数）决定了通过它一次所能并行传递的二进制位数。显然，数据总线越宽则每次传递的位数越多，因而，数据总线的宽度决定了在主存储器和 CPU 之间数据交换的效率。地址总线宽度决定了 CPU 能够使用多大容量的主存储器，即地址总线宽度决定了 CPU 能直接访问的内存单元的个数。假定地址总线是 32 位，则能够访问 2^{32}=4GB 个内存单元。

参考答案

（4）B

试题（5）

为了提高计算机磁盘存取效率，通常可以 __(5)__ 。

（5）A．利用磁盘格式化程序，定期对 ROM 进行碎片整理
　　　B．利用磁盘碎片整理程序，定期对内存进行碎片整理
　　　C．利用磁盘碎片整理程序，定期对磁盘进行碎片整理
　　　D．利用磁盘格式化程序，定期对磁盘进行碎片整理

试题（5）分析

本题考查计算机系统性能方面的基础知识。

文件在磁盘上一般是以块（或扇区）的形式存储的。磁盘文件可能存储在一个连续的区域内，或者被分割成若干个"片"存储在磁盘中不连续的多个区域。后一种情况对文件的完整性没有影响，但由于文件过于分散，将增加计算机读盘的时间，从而降低了计算机的效率。磁盘碎片整理程序可以在整个磁盘系统范围内对文件重新安排，将各个文件碎片在保证文件完整性的前提下转换到连续的存储区内，提高对文件的读取速度。但整理是要花费时间的，所以应该定期对磁盘进行碎片整理，而不是每小时对磁盘进行碎片整理。

参考答案

（5）C

试题（6）

商标权保护的对象是指 __(6)__ 。

(6) A．商品　　　　B．商标　　　　C．已使用商标　　　　D．注册商标

试题（6）分析

商标是指在商品或者服务项目上所使用的，用以识别不同生产者或经营者所生产、制造、加工、拣选、经销的商品或者提供的服务，具有显著特征的人为标记。

商标权是商标所有人依法对其商标所享有的专有使用权。商标权保护的对象是注册商标。注册商标是指经国家主管机关核准注册而使用的商标，注册人享有专用权。未注册商标是指未经申报商标局核准注册而直接投放市场使用的商标，未注册的商标可以使用，只是不享有专用权，不受商标法律保护，但未注册的驰名商标受到特殊的保护。未注册商标使用人始终处于一种无权利保障状态，而随时可能因他人相同或近似商标的核准注册而被禁止使用。一般情况下，使用在某种商品或服务上的商标是否申请注册完全由商标使用人自行决定。我国商标法规定，企业、事业单位和个体工商业者，对其生产、制造、加工、拣选或者经销的商品，或者对其提供的服务项目，需要取得商标专用权的，应当向商标局申请商品商标注册。商品的商标注册与否，实行自愿注册，但对与人民生活关系密切的少数商品实行强制注册。商标法第六条规定，国家规定必须使用注册商标的商品，必须申请商标注册，未经核准注册的，不得在市场上销售，例如对人用药品和烟草制品等，实行强制注册原则。

参考答案

(6) D

试题（7）

两名以上的申请人分别就同样的软件发明创造申请专利的，__(7)__ 可取得专利权。

(7) A．最先发明的人　　　　　　B．最先申请的人
　　C．所有申请的人　　　　　　D．最先使用人

试题（7）分析

在同一地域（国家）内，相同主题的发明创造只能被授予一项专利权。当两个以上的申请人分别就同样的发明创造申请专利的，专利权授给最先申请的人。如果两个以上申请人在同一日分别就同样的发明创造申请专利的，应当在收到专利行政管理部门的通知后自行协商确定申请人。如果协商不成，专利局将驳回所有申请人的申请，即均不授予专利权。我国专利法规定："两个以上的申请人分别就同样的发明创造申请专利的，专利权授予最先申请的人。"我国专利法实施细则规定："同样的发明创造只能被授予一项专利。依照专利法第九条的规定，两个以上的申请人在同一日分别就同样的发明创造申请专利的，应当在收到国务院专利行政部门的通知后自行协商确定申请人。"

参考答案

(7) B

试题（8）

下列操作系统中，__(8)__ 保持网络系统的全部功能，并具有透明性、可靠性和高性能等特性。

（8）A．批处理操作系统　　　　　　　　B．分时操作系统
　　　C．分布式操作系统　　　　　　　　D．实时操作系统

试题（8）分析

本题考查操作系统基础知识。

批处理操作系统是脱机处理系统，即在作业运行期间无需人工干预，由操作系统根据作业说明书控制作业运行。

分时操作系统是将 CPU 的时间划分成时间片，轮流为各个用户服务，其设计目标是多用户的通用操作系统，交互能力强。

分布式操作系统是网络操作系统的更高级形式，它保持网络系统所拥有的全部功能，同时又有透明性、可靠性和高性能等特性。

实时操作系统的设计目标是专用系统，其主要特征是实时性强及可靠性高。

参考答案

（8）C

试题（9）

"http:// www.x123.arts.hk" 中的 "arts.hk" 代表的是　__（9）__。

（9）A．韩国的商业机构　　　　　　　　B．香港的商业机构
　　　C．韩国的艺术机构　　　　　　　　D．香港的艺术机构

试题（9）分析

域名结构由若干分量组成，书写时按照由小到大的顺序，顶级域名放在最右边，分配给主机的名字放在最左边，各级名字之间用 "." 隔开。格式为：分配给主机的名字.三级域名.二级域名.顶级域名。例如 www.x123.arts.hk。因特网最高层域名分为机构性域名和地理性域名两大类。常见的国家或地区顶级域名如表 1 所示。

表 1　常见的国家或地区顶级域名

域名	国家/地区	域名	国家/地区
.cn	China 中国	.gb	Great Britain 英国
.au	Australia 澳大利亚	.hk	HongKong 中国香港
.ca	Canada 加拿大	.kr	Korea-south 韩国
.jp	Japan 日本	.ru	Russian 俄罗斯
.de	Germany 德国	.it	Italy 意大利
.fr	France 法国	.tw	Taiwan 中国台湾

常见的机构性域名如表 2 所示。

表 2　常见的机构性域名

域名	机构性质	域名	机构性质
.com	工、商、金融等企业	.rec	消遣机构
.net	互联网络、接入网络服务机构	.org	各种非盈利性的组织
.gov	政府部门	.edu	教育机构

续表

域名	机构性质	域名	机构性质
.arts	艺术机构	.mil	军事机构
.info	提供信息服务的企业	.firm	商业公司
.store	商业销售机构	.nom	个人或个体

参考答案

（9）D

试题（10）

某质量技术监督部门为检测某企业生产的批号为 B160203HDA 的化妆品含铅量是否超标，通常宜采用 __(10)__ 的方法。

（10）A．普查　　　　　　　　　B．查有无合格证
　　　C．抽样检查　　　　　　　D．查阅有关单据

试题（10）分析

测试产品是否合格需要对产品进行检查，检查的方法可以用普查和抽样检查。对于批号为 B160203HDA 的化妆品其产品生产量大，通过抽取部分样品即可代表整体，那么通常宜采用的方法是抽样检查。

参考答案

（10）C

试题（11）

自然界的声音信号一般都是多种频率声音的复合信号，用来描述组成复合信号的频率范围的参数被称为信号的 __(11)__ 。

（11）A．带宽　　　　B．音域　　　　C．响度　　　　D．频度

试题（11）分析

带宽是声音信号的一个重要参数，它用来描述组成复合信号的频率范围。

音域指某人声或乐器所能达到的最低音至最高音的范围。

响度指声音的大小，与振动的幅度有关。音调指声音的高低，与振动的频率有关。

参考答案

（11）A

试题（12）

目前在小型和微型计算机里最普遍采用的字母与字符编码是 __(12)__ 。

（12）A．BCD 码　　　B．海明码　　　C．ASCII 码　　　D．补码

试题（12）分析

本题考查计算机系统基础知识。

BCD 码（Binary-Coded Decimal）也称为二进码十进数或二-十进制代码，用 4 位二进制数来表示 1 位十进制数中的 0～9 这 10 个数码。

海明码是利用奇偶性来检错和纠错的校验编码方法。海明码的构成方法是在数据位之间插入 k 个校验位，通过扩大码距来实现检错和纠错。

ASCII（American Standard Code for Information Interchange，美国信息交换标准代码）码是基于拉丁字母的最通用的单字节编码系统，主要用于显示现代英语和其他西欧语言，ASCII码等同于国际标准 ISO/IEC 646。

补码是一种数值数据的编码方法。

参考答案

（12）C

试题（13）

以下关于解释方式运行程序的叙述中，错误的是 __（13）__ 。

（13）A．先将高级语言程序转换为字节码，再由解释器运行字节码

B．由解释器直接分析并执行高级语言程序代码

C．先将高级语言程序转换为某种中间代码，再由解释器运行中间代码

D．先将高级语言程序转换为机器语言，再由解释器运行机器语言代码

试题（13）分析

本题考查程序语言基础知识。

解释程序（也称为解释器）可以直接解释执行源程序，或者将源程序翻译成某种中间表示形式后再加以执行；而编译程序（编译器）则首先将源程序翻译成目标语言程序，然后在计算机上运行目标程序。这两种语言处理程序的根本区别是：在编译方式下，机器上运行的是与源程序等价的目标程序，源程序和编译程序都不再参与目标程序的执行过程；而在解释方式下，解释程序和源程序（或其某种等价表示）要参与到程序的运行过程中，运行程序的控制权在解释程序。简而言之，解释器翻译源程序时不产生独立的目标程序，而编译器则需将源程序翻译成独立的目标程序。

参考答案

（13）D

试题（14）

如果模块 A 的三个处理都对同一数据结构操作，则模块 A 的内聚类型是 __（14）__ 。

（14）A．逻辑内聚　　B．时间内聚　　C．功能内聚　　D．通信内聚

试题（14）分析

本题考查软件设计的基础知识。

模块间的耦合和模块的内聚是度量模块独立性的两个准则。内聚是模块功能强度的度量，即模块内部各个元素彼此结合的紧密程度。一个模块内部各个元素之间的紧密程度越高，则其内聚性越高，模块独立性越好。模块内聚类型主要有以下几类：

①偶然内聚或巧合内聚：指一个模块内的各处理元素之间没有任何联系。

②逻辑内聚：指模块内执行若干个逻辑上相似的功能，通过参数确定该模块完成哪一个功能。

③时间内聚：把需要同时执行的动作组合在一起形成的模块。

④过程内聚：指一个模块完成多个任务，这些任务必须按指定的过程执行。

⑤通信内聚：指模块内的所有处理元素都在同一个数据结构上操作，或者各处理使用相

同的输入数据或产生相同的输出数据。

⑥顺序内聚：指一个模块中的各个处理元素都密切相关于同一个功能且必须顺序执行，前一个功能元素的输出就是下一功能元素的输入。

⑦功能内聚：指模块内的所有元素共同作用完成一个功能，缺一不可。

参考答案

（14）D

试题（15）、（16）

某开发小组欲为一公司开发一个产品控制软件，监控产品的生产和销售过程，从购买各种材料开始，到产品的加工和销售进行全程跟踪。购买材料的流程、产品的加工过程以及销售过程可能会发生变化。该软件的开发最不适宜采用 __（15）__ 模型，主要是因为这种模型 __（16）__ 。

（15）A．瀑布　　　　B．原型　　　　C．增量　　　D．喷泉

（16）A．不能解决风险　　　　　　B．不能快速提交软件
　　　C．难以适应变化的需求　　　D．不能理解用户的需求

试题（15）、（16）分析

本题考查软件开发过程模型的基础知识。

瀑布模型将开发阶段描述为从一个阶段瀑布般地转换到另一个阶段的过程。

原型模型中，开发人员快速地构造整个系统或者系统的一部分以理解或澄清问题。

增量模型是把软件产品作为一系列的增量构件来设计、编码、集成和测试，每个构件由多个相互作用的模块组成，并且能够完成特定的功能。

喷泉模型开发过程章中以用户需求为动力，以对象为驱动，适合于面向对象的开发方法。

在上述几种开发过程模型中，瀑布模型不能适应变化的需求。

参考答案

（15）A　（16）C

试题（17）

修改现有软件系统的设计文档和代码以增强可读性，这种行为属于 __（17）__ 维护。

（17）A．正确性　　　B．适应性　　　C．完善性　　　D．预防性

试题（17）分析

本题考查维护的基础知识。

系统维护类型有正确性维护、适应性维护、完善性维护、预防性维护四类。

①正确性维护（改正性维护）是指改正在系统开发阶段已发生而系统测试阶段尚未发现的错误。

②适应性维护是指使应用软件适应信息技术变化和管理需求变化而进行的修改。

③完善性维护是为扩展功能和改善性能而进行的修改。

④预防性维护是改变系统的某些方面，以预防失效的发生。

修改现有软件系统的设计文档和代码以增强可读性，事实上是在提高软件的质量。因此属于完善性维护。

参考答案

(17) C

试题（18）

在 Intranet 中域名服务器的功能是___(18)___。

(18) A．支持各类应用软件资源的共享服务

B．接受内部客户的请求，允许 Intranet 用户访问 Internet

C．存储 HTML 文档，并将其发送给 Web 浏览器

D．处理 Intranet 内部计算机域名与 IP 地址的对照服务

试题（18）分析

本题考查网络域名服务器的基础知识。

DNS（Domain Name Server，域名服务器）的功能是进行域名和与之相对应的 IP 地址转换。在 DNS 域名服务器中保存了一张域名和与之相对应的 IP 地址的表，以解析消息的域名。域名是 Internet 上某一台计算机或计算机组的名称，用于在数据传输时标识计算机的电子方位（有时也指地理位置）。

总之，DNS 域名服务器在网络中将域名和 IP 地址对应服务，根据设置的参数转换域名为 IP 地址以便客户端设备访问到服务器。

参考答案

(18) D

试题（19）

网上第三方电子商务平台最主要的功能是___(19)___。

(19) A．供企业双方发布商务信息　　B．进行商品的交易和买卖

C．进行网络广告　　D．增加企业竞争力

试题（19）分析

本题考查第三电子商务平台主要作用和功能。

第三方电子商务平台也称为第三方电子商务企业，通常是指独立于产品或服务的提供者和需求者，通过网络服务平台，按照特定的交易与服务规范，为买卖双方提供服务，服务内容可以包括但不限于"供求信息发布与搜索、交易的确立、支付、物流"。

可见网上第三方电子商务平台最主要的功能是进行商品的交易和买卖为最佳答案。

参考答案

(19) B

试题（20）

余额宝、理财通及 P2P 投资产品等属于"互联网+"___(20)___。

(20) A．益农服务　　B．电子商务　　C．普惠金融　　D．人工智能

试题（20）分析

本题考查"互联网+"概念并对相关应用的理解。

国务院印发的《关于积极推进"互联网+"行动的指导意见》简称《指导意见》。《指导意见》提出了十一个"互联网+"具体行动：一是"互联网+"创业创新。二是"互联网+"

协同制造。三是"互联网+"现代农业。四是"互联网+"智慧能源。五是"互联网+"普惠金融，探索推进互联网金融云服务平台建设，鼓励金融机构利用互联网拓宽服务覆盖面，拓展互联网金融服务创新的深度和广度。六是"互联网+"益民服务，创新政府网络化管理和服务，大力发展线上线下新兴消费和基于互联网的医疗、健康、养老、教育、旅游、社会保障等新兴服务。七是"互联网+"高效物流。八是"互联网+"电子商务，大力发展农村电商、行业电商和跨境电商，推动电子商务应用创新。九是"互联网+"便捷交通。十是"互联网+"绿色生态。十一是"互联网+"人工智能。

余额宝是利用支付宝平台将大家的资金集合到一起，一部分到银行做存款，一部分到资本市场进行投资，再将赚到的钱分给每个用户；P2P理财是一种个人对个人的借贷模式，P2P平台就是提供了这样一个平台来完成个人对个人，企业对个人这样一个对接模式。这些都是互联网金融服务平台。

参考答案

（20）C

试题（21）

EDI网络传输的数据是 （21） 。

（21）A．自由文件　　B．平面文件　　C．用户端格式　　D．EDI标准报文

试题（21）分析

本题考查EDI的基础知识和EDI网络的工作过程。

EDI中文可译为"电子数据交换"，EDI商务是按一个公认的标准，形成结构化的事务处理或文档数据格式，从计算机到计算机的电子传输方法。简单地说，EDI就是按照商定的协议，将商业文件标准化和格式化，并通过计算机网络，在贸易伙伴的计算机网络系统之间进行数据交换和自动处理。俗称"无纸化贸易"。

EDI工作过程：

①发送方将要发送的数据从信息系统数据库中取出，转换成平面文件；
②将平面文件翻译为标准EDI报文，并组成EDI信件进行传输；
③发送方将EDI信件传送到接收方的EDI信箱；
④接收方从EDI信箱收取信件；
⑤接收方将EDI信件拆开并翻译成为平面文件；
⑥接收方将平面文件转换并送到信息系统中进行处理。

参考答案

（21）D

试题（22）

网上商店的单证是商家与 （22） 之间交易的凭证。

（22）A．厂家　　B．商家　　C．用户　　D．个人

试题（22）分析

本题考查网上商店的单证的基础知识。

所谓网上单证，就是在电子交易中使用的表格和单证。它是计算机网络的数据库与用户

之间的联系界面，是电子交易信息流的逻辑载体。它可以通过网页的形式来表现和传播，是商家向用户收集和传递必要的商务信息。

设计本商店网上单证的种类和格式内容：

①按照一般网上商店在网上销售、交易双方信息交互的需要，列出所需的网上单证种类的名称，如客户注册单证、商品信息表、购物车等。

②列出各种单证的有关数据项并确定项名等。

参考答案

（22）C

试题（23）

网络的价值以网络节点数平方的速度增长，这个法则被称为 ___（23）___ 。

（23）A．增长法则　　　　　　　　B．梅特卡夫法则
　　　C．摩尔法则　　　　　　　　D．科斯法则

试题（23）分析

本题考查网络经济条件下几个重要经济法则的认识和理解。

①梅特卡夫（Metcalfe）法则：是指网络价值以用户数量的平方的速度增长。网络价值等于网络节点数的平方，即 $V=n^2$（V 表示网络的总价值，n 表示用户数）网络外部性是梅特卡夫法则的本质。

②摩尔定律是由英特尔（Intel）创始人之一戈登·摩尔（Gordon Moore）提出来的。其内容为：当价格不变时，集成电路上可容纳的晶体管数目，每隔 18～24 个月便会增加一倍，性能也将提升一倍。换言之，每一美元所能买到的电脑性能，将每隔 18～24 个月翻一倍以上。这一定律揭示了信息技术进步的速度。"摩尔定律"归纳了信息技术进步的速度。

③科斯定理（Coase theorem）由罗纳德·科斯（Ronald Coase）提出的一种观点，认为在某些条件下，经济的外部性或非效率可以通过当事人的谈判而得到纠正，从而达到社会效益最大化。

参考答案

（23）B

试题（24）

数据库设计分多个阶段，将 E-R 图转换成关系数据模型的过程属于 ___（24）___ 。

（24）A．需求分析阶段　　　　　　B．概念设计阶段
　　　C．逻辑设计阶段　　　　　　D．物理设计阶段

试题（24）分析

本题考查数据库设计的基础知识。

数据库设计的基本步骤：

①需求分析阶段：需求收集和分析，得到数据字典和数据流图。

②概念结构设计阶段：对用户需求综合、归纳与抽象，形成概念模型，用 E-R 图表示。

③逻辑结构设计阶段：将概念结构转换为某个 DBMS 所支持的数据模型。

④数据库物理设计阶段：为逻辑数据模型选取一个最适应用环境的物理结构。

⑤数据库实施阶段：建立数据库，编制与调试应用程序，组织数据入库，程序试运行。
⑥数据库运行和维护阶段：对数据库系统进行评价、调整与修改。

参考答案

（24）C

试题（25）

Internet 网络是一种 __（25）__ 结构的网络。

（25）A．星型　　　　B．总线型　　　　C．树型　　　　D．网型

试题（25）分析

本题考查计算机网络基础知识。

常见的网络拓扑结构为：

①星型拓扑。

星型拓扑是由中央节点和通过通信链路接到中央节点的各个站点组成。

②总线型拓扑。

总线型拓扑结构采用一个信道作为传输媒体，所有站点都通过相应的硬件接口直接连到这一公共传输媒体上，该公共传输媒体即称为总线。

③环型拓扑。

环型拓扑网络由站点和连接站的链路组成一个闭合环。

④树型拓扑。

树型拓扑从总线型拓扑演变而来，形状像一棵倒置的树，顶端是树根，树根以下带分支，每个分支还可再带子分支。

⑤网型拓扑。

网型拓扑结构在广域网中得到了广泛的应用，它的优点是不受瓶颈问题和失效问题的影响。由于节点之间有许多条路径相连，可以为数据流的传输选择适当的路由，从而绕过失效的部件或过忙的节点。

参考答案

（25）D

试题（26）

用户上传或下载文件，是 OSI 模型中 __（26）__ 提供的服务。

（26）A．表示层　　　　B．会话层　　　　C．传输层　　　　D．应用层

试题（26）分析

本题考查网络协议的知识。

应用层协议工作在 OSI 模型的上层，提供应用程序间的交换和数据交换。比较常用的应用层协议有：SMTP（simple Mail Transfer Protocol，简单邮件传输协议）、BOOTP（Boot Trap Protocol）、FTP（File Transfer Protocol，文件传输协议）、HTTP（Hypertext Transfer Protocol，超文本传输协议）、AFP（Apple Talk，文件协议）、SNMP（Simple Network Management Protocol）、SMB（Server Message Block Protocol）、TFTP（简单文件传输协议）、NCP（NetWare Core Protocol）、NFS（Network File System）等。

参考答案

（26）D

试题（27）

POP3 协议是用来 __（27）__ 邮件的协议。

（27）A．发送　　　　　B．接收　　　　　C．存储　　　　　D．转发

试题（27）分析

本题考查电子邮件协议的知识。

常用的电子邮件协议包括：SMTP 协议、POP3 协议和 IMAP 协议。

SMTP（Simple Mail Transfer Protocol，简单邮件传输协议）是 Internet 上基于 TCP/IP 的应用层协议，使用于主机与主机之间的电子邮件交换。SMTP 的特点是简单，它只定义了邮件发送方和接收方之间的连接传输，将电子邮件由一台计算机传送到另一台计算机，而不规定其他任何操作。

电子邮件用户要从邮件服务器读取或下载邮件时必须要有邮件读取协议。现在常用的邮件读取协议有两个，一个是邮局协议的第三版本（Post Office Protocol Version 3，POP3），另一个是因特网报文存取协议（Internet Message Access Protocol，IMAP）。

参考答案

（27）B

试题（28）

某公司分为 6 个部门，其中最大的部门有 29 台计算机，现申请了一个 C 类 IP 地址，要求每个部门在一个子网内，采用子网划分的方式来实现，则子网掩码应设为 __（28）__ 。

（28）A．255.255.255.0　　　　　　　B．255.255.255.128

　　　C．255.255.255.192　　　　　　D．255.255.255.224

试题（28）分析

本题考查 IP 地址子网划分的知识。

在 IPv4 中，默认情况下 C 类 IP 地址最后一个字节（后 8 位）表示主机号，根据题目"采用子网划分的方式来实现"，且主机数≥29 的要求，至少需要 5 位表示主机号（2^5≥29）；而 6 个部门即至少 6 个子网，网络数≥6，因此，至少需要 3 位表示网络号（2^3≥6）。因此，最后一个字节只能是 3 位网络号+5 位主机号，子网掩码网络号全为 1，主机号全为 0，即掩码为 255.255.255.224。

参考答案

（28）D

试题（29）

计算机操作系统的主要功能是 __（29）__ 。

（29）A．对计算机的软硬件资源进行统一控制和管理，为用户使用计算机提供方便

　　　B．对用户的数据文件进行管理，为用户使用文件提供方便

　　　C．对办公文件进行统一管理，为用户办公提供方便

　　　D．对源程序进行编译和运行

试题（29）分析

本题考查计算机操作系统的基础知识。

操作系统（Operating System，OS），是计算机系统中负责支撑应用程序运行环境以及用户操作环境的系统软件，同时也是计算机系统的核心与基石。它的职责常包括对硬件的直接监管、对各种计算资源（如内存、处理器时间等）的管理，以及提供诸如作业管理之类的面向应用程序的服务等。

参考答案

（29）A

试题（30）

在电子商务安全体系结构中，安全认证层涉及的技术是__(30)__。

(30) A．对称加密　　　　　　　　　B．入侵检测技术
　　　C．数字摘要　　　　　　　　　D．非对称加密

试题（30）分析

本题考查电子商务安全体系的相关知识。

电子商务安全体系反映了电子商务安全涉及的内容和相关技术。电子商务安全体系结构如下图所示。

应用系统层
保密性、完整性、可用性、可控性、不可否认性、身份可认证性
安全协议层
SSL 协议、SET 协议、……
安全认证层
数字摘要、数字签名、数字证书、认证中心、……
加密技术层
对称加密、非对称加密
网络服务层
入侵检测技术、安全扫描、防火墙、……

参考答案

（30）C

试题（31）

DES 算法的 64 位密钥中有若干位是奇偶校验位，其中奇偶校验位长度是__(31)__位。

(31) A．1　　　　　B．2　　　　　C．4　　　　　D．8

试题（31）分析

本题考查 DES 加密算法。

DES 算法是 IBM 公司研制的一种数据加密算法，1977 年被美国国家标准局颁布为商用数据加密标准，后又被国际标准化组织 ISO 定为国际标准，广泛应用于金融行业的电子资金转账（EFT）等领域。DES 采用 64 位密钥加密，其中有 8 位是奇偶校验位，实际有效密钥

长度是 56 位。

参考答案

(31) D

试题（32）

在以下加密算法中，属于非对称密钥密码体制的算法是__(32)__。

(32) A．AES 算法　　B．DES 算法　　C．IDEA 算法　　D．RSA 算法

试题（32）分析

本题考查常见的加密算法。

常见的分组对称密码机制如下：

① DES：是第一个得到广泛应用的密码算法，属于对称分组密码系列，输入明文 64 位，密钥 56 位，密文 64 位。DES 密钥太短，已经远远不能适应保密需要。另外 DES 设计为用硬件实现，软件实现时效率很低，3DES 更加低效。

② IDEA：属于对称分组密码，明文 64 位，密钥 128 位，密文 64 位。由来学嘉和 James Massey 提出，是一种专利算法，在欧洲使用较广。

③ RC 系列：是 Ron Rivest 为 RSA 设计的密码算法，主要包括：RC4 变长密钥，Rivest 在 1987 年设计的；RC5 分组长，密钥长，及轮数均可变的对称分组密码，是由 Rivest 在 1994 年设计的。

④ AES：NIST 发起高级加密标准的评选，要求实现更快，安全性至少要达到 3DES 水平，应该使用 128 位分组，支持 256 位密钥，128 与 192 位密钥也必须支持。

⑤ camellia：继美国 2000 年发布 AES 后，2003 年 2 月欧洲最新一代的安全标准 NESSIE（New European Schemes for Signatures、Integrity and Encryption）发布，其中的两个 128 位分组密码算法是 camellia 和 AES。camellia 算法支持 128 位分组，密钥可以为 128 位、192 位、256 位，接口与 AES 一致。

RSA 算法属于典型的非对称加密机制，可见正确的选项为 D。

参考答案

(32) D

试题（33）

在 SSL 协议的通信过程中，__(33)__需要服务器向客户机发送服务器证书和公钥，以便客户机认证服务器身份。

(33) A．接通阶段　　　　　　　　　B．认证阶段
　　　C．确立会话密钥阶段　　　　　D．会话阶段

试题（33）分析

本题考查 SSL 协议的通信过程。

SSL 协议的通信过程有如下 5 个阶段：

①接通阶段。客户机呼叫服务器，服务器回应客户；

②认证阶段。服务器向客户机发送服务器证书和公钥，以便客户机认证服务器身份；如果服务器需要双方认证，还要向客户机提出认证请求，客户机向服务器发送客户端证书；

③确立会话密钥。客户机和服务器之间协商确立会话密钥；
④会话阶段。客户机与服务器使用会话密钥加密交换会话信息；
⑤结束阶段。客户机与服务器交换结束信息，通信结束。

参考答案

（33）B

试题（34）、（35）

在RSA算法中，已知两个质数分别为5和11，在下面的选项中，可成为公钥的是__(34)__，对应的私钥是__(35)__。

(34) A．(55,4)　　B．(55,6)　　C．(55,7)　　D．(55,8)
(35) A．(55,12)　　B．(55,23)　　C．(55,31)　　D．(55,47)

试题（34）、（35）分析

本题考查RSA加密算法。

RSA算法的基本原理是基于大素数难分解原理，即寻找两个大素数比较简单，而将两个大素数的乘积分解则非常困难。具体算法如下：

①选取两个足够大的质数 p=5 和 q=11；
②计算 p 和 q 的乘积，记为 n=p*q=55；
③计算 p-1 和 q-1 的乘积，记为 m=(p-1)*(q-1)=40；
④寻找一个小于 n 的数 e，使其与 m 互为质数（注：e 可能有多个，但（34）选项中只能选 e=7）；
⑤寻找一个数 d，使其满足(e*d)mod[(p-1)*(q-1)]=1（注：e=7，根据（35）选项，只有 d=23 满足(e*d)mod[(p-1)*(q-1)]=1）；
⑥ (n,e)为公钥，(n,d)为私钥。

参考答案

（34）C　　（35）B

试题（36）

在数字信封技术中，利用非对称加密算法对__(36)__加密。

(36) A．对称密钥　　　　　　B．原文信息
　　　C．密文信息　　　　　　D．信息摘要

试题（36）分析

本题考查数字信封技术。

数字信封技术以发送方向接收方传递一段交易信息（如电子合同、支付通知单等）为例，发送方先在本地用对称密钥对交易信息进行加密，形成密文，再用接收方的公钥将用于加密交易信息的对称密钥加密，并将加密后的对称密钥信息和密文一同传递给接收方。接收方接收信息后，先用自己的私钥解密加密的对称密钥信息，得到用于加密交易信息的对称密钥，再用其解密密文得到交易信息原文。

参考答案

（36）A

试题（37）

关于数字摘要技术说法正确的是 __(37)__ 。

(37) A．原文信息长度不同，产生的数字摘要长度也不同
    B．通过数字摘要可以还原出原文
    C．相同信息生成的数字摘要一定是相同的
    D．不同信息生成的数字摘要可能是相同的

试题（37）分析

本题考查数字摘要技术。

数字摘要是利用哈希函数对原文信息进行运算后生成的一段固定长度的信息串，该信息串被称为数字摘要。产生数字摘要的哈希算法具有单向性和唯一性的特点。所谓单向性，也称为不可逆性，是指利用哈希算法生成的数字摘要，无法再恢复出原文；唯一性是指相同信息生成的数字摘要一定是相同的，不同信息生成的数字摘要一定是不相同的。这一特征类似于人类的指纹，因此数字摘要也被称为数字指纹。

参考答案

(37) C

试题（38）

在数字签名的使用过程中，发送者使用 __(38)__ 。

(38) A．自己的公钥对数字摘要进行加密形成数字签名
    B．自己的私钥对数字摘要进行加密形成数字签名
    C．自己的公钥对原文信息进行加密形成数字签名
    D．自己的私钥对原文信息进行加密形成数字签名

试题（38）分析

本题考查数字签名技术。

数字签名建立在数字摘要的基础上，结合公钥加密技术实现。发送者应用自己的私钥对数字摘要进行加密，即生成了数字签名。由于发送者的私钥仅为发送者本人所有，所以附加了数字签名的信息能够确认消息发送者的身份，也防止了发送者对本人所发信息的抵赖行为。同时通过数字摘要技术，接收者可以验证信息是否发生了改变，确定信息的完整性。

参考答案

(38) B

试题（39）

计算机病毒的 __(39)__ 是指只有在满足其特定条件时才启动表现（破坏）模块。

(39) A．传染性   B．隐蔽性   C．潜伏性   D．破坏性

试题（39）分析

本题考查计算机病毒的知识。

计算机病毒的潜伏性是指大部分计算机病毒感染系统之后一般不会马上发作，可长期隐藏在系统中，只有在满足其特定条件时才启动表现（破坏）模块。

参考答案

（39）C

试题（40）

在信用卡电子支付方式中，__(40)__ 是要求双重签名的。

（40）A．账号直接传输方式　　　　　B．专用账号方式
　　　C．专用协议方式　　　　　　　D．SET 协议方式

试题（40）分析

本题考查信用卡电子支付方式。

目前，信用卡的支付主要有 4 种：账号直接传输方式、专用账号方式、专用协议方式和 SET 协议方式。

①账号直接传输方式。该方式无安全措施的信用卡支付，客户在网上购物后把信用卡号码信息加密后直接传输给商家。但无安全措施，商家与银行之间使用各自现有的授权来检查信用卡的合法性。此种方式，商家必须具有良好的信誉才能使客户放心地使用信用卡支付。

②专用账号方式。该方式通过第三方代理人的支付，客户在线或离线在第三方代理人处开账号，第三方代理人持有客户信用卡号和账号；客户用账号从商家在线订货，即将账号传送给商家；商家将客户账号提供给第三方代理人，第三方代理人验证账号信息，将验证信息返回给商家；商家确定接收订货。这样，支付是通过双方都信任的第三方完成的：信用卡信息不在开放的网络上多次传送，客户有可能离线在第三方开设账号，这样客户没有信用卡信息被盗窃的风险，商家信任第三方，因此商家也没有风险；买卖双方预先获得第三方的某种协议，即客户在第三方处开设账号，商家成为第三方的特约商户。

③专用协议方式。该方式是简单信用卡加密，在客户、商家和银行卡机构之间采用专用的加密协议（如 SHTTP、SSL 等），当信用卡信息被买方输入浏览器窗口或其他电子商务设备时，信用卡信息就被简单加密，安全地作为加密信息通过网络从买方向卖方传递。由于采用这种具有加密功能的软件及特殊的服务器，商家无法从客户的支付数据中得到信用卡账号的任何信息，保证了支付信息的安全性。

④SET 协议方式。安全电子交易（Secure Electronic Transaction，SET）协议是用于银行卡网上交付的协议。安全措施主要包含对称密钥系统、公钥系统、消息摘要、数字签名、数字信封、双重签名和认证等技术。消息摘要主要解决信息的完整性问题，即是否被修改过。数字信封是用来给数据加密和解密的。双重签名是将订单信息和个人账号信息分别进行数字签名，保证商家只看到订货信息而看不到持卡人账户信息，并且银行只能看到账户信息，而看不到订货信息。因此它成为目前公认的信用卡/借记卡网上支付的国际标准。

参考答案

（40）D

试题（41）

以下关于 SET 协议的描述中，正确的是 __(41)__ 。

（41）A．要求报文交换必须是实时的
　　　B．报文不能在银行内部网上传输

C．基于应用层的协议
D．商家能看到客户的信用卡账户等支付信息

试题（41）分析

本题考查电子支付中 SET 协议方式。

安全电子交易（Secure Electronic Transaction，SET）协议是用于银行卡网上交付的协议。安全措施主要包含对称密钥系统、公钥系统、消息摘要、数字签名、数字信封、双重签名和认证等技术。消息摘要主要解决信息的完整性问题，即是否被修改过。数字信封是用来给数据加密和解密的。双重签名是将订单信息和个人账号信息分别进行数字签名，保证商家只看到订货信息而看不到持卡人账户信息，并且银行只能看到账户信息，而看不到订货信息。因此它成为目前公认的信用卡/借记卡网上支付的国际标准。

参考答案

（41）C

试题（42）

在电子支付业务流程的参与者中，清算中心的作用是__（42）__。

（42）A．发行有效的电子支付手段，如电子现金、电子支票和信用卡等
B．接收支付者的电子支付手段并为支付者提供商品或服务
C．接收商家从支付者收到的电子支付手段，验证其有效性
D．从接收银行收到电子支付手段并验证其有效性，然后提交给发行银行

试题（42）分析

本题考查电子支付业务流程。

电子支付业务流程所包含的参与者如下：

①发行银行。该机构为支付者发行有效的电子支付手段，如电子现金、电子支票和信用卡等。

②支付者。通过取款协议从发行银行取出电子支付手段，并通过付款协议从发行银行换得电子支付手段。

③商家。接收支付者的电子支付手段并为支付者提供商品或服务。

④接收银行。接收商家从支付者收到的电子支付手段，验证其有效性。然后提交给清算中心，将钱从发行银行贷给商家账户。

⑤清算中心。从接收银行收到电子支付手段并验证其有效性，然后提交给发行银行。

参考答案

（42）D

试题（43）

在网络时代，利用互联网可将传统的 4P 营销组合与 4C 理论更好地结合。4C 理论包括消费者的需求和期望、消费者所愿意支付的成本、消费者购买的方便性以及__（43）__。

（43）A．营业推广　　　　　　　　　B．与消费者沟通
C．公共关系　　　　　　　　　D．广告

试题（43）分析

本题考查网络营销的理论基础。

互联网对市场营销的作用，可以通过与4P理论结合发挥重要作用。利用互联网，传统的4P营销组合可以更好地与以顾客为中心的4C理论（Customer，Cost，Convenience，Communication）相结合。4C理论包括消费者的需求和期望、消费者所愿意支付的成本、消费者购买的方便性以及与消费者沟通。

参考答案

（43）B

试题（44）

供应链成员应建立 __(44)__ 。

(44) A．你死我活的输赢关系
　　　B．有各自利益的一般合作关系
　　　C．双赢策略指导下的战略合作伙伴关系
　　　D．不断变动的合同关系

试题（44）分析

本题考查供应链管理的内涵。

新经济时代的供应链管理的基本思想就是以市场和客户需求为导向，以核心企业为盟主，以提高竞争力、市场占有率、客户满意度和获取最大利润为目标，以协同商务、协同竞争和双赢原则为基本运作模式，通过运用现代企业管理技术、信息技术、网络技术和集成技术，达到对整个供应链上的信息流、物流、资金流、业务流和价值流的有效规划和控制，从而将客户、销售商、供应商、制造商和服务商等合作伙伴连成一个完整的网链结构，形成一个极具竞争力的战略联盟。

参考答案

（44）C

试题（45）

物流 __(45)__ 是电子商务的必然要求，贯穿现代物流的所有环节和全过程。没有它，任何先进的技术设备都不可能应用于物流领域。

(45) A．信息化　　B．柔性化　　C．网络化　　D．自动化

试题（45）分析

本题考查电子商务环境下现代物流的特点。

电子商务促进现代物流业向"信息化、自动化、网络化、智能化和柔性化"发展，另外，物流设施、商品包装的标准化，物流的社会化、共同化也都是电子商务环境下物流的新特点。其中物流信息化是电子商务的必然要求，信息化是一切的基础，没有物流的信息化，任何先进的技术设备都不可能应用于物流领域，信息技术及计算机技术在物流中的应用将会彻底改变世界物流的面貌。

参考答案

（45）A

试题（46）

基于 GIS 的物流分析软件集成了多个模型，其中__(46)__用于解决一个起始点、多个终点的货物运输中，如何降低物流作业费用并保证服务质量的问题。

(46) A．分配集合模型 　　　　　　　B．网络物流模型
　　　C．车辆路线模型 　　　　　　　D．设施定位模型

试题（46）分析

本题考查电子商务物流信息技术中的 GIS 技术。

车辆路线模型用于解决一个起始点、多个终点的货物运输中，如何降低物流作业费用，并保证服务质量的问题。包括决定使用多少辆车，每辆车的行驶路线等。网络物流模型用于解决寻求最有效的分配货物路线问题，也就是物流网点布局问题。分配集合模型可以根据各个要素的相似点把同一层上的所有或部分要素分为几个组，用以解决确定服务范围和销售市场范围等问题。设施定位模型，用于确定一个或多个设施的位置。

参考答案

(46) C

试题（47）

以下关于二维条形码的叙述中，不正确的是__(47)__。

(47) A．堆叠式条形码是将一维条形码水平堆叠以生成多行符号
　　　B．堆叠式条形码比矩阵式条形码有更高的数据密度
　　　C．PDF 417 码比 Code 49 码具有更大的数据容量
　　　D．矩阵式条形码标签不依赖扫描方向

试题（47）分析

本题考查电子商务物流信息技术中的条形码技术。

二维条形码有两类，即堆叠式和矩阵式。堆叠式条形码是将一维条形码（加 Code 39 码和 Code 128 码）水平堆叠以生成多行符号（即 Code 49 码和 Code 16K 码）。20 世纪 90 年代出现的 PDF 417 码增加了新的性能，包括更大的数据容量、更高的数据扫描密度和更好的扫描器阅读能力。矩阵式条形码比堆叠式条形码有更高的数据密度，标签不依赖于扫描的方向。

参考答案

(47) B

试题（48）

__(48)__不确定性造成了"牛鞭效应"。

(48) A．生产与运输 　　　　　　　B．运输与配送
　　　C．供给与需求 　　　　　　　D．采购与配送

试题（48）分析

本题考查供应链管理的失调与协调。

牛鞭效应是指在供应链内，由零售商到批发商、制造商、供应商，订购量的波动幅度递增。牛鞭效应扭曲了供应链内的需求信息，从而使得对需求状况有着不同估计，其结果导致供应链失调。

参考答案
    (48) C

试题（49）
    病毒性营销在实施过程中最核心的是__(49)__。
    (49) A．选准方法　　　　　　　　　　B．找准"低免疫人群"
        C．腹地扩散　　　　　　　　　　D．制造"病毒"

试题（49）分析
    本题考查病毒性营销的实施过程。
    病毒性营销的实施包括：制造"病毒"、选准方法、找准"低免疫力"人群、"病毒"激活的程序、"病毒"更新和腹地扩散。其中最核心的是制造"病毒"，不管"病毒"最终以何种形式来表现，它必须是独特的、方便快捷，并且能让受众自愿接受且感觉获益匪浅。

参考答案
    (49) D

试题（50）
    搜索引擎营销的最终目的是__(50)__。
    (50) A．在搜索结果中排名靠前　　　　B．被搜索引擎收录
        C．增加用户的点击率　　　　　　D．将浏览者转化为顾客

试题（50）分析
    本题考查搜索引擎营销的目标。
    一般认为，搜索引擎营销主要目标有两个层次：被搜索引擎收录和在搜索结果中排名靠前。从实际情况来看，仅仅达到这两个层次的目标还很不够，因为取得这样的效果实际上并不一定能增加用户的点击率，更不能保证将访问者转化为顾客或潜在的顾客，因此以上目标只是搜索引擎营销两个最基本的目标。归纳起来，搜索引擎营销目标包括 4 个层次，即被搜索引擎收录；在搜索结果中排名靠前；增加用户的点击（点进）率和将浏览者转化为顾客。
    在这 4 个层次中，前三个可以理解为搜索引擎营销的过程，而只有将浏览者转化为顾客才是最终目的。

参考答案
    (50) D

试题（51）
    网络营销的内容不包括__(51)__。
    (51) A．网上销售　　　　　　　　　　B．网上支付
        C．域名注册　　　　　　　　　　D．网站推广

试题（51）分析
    本题考查网络营销的内容。
    有人将网络营销等同于在网上销售产品，把域名注册、网站推广认为是网络营销。这些观点都从某些方面反映网络营销的部分内容，但并没有完整地表达网络营销的全部内涵，也无法体现网络营销的实质。另外发生在电子交易过程中的网上支付和交易之后的商品配送等

问题并不是网络营销所包含的内容。

参考答案

（51）B

试题（52）

以下网络营销职能表现为网络营销效果的是 __(52)__ 。

（52）A．品牌建设　　　　　　　　B．信息发布
　　　C．顾客服务　　　　　　　　D．网站推广

试题（52）分析

本题考查网络营销的职能。

网络营销的各个职能之间并非相互独立的，而是相互联系、相互促进的，网络营销的最终效果是各项职能共同作用的结果。为了直观描述网络营销八项职能之间的关系，可以从其作用和效果方面来区分：网站推广、信息发布、顾客关系、顾客服务和网上调研这五项职能属于基础，主要表现为网络营销资源的投入和建立，而品牌建设、销售促进、网上销售这三项职能则表现为网络营销的效果（包括直接效果和间接效果）。

参考答案

（52）A

试题（53）

在 E-mail 营销中，以下不属于用户许可的方法的是 __(53)__ 。

（53）A．购买用户信息　　　　　　B．用户注册
　　　C．用户主动订阅的新闻邮件　D．用户登录

试题（53）分析

本题考查许可的 E-mail 营销的实现方式。

在 E-mail 营销的实践中，企业最关心的问题是 E-mail 营销首先要获得用户的许可。许可 E-mail 营销获得用户许可的方式有用户登录、用户为获得某些服务而注册为会员或者用户主动订阅的新闻邮件、电子刊物等。只有选项 A 不属于用户许可的方法。

参考答案

（53）A

试题（54）

__(54)__ 是实施网络软营销的两个基本出发点。

（54）A．虚拟市场和网络礼仪　　　B．网络社区和虚拟市场
　　　C．网络社区和网络礼仪　　　D．虚拟社区和网络消费者

试题（54）分析

本题考查网络软营销理论的相关知识。

软营销理论是针对工业经济时代以大规模生产为主要特征的"强势营销"提出的新理论，它强调企业进行市场营销活动的同时必须尊重消费者的感受和体验，让消费者能主动接受企业的营销活动。在互联网上开展网络营销活动，特别是促销活动一定要遵循网络虚拟社区形成的规则，这被称为"网络礼仪（Netiquette）"。

参考答案

(54) C

试题 (55)

网络社区营销的缺陷和不足体现在__(55)__上。

(55) A. 广告投放的精准度　　　　B. 营销效果的评估
　　　C. 营销互动性　　　　　　　D. 营销成本

试题 (55) 分析

本题考查网络社区营销的优势和不足。

网络社区营销的优势主要体现在：广告投放更加精准；营销互动性强；口碑价值；营销可信度增强；低成本等。

网络社区营销的缺陷和不足：同质化现象严重；网络社区营销活动的效果难以评估等。

参考答案

(55) B

试题 (56)

在 OSI 参考模型中，实现路由选择、拥塞控制及网络互联等功能的层是__(56)__。

(56) A. 应用层　　　B. 物理层　　　C. 传输层　　　D. 网络层

试题 (56) 分析

本题考查网络 OSI 参考模型的基础知识。

OSI 将网络从低至高分为 7 层：

第 1 层物理层：处于 OSI 参考模型的最底层。主要功能是利用物理传输介质为数据链路层提供物理连接，以便透明的传送比特流。

第 2 层数据链路层：在此层将数据分帧，并处理流控制。屏蔽物理层，为网络层提供一个数据链路的连接，在一条有可能出差错的物理连接上，进行几乎无差错的数据传输。本层指定拓扑结构并提供硬件寻址。

第 3 层网络层：本层通过寻址来建立两个节点之间的连接，为源端的传输层送来的分组，选择合适的路由和交换节点，正确无误地按照地址传送给目的端的传输层。它包括互连网络、路由选择、解决网络拥塞问题和中继数据。

第 4 层传输层：为会话层用户提供一个端到端的可靠、透明和优化的数据传输服务机制。包括全双工或半双工、流控制和错误恢复服务。

第 5 层会话层：在两个节点之间建立端连接。为端系统的应用程序之间提供了对话控制机制。

第 6 层表示层：主要用于处理两个通信系统中交换信息的表示方式。为上层用户解决用户信息的语法问题。它包括数据格式交换、数据加密与解密、数据压缩与恢复等功能。

第 7 层应用层：OSI 中的最高层。为特定类型的网络应用提供了访问 OSI 环境的手段。应用层确定进程之间通信的性质，以满足用户的需要。

参考答案

(56) D

试题（57）

navigator 对象用于获取用户浏览器的相关信息，该对象中用于获取浏览器名称的属性是__（57）__。

（57）A．appName B．appVersion
　　　C．appCodeName D．platform

试题（57）分析

本题考查 JavaScript 中 BOM 的基础知识。

navigator 对象属性如下表：

属性	描述
appCodeName	返回浏览器的代码名
appMinorVersion	返回浏览器的次级版本
appName	返回浏览器的名称
appVersion	返回浏览器的平台和版本信息
browserLanguage	返回当前浏览器的语言
cookieEnabled	返回指明浏览器中是否启用 cookie 的布尔值
cpuClass	返回浏览器系统的 CPU 等级
onLine	返回指明系统是否处于脱机模式的布尔值
platform	返回运行浏览器的操作系统平台
systemLanguage	返回 OS 使用的默认语言
userAgent	返回由客户机发送服务器的 user-agent 头部的值
userLanguage	返回 OS 的自然语言设置

参考答案

（57）A

试题（58）

嵌入多媒体文件的 HTML 代码正确的是__（58）__。

（58）A．<embed url=""></embed>
　　　B．<embed src=""></embed>
　　　C．<a src="">…</embed>
　　　D．<a url=""> …</embed>

试题（58）分析

本题考查 HTML 语言的基础知识。

<embed src="url"></embed>

embed 可以用来插入各种多媒体，格式可以是 Midi、Wav、AIFF、AU、MP3 等，Netscape 及新版的 IE 都支持。url 为音频或视频文件及其路径，可以是相对路径或绝对路径。

参考答案

（58）B

试题（59）

能够设置文本加粗的 CSS 属性值对是___（59）___。

（59）A．font-weight:bold　　　　　　B．style:bold
　　　 C．font:b　　　　　　　　　　　D．font="粗体"

试题（59）分析

本题考查网页设计中 CSS 的基础知识。

在 CSS 样式表中，设置文本加粗的方式为：font-weight:bold。

参考答案

（59）A

试题（60）

JS 中鼠标指针悬停在对象上发生的事件是___（60）___。

（60）A．onMouseOut　　　　　　　　B．onMouseOver
　　　 C．onSelect　　　　　　　　　　D．onClick

试题（60）分析

本题考查 JavaScript 中鼠标事件的基础知识。

JavaScript 常见的鼠标事件如下表。

事件	描述
onClick	鼠标点击事件，多用在某个对象控制的范围内的鼠标单击
onDblClick	鼠标双击事件
onMouseDown	鼠标上的按钮被按下了
onMouseUp	鼠标按下后，松开时激发的事件
onMouseOver	当鼠标移动到某对象范围的上方时触发的事件
onMouseMove	鼠标移动时触发的事件
onMouseOut	当鼠标离开某对象范围时触发的事件

参考答案

（60）B

试题（61）

向页面输出"Hello World"的 JavaScript 语句是___（61）___。

（61）A．printf("Hello World")　　　　B．document.write("Hello World ")
　　　 C．<h4>Hello World </h4>　　　 D．alert("Hello World ")

试题（61）分析

本题考查 JavaScript 中向浏览器输出消息的知识。

JavaScript 常见的向浏览器输出消息的语句如下表所示。

语句	功能说明
document.write(消息内容)	向浏览器页面中输出消息
alert(消息内容)	在浏览器中弹出警告框消息

参考答案

(61) B

试题 (62)

在电子商务网站基本构件中，为企业员工、合作伙伴和客户提供商业级的通信架构的是__(62)__。

(62) A. 目录服务器 B. 应用服务器
     C. 安全服务器 D. 邮件和消息服务器

试题 (62) 分析

本题考查电子商务网站基本构件知识。

常见电子商务网站由以下构件构成：

①应用服务器。主要用于企业较大规模电子商务应用的开发、发布和管理，同时与企业原有系统集成。

②工作流和群件子系统。主要在于使工作人员和商业伙伴能通过因特网共享资源、协同工作。

③内容管理子系统。主要是简化企业网站的产品管理、提高效率，并把筛选后的相应内容发给最终用户。

④目录服务器。主要用来管理防火墙内外的用户、资源和控制安全权限，同时为用户的通信和电子商务交易提供通道。

⑤性能优化工具。主要是改善网站服务质量，包括：流量管理、动态数据缓存、网络动态负载、知识管理等。

⑥邮件和消息服务器。为企业员工、合作伙伴和客户提供商业级的通信架构。

⑦个性化信息服务。主要是在实时分析用户数据的基础上提供服务，从而对用户行为更好地理解，使得企业能够跟踪、分析、理解网站用户。

⑧搜索引擎。电子商务网站要具备优秀的搜索功能。因为如果消费者无法搜索到他们想要的商品，他们就会转移到其他网站。

⑨安全服务器。为了保证电子商务系统的数据安全、应用安全和交易安全。

⑩网站服务器。主要是为了把网站的信息发布给用户。

参考答案

(62) D

试题 (63)

在 ASP.NET 中源程序代码先被生成"中间语言"(IL 或 MSIL)，然后再进行编译，这种机制的目的是__(63)__。

(63) A. 提高效率 B. 源程序跨平台
     C. 保证安全 D. 易识别

试题 (63) 分析

本题考查 .NET 的运行机制。

Common Language Specification (CLS) 被定义为一种规范，符合该规范的语言和编译器将可以把源代码编译成 CLR 所能识别的"中间语言"（Microsoft Intermediate Language，MSIL）和"元数据"（Metadata）。通过这样的机制 .NET 框架具有了支持几乎所有语言互操作的特性，只要为该语言实现了可以将源代码编译成 MSIL 代码的编译器，都可以用于 .NET 平台的开发。

参考答案

（63）B

试题（64）

物联网是在__（64）__基础上，利用 RFID、无线数据通信等技术，构造一个覆盖世界上万事万物的"Internet of Things"。在这个网络中，物品（商品）能够彼此进行"交流"，而无须人的干预。

（64）A．有线数据通信　　　　　B．数据库技术
　　　C．互联网　　　　　　　　D．物流技术

试题（64）分析

本题考查物联网的基本概念。

物联网是一个基于互联网、传统电信网等信息承载体，让所有能够被独立寻址的普通物理对象实现互联互通的网络。是将无处不在（Ubiquitous）的末端设备（Devices）和设施（Facilities），包括具备"内在智能"的传感器、移动终端、工业系统、楼宇控制系统、家庭智能设施、视频监控系统等和"外在使能"（Enabled）的，通过各种无线/有线的长距离/短距离通信网络实现互联互通（M2M）、应用大集成（Grand Integration），以及基于云计算的 SaaS 营运等模式，提供安全可控乃至个性化的实时在线监测、定位追溯、报警联动、调度指挥、预案管理、远程控制、安全防范、远程维护、在线升级、统计报表、决策支持、领导桌面（集中展示的 Cockpit Dashboard）等管理和服务功能，实现对"万物"的"高效、节能、安全、环保"的"管、控、营"一体化。

参考答案

（64）C

试题（65）

面向对象程序设计的特征不包括__（65）__。

（65）A．封装　　　　　　　　　B．结构化
　　　C．继承　　　　　　　　　D．多态

试题（65）分析

本题考查面向对象程序设计的基础知识。

面向对象程序设计具有四大特征：

①封装性。它包含两个方面的含义：第一，将有关的代码和数据封装在一个对象中，各对象间相对独立，互不干扰；第二，将对象中的某些部分对外隐蔽，隐蔽内部细节，只留下少量接口。对象的内部实现和外部行为分隔开来，人们在外部进行控制，具体的操作细节在内部实现，这样大大降低了人们操作对象的复杂程度。

②抽象性。类是对象的抽象，对象是类的具体表现形式。

③继承性。最重要的特征，继承机制解决的软件的重用问题。
④多态性。由继承产生的相关的不同的类，其对象对同一消息会做出不同的响应。

参考答案

（65）B

试题（66）

2014 年初，国内著名旅游网站携程网被曝收集存储包括信用卡信息等在内的客户资料，引起全国一片哗然。这属于侵犯了个人隐私权行为中的哪一种？ （66） 。

（66）A．对个人资料的不当收集和使用
　　　B．对通信秘密和通信自由权利的侵犯
　　　C．侵犯个人自主、独立生活的权利
　　　D．侵犯个人生活宁静权

试题（66）分析

本题考查我国电子商务立法的内容。

隐私权是指公民享有的私人生活安宁与私人信息依法受到保护，不被他人非法侵犯、知悉、搜集、利用和公开的一种人格权，主要包括个人生活宁静权、私人信息保密权、个人通信秘密权及个人隐私利用权。电子商务活动中侵犯个人隐私权的行为主要有：对个人资料的不当收集和使用；对通信秘密和通信自由权利的侵犯；侵犯个人自主、独立生活的权利。

参考答案

（66）A

试题（67）

以下属于电子商务法律客体的是 （67） 。

（67）A．电子商务交易平台　　　B．网上的商务行为
　　　C．交易双方　　　　　　　D．物流机构

试题（67）分析

本题考查电子商务法律的构成。

电子商务法律主体是指参与电子商务活动并在电子商务活动中享有权利并承担义务的个人和组织。主要包括：交易双方、电子商务交易平台、结算机构、认证机构和物流机构。

电子商务法律客体是指经济主体享有的经济权利和承担的经济义务所指向的对象。主要包括：

①物。是与电子商务活动有直接关系的物，包括有形商品和无形商品。但不同于传统商务活动中的商品，这里的物通过网络实现交易。

②行为。在电子商务环境下，这类法律客体指的是网上的商务行为，包括上传、下载行为，发布广告行为，拍卖行为，招标与投标，信息服务等行为。

③智力成果和无形财产。是企业在长期的经营实践中不断积累而形成的，包括企业商誉、商标权、专利权、著作权、商业秘密与专有技术等。

参考答案

（67）B

试题（68）

企业系统规划法（BSP）的核心是__(68)__。

(68) A．明确企业目标　　　　B．定义（识别）业务过程
　　　C．进行数据分析　　　　D．确定信息结构

试题（68）分析

本题考查企业系统规划法的工作内容。

企业系统规划法（BusinessSystemPlanning，BSP）的工作步骤：

①准备工作。成立由最高领导牵头的委员会，下设一个规划研究组，并提出工作计划。

②调研。规划组成员通过查阅资料，深入各级管理层，了解企业有关决策过程、组织职能和部门的主要活动和存在的主要问题。

③定义（识别）业务过程（又称企业过程或管理功能组）。定义业务过程是系统规划方法的核心。业务过程指的是企业管理中必要且逻辑上相关的、为了完成某种管理功能的一组活动。

④业务过程重组。业务过程重组是在业务过程定义的基础上，找出哪些过程是正确的，哪些过程是低效的，需要在信息技术支持下进行优化处理，还有哪些过程不适合采用计算机信息处理，应当取消。

⑤定义数据类。数据类是指支持业务过程所必需的逻辑上相关的数据。

⑥定义信息系统总体结构。定义信息系统总体结构的目的是刻画未来信息系统的框架和相应的数据类。

⑦确定总体结构中的优先顺序。

⑧完成BSP研究报告，提出建议书和开发计划。

参考答案

(68) B

试题（69）

B/S 结构是指__(69)__。

(69) A．页面/服务器　　　　B．客户机/数据库
　　　C．客户机/服务器　　　D．浏览器/Web 服务器

试题（69）分析

本题考查软件架构方式（C/S 和 B/S）的概念。

C/S 和 B/S，是两种软件架构方式，都可以进行同样的业务处理，甚至也可以用相同的方式实现共同的逻辑。

C/S 架构是一种典型的两层架构，其全称是 Client/Server，即客户端/服务器端架构，其客户端包含一个或多个在用户的计算机上运行的程序，而服务器端有两种，一种是数据库服务器端，客户端通过数据库连接访问服务器端的数据；另一种是 Socket 服务器端，服务器端的程序通过 Socket 与客户端的程序通信。

B/S 架构的全称为 Browser/Server，即浏览器/服务器架构。Browser 指的是 Web 浏览器。B/S 架构的系统无须特别安装，只有 Web 浏览器即可。

参考答案

（69）D

试题（70）

系统设计阶段的主要技术文档是__(70)__。

(70) A．用户的决策方针　　　　B．用户的分析方案
　　　C．系统设计说明书　　　　D．系统总体设计方案

试题（70）分析

本题考查系统设计阶段的工作内容。

系统设计是在系统分析的基础上由抽象到具体的过程，同时，还应该考虑到系统实现的内外环境和主客观条件。

系统设计阶段的工作是一项技术性强、涉及面广的活动。设计内容包括两个方面：总体设计和各部分的详细设计（物理设计）。在此基础上，完成系统设计说明书的编制，制订出系统的实施计划。

①系统总体设计。其中包括：系统总体布局方案的确定、软件系统总体结构的设计、数据存储的总体设计、计算机和网络系统方案的选择等。

②各部分的详细设计。其中包括：代码设计、数据库设计、人-机界面设计（包括输入设计、输出设计、人-机对话设计）、处理过程设计等。

③系统实施进度与计划的制订。

④"系统设计说明书"的编写。"系统设计说明书"是系统设计阶段的重要成果，它是指一系列系统设计的文档，这些文档阐述了系统设计的指导思想、采用的技术、方法和设计结果与要求。"系统设计说明书"是系统实施工作的主要依据。

参考答案

（70）C

试题（71）

Most smart phones have __(71)__ service capabilities, which means that apps that combine the phone user's location with the availability of retail stores and services can be interwoven into creative mobile business opportunities.

(71) A．short messaging service　　　B．global positioning satellite (GPS)
　　　C．online banking　　　　　　　D．EDI

参考译文

大多数智能手机有 GPS 服务功能，这意味着，结合手机用户的位置与零售商店和服务的可用性的应用程序可以创造的移动商务机会。

其他选项 short messaging service 为短信服务，online banking 为在线银行，EDI 为电子数据交换。

参考答案

（71）B

试题（72）

An ___(72)___, serving a function similar to a physical wallet, holds credit card numbers, electronic cash, owner identification, and owner contact information and provides that information at an electronic commerce site's checkout counter.

（72）A．electronic wallet　　　　B．electronic commerce
　　　C．third party payment　　　D．Internet banking

参考译文

电子钱包，与现实钱包的功能类似，电子钱包与信用卡、电子现金、所有者标识和所有者联系信息绑定，并在电子商务网站的结账柜台上提供该信息实现在线结账。

electronic commerce 为电子商务，third party payment 为第三方支付，Internet banking 为网络银行。

参考答案

（72）A

试题（73）

Since tablets and smartphones have ___(73)___ interface, many people believe that all home and business computers will eventually have this kind of interface too.

（73）A．CRT　　　B．LED　　　C．touch-screen　　　D．large screen

参考译文

由于平板电脑和智能手机配有触摸屏界面，许多人相信，将来所有家用计算机和商用计算机最终也都会配置这类接口。

参考答案

（73）C

试题（74）

___(74)___ are specialized programs that assist you locating information on the web.

（74）A．OS　　　B．Browse　　　C．DBMS　　　D．Search engines

参考译文

搜索引擎是帮助人们在网络上寻找信息的专用程序。

参考答案

（74）D

试题（75）

Program ___(75)___ describes program's objectives, desired output, input data required, processing requirement, and documentation.

（75）A．specification　　B．flowchart　　C．structure　　D．address

参考译文

程序规格说明书描述了程序的目标、预期的输出、所需的输入数据、处理的要求和文档。

参考答案

（75）A

第2章　2016下半年电子商务设计师下午试题分析与解答

试题一

阅读下列说明，回答问题1至问题3，将解答填入答题纸的对应栏内。

【说明】

某宾馆为了有效地管理客房资源，满足不同客户需求，拟构建一套宾馆信息管理系统，以方便宾馆管理及客房预订等业务活动。

【需求分析结果】

该系统的部分功能及初步需求分析的结果如下：

（1）宾馆有多个部门，部门信息包括部门号、部门名称、电话、经理。每个部门可以有多名员工，每名员工只属于一个部门；每个部门只有一名经理，负责管理本部门。

（2）员工信息包括员工号、姓名、岗位、电话、工资，其中，员工号唯一标识员工关系中的一个元组，岗位有经理、业务员。

（3）客房信息包括客房号（如1301、1302等）、客房类型、收费标准、入住状态（已入住/未入住），其中客房号唯一标识客房关系中的一个元组，不同客房类型具有不同的收费标准。

（4）客户信息包括客户号、单位名称、联系人、联系电话、联系地址，其中客户号唯一标识客户关系中的一个元组。

（5）客户预订客房时，需要填写预订申请。预订申请信息包括申请号、客户号、入住时间、入住天数、客房类型、客房数量，其中，一个申请号唯一标识预订申请中的一个元组；一位客户可以有多个预订申请，但一个预订申请对应唯一的一位客户。

（6）当客户入住时，业务员根据客户的预订申请负责安排入住客房事宜。安排信息包括客房号、姓名、性别、身份证号、入住时间、天数、电话，其中客房号、身份证号和入住时间唯一标识一次安排。一名业务员可以安排多个预订申请，一个预订申请只由一名业务员安排，而且可安排多间同类型的客房。

【概念模型设计】

根据需求阶段收集的信息，设计的实体联系图如图1-1所示。

【关系模式设计】

部门(部门号,部门名称,经理,电话)
员工(员工号,　(a)　,姓名,岗位,电话,工资)
客户(　(b)　,联系人,联系电话,联系地址)
客房(客房号,客房类型,收费标准,入住状态)
预订申请(　(c)　,入住时间,天数,客房类型,客房数量)
安排(申请号,客房号,姓名,性别,　(d)　,天数,电话,业务员)

图 1-1 实体联系图

【问题 1】
根据问题描述,补充四个联系,完善图 1-1 的实体联系图。联系名可用联系 1、联系 2、联系 3 和联系 4 代替,联系的类型为 1∶1、1∶n 和 m∶n(或 1∶1、1∶*和*∶*)。

【问题 2】
(1)根据题意,将关系模式中的空(a)~(d)补充完整,并填入答题纸对应的位置上。
(2)给出"预订申请"和"安排"关系模式的主键和外键。

【问题 3】
关系模式设计中的"客房"关系模式是否存在规范性问题,请用 100 字以内文字解释你的观点(若存在问题,应说明如何修改"客房"关系模式)。

试题一分析

本题考查数据库系统中实体联系模型(E-R 模型)和关系模式设计方面的基础知识。

【问题 1】
①根据题意"每个部门可以有多名员工,每名员工只属于一个部门",所以部门和员工之间有一个"所属"联系,联系类型为 1∶*。
②根据题意"每个部门有一名经理,只负责管理本部门的事务",所以部门和经理之间有一个"负责"联系,联系类型为 1∶1。
③根据题意"一个客户可以有多个预订申请,但一个预订申请对应唯一的一个客户号",所以客户和预订申请之间有一个"预订"联系,联系类型为 1∶*。
④根据题意"一个业务员可以安排多个预订申请,一个预订申请只由一个业务员安排,而且可安排多个同类型的客房",即一份预订申请可以预订多间同类型的客房,所以业务员与客房和预订申请之间的"安排"联系类型为 1∶*∶*。

根据上述分析,完善图 1-1 所示的实体联系图如图 1-2 所示。

【问题 2】
由于部门和员工之间有一个 1∶*的"所属"联系需要将一端的码"部门号"并入多端,故员工关系模式中的空(a)应填写"部门号"。

根据题意,客户信息包括客户号、单位名称、联系人、联系电话、联系地址,给定的客户关系模式中,不含客户号、单位名称,故空(b)应填写"客户号,单位名称"。

由于预订申请信息包括申请号、客户号、预订入住时间、入住天数、客房类型、客房数量,故空(c)应填写"申请号,客户号"。

根据题意"客房号、身份证号和入住时间唯一标识安排联系的每一个元组",所以空(d)应填写"身份证号,入住时间"。

根据题意,"一个申请号对应唯一标识预订申请中的每一个元组",所以预订申请关系模式的主键为申请号;又因为客户号是客户关系的主键,根据外键定义可知,客户号是预订申请关系的外建。

根据题意"客房号、身份证号和入住时间唯一标识安排联系的每一个元组",所以安排关系模式的主键为客房号,身份证号,入住时间;外键为申请号,客房号,业务员,因为申请号和客房号为预约申请和客房关系的主键,而"业务员"是员工关系子实体必须参考员工关系的主键"员工号",所以业务员也是外键。

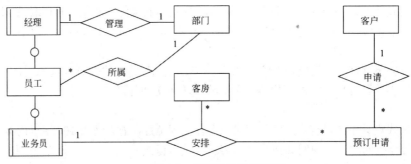

图1-2 完善的实体联系图

【问题3】

客房关系模式存在问题。因为,客房号为主键,所以客房号可以决定全属性,即客房号→(客房类型,收费标准,入住状态)。又因为客房类型→收费标准,所以该关系模式存在传递依赖,没有达到3NF,应将客房关系模式分解为客房1(客房号,客房类型,入住状态),客房2(客房类型,收费标准)。

参考答案

【问题1】

完善后的实体联系图如下所示(所补充的联系和类型如虚线所示):

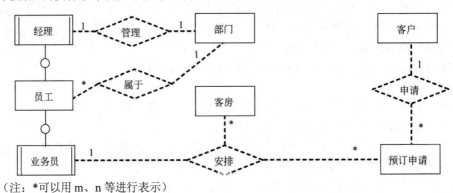

(注:*可以用m、n等进行表示)

【问题 2】
(1)
（a）部门号
（b）客户号，单位名称
（c）申请号，客户号
（d）身份证号，入住时间
(2)
"预订申请"关系模式：主键为申请号
　　　　　　　　　　外键为客户号
"安排"关系模式：主键为客房号，身份证号，入住时间
　　　　　　　　外键为申请号，客房号，业务员

【问题 3】
存在问题
关系模式存在传递依赖，没有达到 3NF
应将客房关系模式分解为客房 1（客房号，客房类型，入住状态）客房 2（客房类型，收费标准）

试题二
阅读以下说明，回答问题 1 至问题 3，将解答填入答题纸的对应栏内。

【说明】
为了扩展业务，某商务公司在 2012 年开发了一套基于 ASP.NET+SQL Server 的电子商务网站，在网站运行过程中，逐渐发现了一些问题和漏洞，其中有一个严重的缺陷，缺少商品的售后评价体系，导致很多客户无法表述商品使用体会。针对这个问题，对网站进行二次开发，采用的解决方案是增加用户对商品的评价体系。为此，在数据库中增加了一张客户评价表 UserEvaluation，结构如表 2-1 所示。

表 2-1　客户评价表 UserEvaluation

字段	数据类型	说明
UserEvaluationID	varchar（20）	评价编号
UserID	varchar（20）	客户编号
ProductID	varchar（20）	商品编号
OrderID	varchar（20）	订单编号
Evaluation	varchar（200）	评价内容
Grade	int	评价等级
EvaluationDate	datetime	评价日期

【问题 1】
在关系数据库中，实体间的联系有三种类型，分别是一对多（或 1∶n）、一对一（或 1∶1）、多对多（或 m∶n）。如果规定每个客户只能对一件商品评价一次，那么客户与客户评

价之间的联系是 __(1)__ ，商品与客户评价之间的联系是 __(2)__ 。

【问题 2】

要实现用户对商品的评价，需要在用户已买到的商品列表中每条商品信息中都增加一个评价按钮，当用户点击该按钮时，跳转到商品评价页面，并在商品评价页面中显示指定的订单及商品信息，一般在 Web 页面中实现网页跳转的 HTML 标签是 __(3)__ 。在 Web 页面间传值可以通过 form 表单的方式实现，其传值方式分为 __(4)__ 和 __(5)__ ，如果通过 form 表单传值方式将商品列表页面中的用户编号、订单编号和商品编号传递给商品评价页面，最适合采用的传值方式应为 __(6)__ 。

（4）～（6）的备选答案：

  A．set B．get C．session D．cookie E．application F．post

【问题 3】

以下程序表示用户添加评价信息，假定数据库连接字符串正确无误，已购买商品列表页面链接到商品评价页面的 URL 中传递了用户编号（参数名为 UserID）、商品编号（参数名为 ProductID）和订单编号（参数名为 OrderID）等信息，规定用户评价编号由用户编号+商品编号+订单编号依次组成，评价日期为系统当前时间，评价分数和评价内容控件名分别为 RatingGrade 和 txtEvaluation。根据题目描述，完成以下程序。

```
    protected void btnSave_Click(object sender, EventArgs e)
    {
    string strcon = "server=dataServer;database=business;uid=sa;pwd=sa;";
        SqlConnection con = new SqlConnection(strcon);
    con.Open();
    string UserID = Request.QueryString["UserID"];
    string ProductID = Request.QueryString["ProductID"];
    string OrderID = Request.QueryString["OrderID"];
    string Evaluation = this.txtEvaluation.Text;
    int Grade = this.RatingGrade.CurrentRating;
        DateTime dt = DateTime. (7) ;
        string sqlStr = "insert into ( 8 ) (UserEvaluationID, UserID,
    ProductID,OrderID,Evaluation,Grade,EvaluationDate)
    values('";
        sqlStr +=  (9)  + "','";
        sqlStr += UserID + "','";
        sqlStr +=  (10) + "','";
        sqlStr +=  OrderID + "','";
        sqlStr += Evaluation + "','";
        sqlStr += Grade + ",'";
    sqlStr += dt + "')";
        SqlCommand cmd = new SqlCommand( (11) , con);
    try
        {
```

```
        if (cmd.ExecuteNonQuery() > 0)
            Response.Write("<script>alert('评价成功')</script>");
        else
            Response.Write("<script>alert('评价不成功')</script>");
    }
    catch
    {
        Response.Write("数据库访问出错!");
    }
      (12)  
    {
        con.Close();
    }
}
```

试题二分析

本题考查数据库设计及 ASP.NET 程序设计的知识。

【问题1】

一个客户可以购买多件商品，因此既是规定每个客户只能对一件商品评价一次，客户与客户评价也是一对多的联系；一件商品可以被多次购买，也就可以有多次评价，因此商品与客户评价之间的联系是一对多的联系。

【问题2】

在 HTML 语言中，实现跳转超级链接的标签是：

`<a href="目标地址">链接标题内容</a>`

另外，HTML 语言是不区分大小写的。

在 Web 页面间传值可以通过 form 表单的方式实现，其传值方式有 post 和 get 两种，post 用于数据量较大、数据安全性要求性高的地方，get 用在一般的传参数，get 方式传值效率高。需要传递的是用户编号、订单编号和商品编号数据，没有过高的安全性要求，可以当作一般参数传递，因此选择 get 方式。

【问题3】

根据题目描述及要求，用户添加评价信息的过程为：配置数据库连接→获取请求参数→获取评价信息→编写 SQL 语句→执行 SQL 语句。具体程序设计如下：

```
protected void btnSave_Click(object sender, EventArgs e)
{
    string strcon = "server=dataServer;database=business;uid=sa;pwd=sa;";
    SqlConnection con = new SqlConnection(strcon);
    con.Open();
    string UserID = Request.QueryString["UserID"];
    string ProductID = Request.QueryString["ProductID"];
    string OrderID = Request.QueryString["OrderID"];
```

```
            string Evaluation = this.txtEvaluation.Text;
            int Grade = this.RatingGrade.CurrentRating;
            DateTime dt = DateTime. Now;
            string sqlStr = "insert into UserEvaluation(UserEvaluationID,UserID,
ProductID,OrderID,Evaluation,Grade,EvaluationDate)
            values('";
            sqlStr += UserID + ProductID + OrderID + "','";
            sqlStr += UserID + "','";
            sqlStr += ProductID + "','";
            sqlStr +=  OrderID + "','";
            sqlStr += Evaluation + "',";
            sqlStr += Grade + ",'";
            sqlStr += dt + "')";
            SqlCommand cmd = new SqlCommand(sqlStr, con);
            try
            {
               if (cmd.ExecuteNonQuery() > 0)
                   Response.Write("<script>alert('评价成功')</script>");
               else
                   Response.Write("<script>alert('评价不成功')</script>");
            }
            catch
            {
               Response.Write("数据库访问出错!");
            }
            finally
            {
               con.Close();
            }
      }
```

参考答案

【问题 1】

（1）一对多或 1：n

（2）一对多或 1：n

注：字母不区分大小写

【问题 2】

（3）超链接或 a

（4）B 或 get

（5）F 或 post

（6）B 或 get

注：（4）和（5）答案可以互换且表达式中的字母不区分大小写

【问题3】
　　（7）Now
　　（8）UserEvaluation
　　（9）UserID + ProductID + OrderID
　　（10）ProductID
　　（11）sqlStr
　　（12）finally
　　注：（8）字母不区分大小写

试题三
　　阅读以下说明，回答问题1至问题4，将解答填入答题纸的对应栏内。
【说明】
　　某公司需开发一套中小企业电子商务平台，为保证开发进度和开发质量，专门组建测试小组对开发的全过程进行测试。
【问题1】
　　测试小组的准备工作主要从硬件配置、软件环境、人员组织三个方面进行。请判断以下叙述是否正确。正确的打"√"，错误的打"×"。
　　①对硬件配置的要求是硬件配置必须要达到系统运行的最低要求，确保能支持软件正常运行。__（1）__
　　②为了更好地模拟系统运行的真实环境，软件环境中还应当包括用户常用的驻留于测试环境之中的其他应用程序。__（2）__
　　③在测试的不同阶段，参与的人员也不同，系统测试通常由开发人员负责；__（3）__ 验收测试应当主要由使用系统的人来完成。__（4）__
【问题2】
　　为了提高测试的效率，测试小组分阶段展开测试，共完成了以下工作：
　　A．检验软件是否符合用户的需求
　　B．在测试组的协助下，由用户代表执行，审查验收文档资料、测试软件系统的功能、性能等
　　C．验证组成软件系统的各模块的接口和交互作用
　　D．将软件与整个系统的硬件、外设、支持软件、数据和人员等结合起来，以需求规格说明为依据，在实际运行环境下进行测试
　　E．检查各个程序模块是否正确地实现了规定的功能，确保其能正常工作
　　其中，__（5）__ 是单元测试；__（6）__ 是集成测试；__（7）__ 是确认测试；__（8）__ 是系统测试；__（9）__ 是验收测试。
【问题3】
　　为了使软件更好地满足最终用户的要求，通常执行α测试和β测试，其中，由用户在开发环境下进行的测试称为 __（10）__，多个用户在一个或多个用户的实际使用环境下进行的测试称为 __（11）__。

【问题 4】

针对电子商务平台的运行特性,测试小组进行了基于 Web 的系统测试,__(12)__ 用于测试软件与先前发布过的版本的兼容情况;__(13)__ 检查系统对非法侵入的防范能力;__(14)__ 检查系统正常运行的能力和用户接受的程度;__(15)__ 是指对软件开发、测试和维护过程中产生的所有文档的测试。

(12)~(15)的备选答案:

  A. 恢复测试   B. 配置测试   C. 安全性测试
  D. 文档测试   E. 强度测试   F. 可用性测试

试题三分析

本题考查软件测试相关知识及应用。

【问题 1】

测试环境是由测试数据、硬件配置、软件、接口、网络、人员、手册、设备等所有用于支持测试工作的元素组成的集合。

(1)硬件配置。

硬件环境指测试必需的服务器、客户端、网络连接设备以及打印机/扫描仪等外部设备所构成的环境。硬件配置必须要达到系统运行的最低要求,确保能支持软件正常运行。另一方面,由于不同的用户可能会在硬件方面存在细微的差别,但要在测试环境中对每一种环境进行设计是不现实的。因此,实际的做法是通过抽样调查等方式得出一系列配置文件,归纳出一些常见的配置分情况进行测试。

(2)软件环境。

软件环境指被测软件运行时的操作系统、数据库及其他应用软件构成的环境。与硬件环境类似,在测试时应尽量选择几种比较普遍的软件平台(操作系统、数据库及其他支持系统运行的应用软件),对每种配置分别进行测试,检验系统的兼容性,同时要保证测试的软件环境是无毒的。需要注意的是,为了更好地模拟系统运行的真实环境,软件环境中还应当包括用户常用的驻留于测试环境之中的其他应用程序,这些共驻软件可能并不与被测程序进行交互。

(3)人员组织。

测试中的人员主要有测试经理、测试文档审核师、测试设计师和测试工程师。进行测试时,需要有不同人员的参与,包括具有一定开发经验的计算机专业人员、业务人员及非专业人员。单元测试通常由开发人员负责;集成测试通常由各个开发团队协同合作;系统测试由于工作量非常大,其测试队伍包括开发员、QA 人员、用户、技术文员、售后服务人员、培训人员等;验收测试应当主要由使用系统的人来完成,包括用户、客户服务代表、培训员、市场营销员及其他测试人员等。

【问题 2】

软件测试一般可分为单元测试、集成测试、确认测试、系统测试、验收测试这几个阶段,不同的测试阶段将制定不同的测试目标,采用不同的测试方法和技术,具有各自的特点。

(1)单元测试是通过对每个最小的软件模块进行测试,对源代码的每一个程序单元实行测试,检查各个程序模块是否正确地实现了规定的功能,确保其能正常工作。

（2）集成测试的主要目的是验证组成软件系统的各模块的接口和交互作用，一般不使用真实数据，可以使用一部分代表性的测试数据。

（3）确认测试又称为合格性测试，用来检验软件是否符合用户的需求。软件确认一般采用黑盒测试法，通过一系列证明软件功能和要求的测试来实现。

（4）系统测试将软件与整个系统的硬件、外设、支持软件、数据和人员等结合起来，以需求规格说明为依据，在实际运行环境下进行测试。

（5）验收测试在测试组的协助下，由用户代表执行。测试人员在验收测试工作中将协助用户代表执行测试，并和测试观察员一起向用户解释测试用例的结果。

（6）回归测试是一种验证已变更的系统的完整性与正确性的测试技术，是指重新执行已经做过的测试的某个子集，以保证修改没有引入新的错误或者没有发现出于更改而引起之前未发现的错误，也就是保证改变没有带来非预期的副作用。

【问题3】

α测试是由一个用户在开发环境下进行的测试，也可以是公司内部的用户人模拟实际操作环境下进行的受控测试，α测试不能由程序员或测试员完成α测试发现的错误，在测试现场立刻反馈给开发人员，由开发人员及时分析和处理。

β测试是多个用户在一个或多个用户的实际使用环境下进行的测试。开发者通常不在测试现场，不由程序员或测试员完成；因而，β测试是在开发者无法控制的环境下进行的软件现场应用。

【问题4】

系统测试一般要完成功能测试、性能测试、恢复测试、安全测试、强度测试以及其他限制条件的测试。

（1）负载测试是通过测试系统在资源超负荷情况下的表现，以发现设计上的错误或验证系统的负载能力。

（2）压力测试又称为强度测试，是在强负载（加大数据量、大量并发用户等）下的测试，用于查看应用系统在峰值使用情况下的操作行为，目的是发现系统的功能隐患、系统是否具有良好的容错能力和可恢复能力。

（3）软件可靠性是系统在特定的环境下，在给定的时间内无故障地运行的概率。

（4）安全性测试是测试系统在应付非授权的内部/外部访问、非法侵入或故意的损坏时的系统防护能力，检验系统有能力使可能存在的内/外部的伤害或损害的风险限制在可接受的水平内。

（5）兼容性/配置测试用于测试软件与先前发布过的版本、有依赖关系的外部软件、运行的系统的各种版本和硬件平台的不同配置的兼容情况。

（6）容错性测试是检查软件在异常条件下自身是否具有防护性措施或者灾难恢复手段。

（7）可用性是指系统正常运行的能力和用户接受的程度。

（8）文档测试是指对软件开发、测试和维护过程中产生的所有文档的测试，包括对需求规格分析说明书、详细设计报告、系统设计报告、用户手册以及与系统相关的一切文档的审阅和评测。

参考答案

【问题1】
（1）√
（2）√
（3）×
（4）√

【问题2】
（5）E 或检查各个程序模块是否正确地实现了规定的功能，确保其能正常工作
（6）C 或验证组成软件系统的各模块的接口和交互作用
（7）A 或检验软件是否符合用户的需求
（8）D 或将软件与整个系统的硬件、外设、支持软件、数据和人员等结合起来，以需求规格说明为依据，在实际运行环境下进行测试
（9）B 或在测试组的协助下由用户代表执行，审查验收文档资料、测试软件系统的功能、性能等

【问题3】
（10）α 测试
（11）β 测试

【问题4】
（12）B 或配置测试
（13）C 或安全性测试
（14）F 或可用性测试
（15）D 或文档测试

试题四

阅读以下说明，回答问题1至问题3，将解答填入答题纸的对应栏内。

【说明】

张某和同学毕业后参加大学生创业项目，创建了一个电子商务网站。最近张某负责电子商务系统开发的项目管理工作。该项目经过工作分解后，范围已经明确。为了更好地对该项目的开发过程进行监控，保证项目顺利完成，张某拟采用网络计划技术对项目进度进行管理。经过分析，张某得到了一张工作计划表，如表4-1所示。

表 4-1 工作计划表

工作任务	紧前工作	计划工作历时/天	最短工作历时/天	每缩短一天所需增加的费用/万元
A	—	5	4	5
B	A	2	2	—
C	A	8	7	3
D	B、C	10	9	2
E	C	5	4	1
F	D	10	8	2

续表

工作任务	紧前工作	计划工作历时/天	最短工作历时/天	每缩短一天所需增加的费用/万元
G	D、E	11	8	5
H	F、G	10	9	8

说明：为了表明各活动之间的逻辑关系，计算工期，张某将任务及有关属性用图 4-1 表示，然后根据工作计划表，绘制了单代号网络图。

图 4-1 参数内容

【问题 1】

根据表 4-1，张某需要完成此项目的单代号网络图。请帮助张某完善此项目的 B、C、D、G 任务单代号网络图各参数，填写图 4-2 中的空（1）～（10），将解答填入答题纸相应位置。

5	2	(2)
	B	
11	(1)	13

5	8	(5)
	C	
(3)	(4)	13

13	10	(8)
	D	
(6)	(7)	23

23	11	(10)
	G	
23	(9)	21

图 4-2 任务 B、C、D、G 的相关网络参数

【问题 2】

（1）运用网络图，确定该项目的关键路径为   (11)   。

（2）项目完成的总工期   (12)   。

【问题 3】

根据创业项目要求，项目工期要求缩短到 39 天完成，需要调整工作计划。请给出具体的工期压缩方案并计算需要增加的最少费用。

（1）最优压缩方案需要压缩的工作任务有： (13) 、 (14) 、 (15) 、 (16) 、 (17) 。

（2）需要增加的最少费用是   (18)   。

试题四分析

【问题 1】

本问题一是考查双代号网络计划图的概念及解读。双代号网络图又称箭线式网络图，进行网络图的构建。二是考查网络计划参数的概念及计算。工作持续时间是指一项工作从开始到完成的时间。

工作的最早开始时间（ES）是指在其所有紧前工作全部完成后，本工作有可能开始的最早时刻。工作的最早完成时间（EF）是指在其所有紧前工作全部完成后，本工作有可能完成

的最早时刻。工作的最早完成时间等于本工作的最早开始时间与其持续时间之和。

工作的最迟完成时间（LS）是指在不影响整个任务按期完成的前提下，本工作必须完成的最迟时刻。工作的最迟开始时间（LF）是指在不影响整个任务按期完成的前提下，本工作必须开始的最迟时刻。工作的最迟开始时间等于本工作的最迟完成时间与其持续时间之差。

工作的总时差（TF）是指在不影响总工期的前提下，本工作可以利用的机动时间。工作的自由时差（FF）是指在不影响其紧后工作最早开始时间的前提下，本工作可以利用的机动时间。对于同一项工作而言，自由时差不会超过总时差。当工作的总时差为0时，其自由时差必然为0。

网络计划中各项工作的最早开始时间（ES）和最早完成时间（EF）的计算应从网络计划的起点节点开始，顺着箭线方向依次逐项计算。工作的最早开始时间等于该工作的各个紧前工作的最早完成时间的最大值，ES=max{紧前工作的EF}；工作的最早完成时间等于该工作的最早开始时间加上其持续时间，EF=ES+本工作持续时间。

网络计划中各项工作的最迟开始时间（LS）和最迟完成时间（LF）的计算应以项目规定或计算的工期为基准，从网络计划的终止节点，逆着箭线方向依次逐项计算。某工作的最迟完成时间等于该工作的各项紧后工作的最迟开始时间的最小值，LF=min{紧后工作的LS}；最迟开始时间等于本项工作的最迟完成时间减本项工作的持续时间，LS=LF-工作的持续时间。

某项工作总时差（TF）等于该工作最迟完成时间与最早完成时间之差，或该工作最迟开始时间与最早开始时间之差，TF=LF-EF 或 TF=LS-ES。

某项工作自由时差（FF）的计算有两种情况，对于有紧后工作的工作，其自由时差等于本工作之紧后工作最早开始时间减本工作最早完成时间所得之差的最小值，FF=min{ES（紧后工作）}-EF；对于无紧后工作的工作，也就是以网络计划终点节点为完成节点的工作，其自由时差等于计划工期与本工作最早完成时间之差。

根据以上分析，可画出本题的双代号网络计划图，如下图所示。

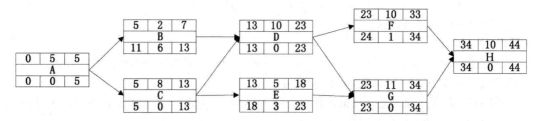

因此问题1的答案为（1）6,（2）7,（3）5,（4）0,（5）13,（6）13,（7）0,（8）23,（9）0,（10）34。

【问题2】

本问题考查关键路径的概念和项目工期的计算。在关键线路法（CPM）中，线路上所有工作的持续时间总和称为该线路的总持续时间，将网络图中所有线路的作业时间进行比较，总持续时间最长的线路称为关键线路，关键线路上的工作称为关键工作，关键线路的长度就是网络计划的总工期。

由双代号网络图可知，总持续时间最长的线路称为关键线路确定为关键路径，因此关键路径：A→C→D→G→H。计算项目完成总工期为44天。

【问题3】

本问题考查项目进度控制及计划优化的问题，重点为时间成本平衡法。

时间成本平衡法的目标是在总成本增加最少的条件下压缩工期，使项目在最短时间完成。每项工作的工期从正常时间缩短至应急时间都有自己的单位时间和成本。正常时间是在正常条件下完成工作需要的估计时间长度；正常成本是在正常时间内完成工作的预计成本。最短时间是完成工作的最短估计时间长度；增加成本为每缩短一天所需增加的费用。

工作路线有：ABDFH工期为37天，ABDGH工期为38天，ACEGH工期为39天，ACDFH工期为43天，ACDGH工期为44天。

为了保障总工期为39天，需要调整的路径为ACDGH和ACDFH。首先找关键路径并费用增加最少的计算，因此选择DCAGF压缩工作时间，增加的费用最少（注意成本，以及是否在关键路径上）。

将D工作压缩1天2万元，C工作压缩1天3万元，A工作压缩1天5万元，G工作压缩将D工作压缩1天2万元，C工作压缩1天3万元，A工作压缩1天5万元，G工作压缩2天10万元，F工作压缩1天2万元。（这是费用最少优化途径，费用为22万元）。

参考答案

【问题1】

(1) 6

(2) 7

(3) 5

(4) 0

(5) 13

(6) 13

(7) 0

(8) 23

(9) 0

(10) 34

【问题2】

(11) ACDGH

(12) 44 或 44 天

【问题3】

(13) D

(14) C

(15) A

(16) G

(17) F

（18）22 或 22 万或 22 万元

注：（13）、（14）、（15）、（16）、（17）答案可以互换

试题五

阅读以下说明，回答问题 1 至问题 4，将解答填入答题纸的对应栏内。

【说明】

国外有一个名不见经传的葡萄酒品牌，通过博客，进行了一次成功的营销，使得其产品迅速扩大了销量和知名度。

约翰在南非的 Doolhof 谷买了 80 公顷葡萄园创建了 A 葡萄酒公司，这是一家小葡萄酒厂，其产品是"B"牌葡萄酒，该葡萄酒在英国的多家商场销售。

"新西兰有最好的白葡萄酒酿造技术，南非的葡萄品质较高"，A 公司宣称它的葡萄酒是这两者的结合。约翰深信这里肥沃的土壤一定能生产出好酒，但不久 A 公司就陷入了困境，作为一家新成立的小公司，面临与所有小公司一样的问题，资金少、资源缺乏、知名度低，加上酒厂的位置偏僻，他的品牌如何才能越过南非的崇山峻岭赢得英国消费者的关注并与超市签订大宗销售合同呢？这令约翰很苦恼。

他们想宣传，但是却没有钱投放任何形式的广告。所谓穷则思变，有时候没钱不一定是坏事，因为在没钱的情况下，就会逼得你去求变，去想办法。

A 公司终于想出了一个好办法，就是通过博客营销来扩大产品知名度，打开销售局面。

首先，A 公司在某知名网站博客系统中注册账号，定期发布产品信息。另外，在网络上发布了一条消息，宣传要免费送葡萄酒，任何人只要满足以下 3 个条件，都可以免费申领。这 3 个条件是：

（1）已到法定饮酒年龄；

（2）住在英国，爱尔兰或法国；

（3）此前至少 3 个月内一直写博客。读者多少不限，可以少到 3 个，只要是真正的博客。

消息发布后，反响强烈，报名踊跃，一周之内，便送出 150 瓶酒。而 A 公司在送酒的同时，还顺便附带了一个小小的请求，他们非常真诚地恳求对方能够在品尝完美酒后，写一写体验和感受。当然，这个要求不是必须的，你可以写，也可以不写；可以说好话，也可以说坏话。

在这个活动开始前，网络搜索不到任何关于 A 公司的信息。而一个月后，在网络上搜索 A 公司的相关信息有 500 条结果；4 个月后，变成了 2 万条结果。专家估计有 30 万人通过博客知道了这家公司，而 A 公司的销售局面也快速打开，在过去不到一年的时间里，他们的葡萄酒销量翻倍，而这项活动产生的滞后效应还很难具体估量。

【问题 1】

A 葡萄酒公司利用博客开展营销，充分发挥了博客 __(1)__ 的作用，这是博客营销的基础。另外针对 A 公司缺资金、知名度低及位置偏僻的现状，利用博客 __(2)__ 、__(3)__ 、__(4)__ 、__(5)__ 的特点开展营销，使得自己的产品迅速扩大了销量和知名度。

（1）～（5）的备选答案：

　　A．博客文章可以说是一种公关方式，需借助于公关公司和其他媒体

B. 博客文章可信度高
C. 博客传播不需要直接费用
D. 传递网络营销信息
E. 博客文章内容题材往往比较严肃
F. 博客文章企业不可自行操作
G. 博客文章内容题材和发布方式灵活
H. 信息量大，表现形式灵活

【问题2】
判断以下关于博客营销的叙述是否正确，正确的打"√"，错误的打"×"。
① 每篇博客文章不是一个独立的网页，因此不容易被搜索引擎收录和检索。___(6)___
② 博客文章会迅速获得广大用户的关注。___(7)___
③ 博客文章的信息量取决于对某个问题描写的需要，而不是简单的广告信息。___(8)___

【问题3】
案例中 A 葡萄酒公司利用博客开展营销的价值主要表现为：___(9)___、___(10)___、___(11)___和___(12)___。

（9）～（12）的备选答案：
A. 获得用户对品牌的忠诚
B. 为用户推广搜索引擎获取信息提供机会
C. 降低宣传推广费用
D. 缩小了被竞争者超越的潜在风险
E. 提高品牌的知名度
F. 可以实现更低的成本对用户行为进行研究
G. 增加企业网站的链接数量
H. 直接带来潜在用户

【问题4】
A 葡萄酒公司开展博客营销采用的策略主要有：___(13)___、___(14)___和___(15)___。
（13）～（15）的备选答案：
A. 创造良好的博客环境
B. 选择优秀的博客
C. 协调个人观点与企业营销策略之间的分歧
D. 建立自己的博客系统
E. 选择功能完善、稳定、适合企业的博客系统，发布博客文章
F. 坚持博客的定期更新，不断完善

试题五分析
本题考查博客营销的作用、特征、价值及策略。

【问题1】
博客是一个信息发布和传递的工具，博客发挥着传递网络营销信息的作用，这是博客营

销的基础。其具有以下特点:

（1）博客文章的内容题材和发布方式更为灵活。由于博客文章内容题材和形式多样，因而更容易受到用户的欢迎。

（2）博客传播具有更大的自主性，并且无需直接费用。

（3）博客的信息量更大，表现形式灵活。

（4）博客文章更正式，可信度更高。

另外博客文章在一定意义上可以说是一种公关方式，只是这种公关方式完全是由企业自行操作的，而无需借助于公关公司和其他媒体。

【问题 2】

每一篇博客文章都是一个独立的网页，而且博客文章很容易被搜索引擎收录和检索，这样使得博客文章具有长期被用户发现和阅读的机会；专业的博客网站用户数量大，有价值的文章通常更容易迅速获得大量用户的关注，从而在推广效率方面要高过一般的企业网站；博客文章的信息发布与供求信息发布是完全不同的表现形式，博客文章的信息量完全取决于对某个问题描写的需要，博客文章并不是简单的广告信息，实际上单纯的广告信息发布在博客网站上也起不到宣传的效果。

【问题 3】

博客营销（Blog Marketing）就是利用博客这种网络应用形式开展网络营销。其价值主要表现在以下方面:

（1）博客可以直接带来潜在用户。

博客内容发布在博客托管网站上，如博客网 www.bokee.com 属下的网站（www.blogger.com）等，这些网站往往拥有大量的用户群体，有价值的博客内容会吸引大量潜在用户浏览，从而达到向潜在用户传递营销信息的目的，用这种方式开展网络营销，是博客营销的基本形式，也是博客营销最直接的价值表现。

（2）博客营销的价值体现在降低网站推广费用方面。

网站推广是企业网络营销工作的基本内容，大量的企业网站建成之后都缺乏有效的推广措施，因而网站访问量过低，降低了网站的实际价值。通过博客的方式，在博客内容中适当加入企业网站的信息（如某项热门产品的链接、在线优惠券下载网址链接等）达到网站推广的目的，这样的"博客推广"是极低成本的网站推广方法，降低了网站推广的费用，或者在不增加网站推广费用的情况下，提升了网站的访问量。

（3）博客文章内容为用户通过搜索引擎获取信息提供了机会。

多渠道信息传递是网络营销取得成效的保证，通过博客文章，可以增加用户通过搜索引擎发现企业信息的机会。其主要原因在于，访问量较大的博客网站比一般企业网站的搜索引擎友好性要好，用户可以比较方便地通过搜索引擎发现这些企业博客内容，从而达到利用搜索引擎有效推广网站的目的。

（4）博客文章可以方便地增加企业网站的链接数量。

获得其他相关网站的链接是一种常用的网站推广方式，但是当一个企业网站知名度不高且访问量较低时，往往很难找到有价值的网站给自己链接，而通过自己的博客文章为本公司的网站做链接则是顺理成章的事情。拥有博客文章发布的资格增加了网站链接主动性和灵活性,这样不仅可能为网站带来新的访问量,也增加了网站在搜索引擎排名中的优势,因为一些主要搜索引擎把一个网站被其他网站链接的数量和质量作为计算其排名的因素之一。

(5) 可以实现更低的成本对读者行为进行研究。

当博客内容比较受欢迎时,博客网站也成为与用户交流的场所,有什么问题可以在博客文章中提出,读者可以发表评论,从而可以了解读者对博客文章内容的看法,作者也可以回复读者的评论。当然,也可以在博客文章中设置在线调查表的链接,便于有兴趣的读者参与调查,这样扩大了网站上在线调查表的投放范围,同时还可以直接就调查中的问题与读者进行交流,使得在线调查更有交互性,其结果是提高了在线调查的效果,也就意味着降低了调查研究费用。

(6) 博客是建立权威网站品牌效应的理想途径之一。

作为个人博客,如果想成为某一领域的专家,最好的方法之一就是建立自己的博客。如果你坚持不懈的博客下去,你所营造的信息资源将为你带来可观的访问量,这些信息资源包括各种有价值的文章、网站链接、实用工具等,这些资源也为你持续不断地写作更多的文章提供很好的帮助,这样形成良性循环,这种资源的积累实际上并不需要多少投入,但其回报却是可观的。对于企业博客也是同样的道理,只要坚持对某一领域的深度研究,并加强与用户的多层面交流,对于获得用户的品牌认可和忠诚提供了有效的途径。

(7) 博客减小了被竞争者超越的潜在损失。

博客在 2004 年成为全球热门的词汇之一,不仅参与博客写作的用户数量快速增长,而且浏览博客网站内容的互联网用户数量也在急剧增加。在博客方面所花费的时间成本,实际上已经从其他方面节省的费用所补偿,比如为博客网站所写作的内容,同样可以用于企业网站内容的更新,或者发布在其他具有营销价值的媒体上。反之,如果因为没有博客而被竞争者超越,所造成的损失将是不可估量的。

(8) 博客让营销人员从被动的媒体依赖转向自主发布信息。

在传统的营销模式下,企业往往需要依赖媒体来发布企业信息,不仅受到较大局限,而且费用相对较高。当营销人员拥有自己的博客园地之后,可以随时发布你希望发布的信息!只要这些信息没有违反国家法律,并且信息对用户是有价值的。

案例材料中的 A 葡萄酒公司利用博客开展营销的价值主要表现为:为用户推广搜索引擎获取信息提供机会、降低宣传推广费用、提高品牌的知名度和直接带来潜在用户。

【问题 4】

企业开展博客营销所采取的策略主要有:

(1) 选择博客托管网站、注册博客账号。

即选择功能完善、稳定,适合企业自身发展的博客系统、博客营销平台,并获得发布博客文章的资格。

(2) 选择优秀的博客。

在营销的初始阶段,用博客来传播企业信息首要条件是拥有具有良好写作能力的博客,博客在发布自己的生活经历、工作经历和某些热门话题的评论等信息的同时,还可附带宣传企业,如企业文化、产品品牌等,特别是当发布文章的博客是在某领域有一定影响力的人物,所发布的文章更容易引起关注,吸引大量潜在用户浏览,通过个人博客文章内容为读者提供了解企业信息的机会。这说明具有营销导向的博客需要以良好的文字表达能力为基础。因此企业的博客营销需要以优秀的博客为基础。

(3) 创造良好的博客环境。

企业应坚持长期利用博客,不断的更换其内容,这样才能发挥其长久的价值和应有的作用,吸引更多的读者。因此进行博客营销的企业需要创造良好的博客环境,采用合理的激励机制,激发博客的写作热情,促使企业博客们有持续的创造力和写作热情。

(4) 协调个人观点与企业营销策略之间的分歧。

从事博客写作的是个人,但从事网络营销活动的是企业。因此博客营销必须正确处理两者之间的关系,如果博客所写的文章都代表企业的观点,那么博客文章就失去了其个性特色,也就很难获得读者的关注,从而失去了信息传播的意义。但是,如果博客文章只代表个人观点,而与企业立场不一致,就会受到企业的制约。因此,企业应该培养一些有良好写作能力的员工进行写作,他们所写的东西既要反映企业,又要保持自己的观点和信息传播性,这样才会获得潜在用户的关注。

(5) 建立自己的博客系统。

当企业在博客营销方面开展的比较成功时,则可以考虑使用自己的服务器,建立自己的博客系统,向员工、客户以及其他外来者开放。博客托管网站的服务虽是免费的,但服务缺乏保障。如果中断服务,企业通过博客积累的大量资源将可能毁于一旦。如果使用自己的博客系统,则可以由专人管理,定时备份,从而保障博客网站的稳定性和安全性。而且开放博客系统将引来更多同行、客户来申请和建立自己的博客,使更多的人加入到企业的博客宣传队伍中来,在更大的层面上扩大企业的影响力。

案例材料中的 A 葡萄酒公司利用博客开展营销采用的策略有:选择优秀的博客;协调个人观点与企业营销策略之间的分歧;选择功能完善、稳定、适合企业的博客系统,发布博客文章。

参考答案

【问题 1】

(1) D 或传递网络营销信息

(2) B 或博客文章可信度高

(3) C 或博客传播不需要直接费用

(4) G 或博客文章内容题材和发布方式灵活

(5) H 或信息量大,表现形式灵活

注:(2)、(3)、(4) 和 (5) 答案可以互换

【问题 2】

(6) ×

(7) ×

(8) √

【问题3】
(9) B 或为用户推广搜索引擎获取信息提供机会
(10) C 或降低宣传推广费用
(11) E 或提高品牌的知名度
(12) H 或直接带来潜在用户
注：(9)、(10)、(11)和(12)答案可以互换

【问题4】
(13) B 或选择优秀的博客
(14) C 或协调个人观点与企业营销策略之间的分歧
(15) E 或选择功能完善、稳定、适合企业的博客系统，发布博客文章
注：(13)、(14)和(15)答案可以互换

第3章 2017下半年电子商务设计师上午试题分析与解答

试题（1）

　　当一个企业的信息系统建成并正式投入运行后，该企业信息系统管理工作的主要任务是　(1)　。

　　(1) A．对该系统进行运行管理和维护
　　　　B．修改完善该系统的功能
　　　　C．继续研制还没有完成的功能
　　　　D．对该系统提出新的业务需求和功能需求

试题（1）分析

　　信息系统经过开发商测试、用户验证测试后，即可以正式投入运行。此刻也标志着系统的研制工作已经结束。系统进入使用阶段后，主要任务就是对信息系统进行管理和维护，其任务包括日常运行的管理、运行情况的记录、对系统进行修改和扩充、对系统的运行情况进行检查与评价等。只有这些工作做好了，才能使信息系统能够如预期目标那样，为管理工作提供所需信息，才能真正符合管理决策的需要。

参考答案

　　(1) A

试题（2）

　　通常企业在信息化建设时需要投入大量的资金，成本支出项目多且数额大。在企业信息化建设的成本支出项目中，系统切换费用属于　(2)　。

　　(2) A．设施费用　　　　　　　　B．设备购置费用
　　　　C．开发费用　　　　　　　　D．系统运行维护费用

试题（2）分析

　　信息化建设过程中，原有的信息系统不断被功能更强大的新系统所取代，所以需要系统转换。系统转换也就是系统切换与运行，是指以新系统替换旧系统的过程。系统成本分为固定成本和运行成本。其中设备购置费用、设施费用、软件开发费用属于固定成本，为购置长期使用的资产而发生的成本。而系统切换费用属于系统运行维护费用。

参考答案

　　(2) D

试题（3）

　　在 Excel 中，设单元格 F1 的值为 38，若在单元格 F2 中输入公式 "=IF(AND(38<F1, F1<100),"输入正确","输入错误")"，则单元格 F2 显示的内容为　(3)　。

　　(3) A．输入正确　　　B．输入错误　　　C．TRUE　　　D．FALSE

试题（3）分析

本题考查 Excel 基础知识。

函数 IF（条件，值 1，值 2）的功能是当满足条件时，则结果返回"值 1"；否则，返回"值 2"。本题不满足条件，故应当返回"输入错误"。

参考答案

（3）B

试题（4）

显示器的__（4）__，显示的图像越清晰，质量也越高。

（4）A．刷新频率越高　　　　　　　B．分辨率越高

　　　C．对比度越大　　　　　　　　D．亮度越低

试题（4）分析

本题考查计算机性能方面的基础知识。

显示分辨率是指显示屏上能够显示出的像素数目。例如，显示分辨率为 1024×768 表示显示屏分成 768 行（垂直分辨率），每行（水平分辨率）显示 1024 个像素，整个显示屏就含有 786 432 个显像点。屏幕能够显示的像素越多，说明显示设备的分辨率越高，显示的图像越清晰，质量也越高。

参考答案

（4）B

试题（5）

对声音信号采样时，__（5）__参数不会直接影响数字音频数据量的大小。

（5）A．采样率　　　B．量化精度　　　C．声道数量　　　D．音量放大倍数

试题（5）分析

本题考查多媒体基础知识。

采样频率是指单位时间内的采样次数。采样频率越大，采样点之间的间隔就越小，数字化后得到的声音就越逼真，但相应的数据量就越大。声卡一般提供 11.025kHz、22.05kHz 和 44.1kHz 等不同的采样频率。

采样位数（量化精度）是记录每次采样值数值大小的位数。采样位数通常有 8bit 或 16bit 两种，采样位数越大，所能记录声音的变化度就越细腻，相应的数据量就越大。

采样的声道数是指处理的声音是单声道还是立体声。单声道在声音处理过程中只有单数据流，而立体声则需要左、右声道的两个数据流。显然，立体声的效果要好，但相应的数据量要比单声道的数据量加倍。

未压缩声音数据量的计算公式为：

数据量（字节/秒）=（采样频率（Hz）×采样位数（bit）×声道数）/8

参考答案

（5）D

试题（6）、（7）

2017 年 5 月，全球的十几万台计算机受到勒索病毒 WannaCry 的攻击，计算机被感

染后文件会被加密锁定，从而勒索钱财。在该病毒中，黑客利用__(6)__实现攻击，并要求以__(7)__方式支付。

(6) A．Windows 漏洞　　　　　　B．用户弱口令
　　C．缓冲区溢出　　　　　　　D．特定网站
(7) A．现金　　　B．微信　　　C．支付宝　　　D．比特币

试题（6）、（7）分析

本题考查计算机病毒知识。

勒索病毒是一种新型电脑病毒，主要以邮件、程序木马、网页挂马的形式进行传播。病毒主要针对安装有 Microsoft Windows 的计算机，攻击者向 Windows SMBv1 服务器 445 端口（文件、打印机共享服务）发送特殊设计的消息，来远程执行攻击代码。只要用户计算机连上互联网，即便是用户不做任何操作，计算机都有可能中毒。

勒索病毒的攻击者为了隐匿身份，收取赎金时不会采取现金、微信、支付宝等可以追查到资金来源的方式，而在病毒发作后显示特定界面，指示用户通过比特币方式缴纳赎金。

参考答案

(6) A　(7) D

试题（8）

计算机软件著作权的保护对象是指__(8)__。

(8) A．软件开发思想与设计方案　　　B．计算机程序及其文档
　　C．计算机程序及算法　　　　　　D．软件著作权权利人

试题（8）分析

本题考查知识产权知识。

《计算机软件保护条例》对软件实施著作权法律保护作了具体规定。计算机软件著作权的保护对象是计算机程序及其文档。

计算机软件常分为系统软件和应用软件，它们均受法规保护。一项软件包括计算机程序及其相关文档。计算机程序指代码化指令序列，或者可被自动转换成代码化指令序列的符号化指令序列或者符号化语句序列。无论是程序的目标代码还是源代码均受法规保护。计算机文档则是指用自然语言或者形式化语言所编写的文字资料和图表，用来描述程序的内容、组成、设计、功能规格、开发情况、测试结果及使用方法，如程序设计说明书、流程图、用户手册等。

参考答案

(8) B

试题（9）

若机器字长为 8 位，则可表示出十进制整数 -128 的编码是__(9)__。

(9) A．原码　　　B．反码　　　C．补码　　　D．ASCII 码

试题（9）分析

本题考查计算机系统的数据表示基础知识。

原码表示是用最左边的位（即最高位）表示符号，0 正 1 负，其余的 7 位来表示数的绝

对值，-128 的绝对值为 128，用二进制表示时需要 8 位，所以机器字长为 8 位时，采用原码不能表示-128。

对于负数，反码表示是用最左边的位（即最高位）表示符号，0 正 1 负，其余的 7 位是将数的绝对值的各位取反。-128 的绝对值为 128，用二进制表示时需要 8 位，所以机器字长为 8 位时，采用反码也不能表示-128。

补码表示与原码和反码相同之处是最高位用 0 表示正，1 表示负。不同的是，补码 10000000 的最高位 1 既表示其为负数，也表示数字 1，从而使得它可以表示出-128 这个数。

参考答案

（9）C

试题（10）

计算机加电自检后，引导程序首先装入的是___(10)___，否则，计算机不能做任何事情。

(10) A．Office 系列软件　　　B．应用软件　　　C．操作系统　　　D．编译程序

试题（10）分析

本题考查操作系统的基本知识。

操作系统位于硬件之上且在所有其他软件之下，是其他软件的共同环境与平台。操作系统的主要部分是频繁用到的，因此是常驻内存的（Reside）。计算机加电以后，首先引导操作系统。不引导操作系统，计算机不能做任何事情。

参考答案

（10）C

试题（11）

在 Windows 系统中，扩展名___(11)___表示该文件是批处理文件。

(11) A．com　　　　　　　B．sys　　　　　　　C．html　　　　　　　D．bat

试题（11）分析

在 Windows 操作系统中，文件名通常由主文件名和扩展名组成，中间以"."连接，如 myfile.doc，扩展名常用来表示文件的数据类型和性质。下表给出常见的扩展名所代表的文件类型：

扩展名	说明	扩展名	说明
exe	可执行文件	sys	系统文件
com	命令文件	zip	压缩文件
bat	批处理文件	doc 或 docx	Word 文件
txt	文本文件	c	C 语言源程序
bmp	图像文件	pdf	Adobe Acrobat 文档
swf	Flash 文件	wav	声音文件
html	网页文件	java	Java 语言源程序

参考答案

（11）D

试题（12）

当一个双处理器的计算机系统中同时存在 3 个并发进程时，同一时刻允许占用处理器的进程数　(12)　。

(12) A. 至少为 2 个　　B. 最多为 2 个　　C. 至少为 3 个　　D. 最多为 3 个

试题（12）分析

一个双处理器的计算机系统中尽管同时存在 3 个并发进程，但是同一时刻允许占用处理器的进程数只能是 2 个。

参考答案

(12) B

试题（13）

若程序中定义了三个函数 f1、f2 和 f3，并且函数 f1 执行时会调用 f2、函数 f2 执行时会调用 f3，那么正常情况下，　(13)　。

(13) A. f3 执行结束后返回 f2 继续执行，f2 结束后返回 f1 继续执行
　　　B. f3 执行结束后返回 f1 继续执行，f1 结束后返回 f2 继续执行
　　　C. f2 执行结束后返回 f3 继续执行，f3 结束后返回 f1 继续执行
　　　D. f2 执行结束后返回 f1 继续执行，f1 结束后返回 f3 继续执行

试题（13）分析

本题考查程序语言基础知识。

在发生嵌套调用时，需按照后进先出的方式进行返回。若函数 f1 执行时调用 f2、函数 f2 执行时调用 f3，那么正常情况下，函数 f3 执行结束后会返回 f2 继续执行，f2 结束后返回 f1。

参考答案

(13) A

试题（14）

表示"以字符 a 开头且仅由字符 a、b 构成的所有字符串"的正规式为　(14)　。

(14) A. a*b*　　　　B. (a|b)*a　　　　C. a(a|b)*　　　　D. (ab)*

试题（14）分析

本题考查程序语言基础知识。

正规式 a*b* 表示的是若干个 a 后面跟若干个 b 的字符串；(a|b)*a 表示的是以 a 结尾的所有由 a、b 构成的字符串；(ab)* 表示 b 在 a 之后且 a、b 交替出现的字符串；a(a|b)* 表示以字符 a 开头且仅由字符 a、b 构成的所有字符串。

参考答案

(14) C

试题（15）

将源程序中多处使用的同一个常数定义为常量并命名，　(15)　。

(15) A. 提高了编译效率　　　　　　B. 缩短了源程序代码长度
　　　C. 提高了源程序的可维护性　　D. 提高了程序的运行效率

试题（15）分析

本题考查程序语言基础知识。

将源程序中多处使用的同一个常数定义为常量并命名，可以提高源程序的可维护性，使得修改时只需改一个地方即可。

参考答案

（15）C

试题（16）

创建好的程序或文档所需遵循的设计原则不包括__(16)__。

（16）A．反复迭代，不断修改　　　　B．遵循好的标准和设计风格
　　　C．尽量采用最新的技术　　　　D．简约，省去不必要的元素

试题（16）分析

本题考查软件工程基础知识。

程序或文档的设计应选择最合适的方法，而不是最先进的技术。

参考答案

（16）C

试题（17）

专业程序员小王记录的编程心得体会中，__(17)__并不正确。

（17）A．编程工作中记录日志很重要，脑记忆并不可靠
　　　B．估计进度计划时宁可少估一周，不可多算一天
　　　C．简单模块要注意封装，复杂模块要注意分层
　　　D．程序要努力文档化，让代码讲自己的故事

试题（17）分析

本题考查软件工程基础知识。

程序设计并不是机械的工作，包含了创意，也容易犯错，而且发现并纠正错误的时间很难预先确定，往往拖延时间。所以估计进度计划时宁可多估一周，不可少算一天。

参考答案

（17）B

试题（18）

发展体验经济，支持实体零售商综合利用网上商店、移动支付、智能试衣等新技术，打造体验式购物模式属于__(18)__。

（18）A．"互联网+"高效物流　　　　B．"互联网+"普惠金融
　　　C．"互联网+"益民服务　　　　D．"互联网+"协同制造

试题（18）分析

本题考查"互联网+"概念和内涵。

《国务院关于积极推进"互联网+"行动的指导意见》中的（六）"互联网+"益民服务表述，（1）创新政府网络化管理和服务。加快互联网与政府公共服务体系的深度融合，推动公共数据资源开放，促进公共服务创新供给和服务资源整合，构建面向公众的一体化在线公共

服务体系。(2) 发展便民服务新业态。发展体验经济，支持实体零售商综合利用网上商店、移动支付、智能试衣等新技术，打造体验式购物模式。因此答案为"互联网+"益民服务。

参考答案

(18) C

试题（19）

在电子商务活动中，随着买卖关系的发生，商品所有权发生转移的是 __(19)__ 。

(19) A．物流　　　　B．商流　　　　C．资金流　　　　D．信息流

试题（19）分析

本题考查商流、信息流、物流、资金流等概念和知识。

商流是指物品在流通中发生形态变化的过程，即由货币形态转化为商品形态，以及由商品形态转化为货币形态的过程，随着买卖关系的发生，商品所有权发生转移。具体的商流活动包括买卖交易活动及商情信息活动。商流活动可以创造物资的所有权效用。

参考答案

(19) B

试题（20）

订单处理是电子商务企业的核心业务流程之一，以下说法错误的是 __(20)__ 。

(20) A．可以通过改善订单处理的流程，使订单处理的周期缩短
　　　B．得到对客户订单处理的全程跟踪信息
　　　C．订单处理的业务流程包括订单准备、订单传递、订单跟踪等
　　　D．维持一定库存水平，使企业获得竞争优势

试题（20）分析

本题考查订单处理的相关知识。

订单处理是企业的一个核心业务流程，包括订单准备、订单传递、订单登录、按订单供货、订单处理状态跟踪等活动。订单处理是实现企业顾客服务目标最重要的影响因素。改善订单处理过程，缩短订单处理周期，提高订单满足率和供货的准确率，提供订单处理全程跟踪信息，可以大大提高顾客服务水平与顾客满意度，同时也能够降低库存水平，在提高顾客服务水平的同时降低物流总成本。

选项 D 中维持一定库存水平说法是不对的，正确说法是降低库存水平。

参考答案

(20) D

试题（21）

__(21)__ 是通过对商业信息的搜集、管理和分析，使企业的各级决策者获得知识或洞察力，促使他们做出有利决策的一种技术。

(21) A．客户关系管理　　　　　　B．办公自动化
　　　C．企业资源计划　　　　　　D．商务智能

试题（21）分析

本题考查商务智能、企业资源计划、客户关系管理、办公自动化等概念。

商业智能描述了一系列的概念和方法，通过应用基于事实的支持系统来辅助商业决策的制定。商业智能技术提供使企业迅速分析数据的技术和方法，包括收集、管理和分析数据，将这些数据转化为有用的信息，然后分发到企业各处。

ERP是一种主要面向制造行业进行物质资源、资金资源和信息资源集成一体化管理的企业信息管理系统，是一个以管理会计为核心可以提供跨地区、跨部门甚至跨公司整合实时信息的企业管理软件。

客户关系管理的定义是：企业为提高核心竞争力，利用相应的信息技术以及互联网技术来协调企业与顾客间在销售、营销和服务上的交互，从而提升其管理方式，向客户提供创新式的个性化的客户交互和服务的过程。其最终目标是吸引新客户、保留老客户以及将已有客户转为忠实客户，增加市场份额。

参考答案

（21）D

试题（22）

　（22）　是一种交互式的计算机系统，可以帮助决策者使用其数据及模型来解决半结构化和非结构化的问题。

（22）A．管理信息系统　　　　　B．电子数据处理系统
　　　C．决策支持系统　　　　　D．电子商务系统

试题（22）分析

本题考查决策支持系统、电子商务系统等概念及理解。

决策支持系统（Decision Support System，DSS），是以管理科学、运筹学、控制论和行为科学为基础，以计算机技术、仿真技术和信息技术为手段，针对半结构化的决策问题，支持决策活动的具有智能作用的人机系统。该系统能够为决策者提供所需的数据、信息和背景资料，帮助明确决策目标和进行问题的识别，建立或修改决策模型，提供各种备选方案，并且对各种方案进行评价和优选，通过人机交互功能进行分析、比较和判断，为正确的决策提供必要的支持。它通过与决策者的一系列人机对话过程，为决策者提供各种可靠方案，检验决策者的要求和设想，从而达到支持决策的目的。

参考答案

（22）C

试题（23）

　（23）　突出了经济运行的基本组织形式，是以现代信息通信技术为核心的新经济形态。

（23）A．网络经济　　B．工业经济　　C．农业经济　　D．后工业经济

试题（23）分析

本题重点考查网络经济与后工业经济的区别与相关概念和特征等。

网络经济是以信息为基础，以计算机网络为依托，以生产、分配、交换和消费网络产品为主要内容，以高科技为支持，以知识和技术创新为灵魂。首先，从经济形态上，它是信息经济或知识经济的主要形式，又称数字经济。

网络经济是知识经济的一种具体形态，这种新的经济形态正以极快的速度影响着社会经

济与人们的生活。与传统经济相比,网络经济具有以下显著的特征:快捷性,高渗透性,自我膨胀性,边际效益递增性,外部经济性,可持续性和直接性。

所谓的后工业经济(Post Industrial Economy)是以第三产业为主导的经济形态。

参考答案

(23) A

试题(24)

在一个关系 R 中,若每个数据项都是不可再分割的,那么 R 一定属于 __(24)__ 范式。

(24) A. 1NF B. 2NF C. 3NF D. 4NF

试题(24)分析

本题考查关系数据库范式的基础知识。

(1) 第一范式(1NF)是指属性不可拆分或无重复的列,就是一个属性不允许再分成多个属性来建立列。

(2) 第二范式(2NF)是指完全函数依赖,满足第二范式的数据库设计必须先满足第一范式。因此第二范式的目标就是消除函数依赖关系中左边存在的冗余属性。

(3) 第三范式(3NF)是指消除传递依赖,不依赖于其他非主属性(消除传递依赖)。满足第三范式的数据库必须先满足第二范式。

(4) 在 BC 范式(BCNF)中:

①所有非主属性对每一个码都是完全函数依赖;

②所有的主属性对于每一个不包含它的码,也是完全函数依赖;

③没有任何属性完全函数依赖于非码的任意一个组合。

如果 R 属于 3NF,不一定属于 BCNF,如果 R 属于 BCNF,一定属于 3NF。

(5) 第四范式(4NF)是指对于每一个 X→Y,X 都能找到一个候选码,4NF 一定满足 BCNF。

参考答案

(24) A

试题(25)

在关系模型中,若属性 A 是关系 R 的主码,则在 R 的任何元组中,属性 A 的取值都不允许为空,这种约束称 __(25)__ 规则。

(25) A. 实体完整性 B. 域完整性
     C. 参照完整性 D. 用户定义的完整性

试题(25)分析

本题考查关系数据库完整性约束的知识。

数据完整性分为以下四类:

①实体完整性:规定表的每一行在表中是唯一的实体。若属性(指一个或一组属性)A 是基本关系 R 的主码,则 A 不能取空值。

②域完整性:是指表中的列必须满足某种特定的数据类型约束,其中约束又包括取值范围、精度等规定。

③参照完整性：是指两个表的主关键字和外关键字的数据应一致，保证了表之间数据的一致性，防止了数据丢失或无意义的数据在数据库中扩散。

④用户定义的完整性：不同的关系数据库系统根据其应用环境的不同，往往还需要一些特殊的约束条件。用户定义的完整性是针对某个特定关系数据库的约束条件，它反映某一具体应用必须满足的语义要求。

参考答案

（25）A

试题（26）

Telnet 代表 Internet 网上的___（26）___功能。

（26）A．电子邮件　　　　　　　　B．文件传输
　　　C．现场会话　　　　　　　　D．远程登录

试题（26）分析

本题考查 Telnet 协议的基础知识。

Telnet 是 teletype network 的缩写，表示远程登录协议和方式，分为 Telnet 客户端和 Telnet 服务器。Telnet 可以让用户在本地 Telnet 客户端上远程登录到远程 Telnet 服务器上，是 Internet 上远程登录的一种程序。

参考答案

（26）D

试题（27）

IEEE 802.3 标准以太网的物理地址长度为___（27）___。

（27）A．8bit　　　　　B．32bit　　　　　C．48bit　　　　　D．64bit

试题（27）分析

本题考查以太网 MAC 地址的基础知识。

MAC 地址也叫物理地址、硬件地址或链路地址，由网络设备制造商生产时写在硬件内部。IP 地址与 MAC 地址在计算机里都是以二进制表示的，IP 地址是 32 位的，而 MAC 地址则是 48 位的。MAC 地址的长度为 48 位（6 字节），通常表示为 12 个十六进制数，每 2 个十六进制数之间用冒号隔开，例如 08:00:20:0A:8C:6D，其中前 6 位十六进制数 08:00:20 代表网络硬件制造商的编号，它由 IEEE（电气与电子工程师协会）分配，而后 3 位十六进制数 0A:8C:6D 代表该制造商所制造的某个网络产品（如网卡）的系列号。MAC 地址具有唯一性。

参考答案

（27）C

试题（28）

某公司原有一个 C 类 IP 的局域网，现单位组织机构调整，分为 5 个部门，要求采用子网划分的方式将原有网络分为 5 个子网，则每个子网中最多可容纳主机数量为___（28）___。

（28）A．30　　　　　B．32　　　　　C．14　　　　　D．64

试题（28）分析

本题考查 IP 地址子网划分的知识。

在 IPv4 中，默认情况下 C 类 IP 地址最后一个字节（后 8 位）表示主机号，但题目意思需要划分子网。依据题意，5 个部门分为 5 个子网，因此，至少需要 3 位表示网络号（$2^3 \geq 5$），那么最后一个字节只能是 3 位网络号+5 位主机号，即主机数最多为 $2^5-2=30$，其中减 2 是因为要扣除两个保留地址：二进制数里全是"0"和全是"1"的要保留。全"0"作为网络号，全"1"作为广播号。

参考答案

（28）A

试题（29）

计算机操作系统的并发性主要原因是存在 __（29）__ 机制。

（29）A．多道处理　　　B．文件管理　　　C．I/O 管理　　　D．批处理

试题（29）分析

本题考查操作系统并发性的知识。

多道处理在内存中可同时装入几个作业，当一个作业因等待外部传输而不能继续工作时，中央处理机马上可以执行另一个作业，若第二个作业又因某种原因不能继续执行时，中央处理机便执行第三个作业，如此直至第一个作业外部传输完毕后再执行第一个作业。采用多道作业合理搭配（例如把运算量大的科学计算作业和输入输出量大的数据处理作业搭配在一起）可以提高系统的并发性及资源的利用率，增强系统的输入输出能力。

参考答案

（29）A

试题（30）

现代密码学的一个基本原则是：一切秘密寓于 __（30）__ 之中。

（30）A．密文　　　B．密钥　　　C．加密算法　　　D．解密算法

试题（30）分析

本题考查对密钥与算法相关知识的理解。

现代密码学的基本原则是 Kerchoff 原则，即设计加密系统时，总是假定密码算法是可以公开的，需要保密的是密钥。一个密码系统的安全性不在算法的保密，而在于密钥。

参考答案

（30）B

试题（31）

__（31）__ 是基于 SSL 技术，它扩充了 HTTP 的安全特性。

（31）A．SET　　　B．S-HTTP　　　C．SMTP　　　D．TCP/IP

试题（31）分析

S-HTTP 是以安全为目标的 HTTP 通道，就是 HTTP 的安全版。即在 HTTP 下加入 SSL 层，HTTPS 的安全基础是 SSL。HTTPS 协议是由 SSL+HTTP 协议构建的可进行加密传输、身份认证的网络协议，比 HTTP 协议安全。

SET 协议安全的电子交易协议，SET 主要是为了解决用户，商家，银行之间通过信用卡的交易而设计的，它具有保证交易数据的完整性，交易的不可抵赖性等种种优点，因此它成

为目前公认的信用卡网上交易的国际标准。

SMTP 即简单邮件传输协议，它是一组用于由源地址到目的地址传送邮件的规则，由它来控制信件的中转方式。SMTP 协议属于 TCP/IP 协议簇，它帮助每台计算机在发送或中转邮件时找到下一个目的地。

参考答案

（31）B

试题（32）

在电子商务安全体系结构中，安全认证层涉及的技术是__（32）__。

（32）A．对称加密　　　　　　　　B．入侵检测技术
　　　C．数字签名　　　　　　　　D．非对称加密

试题（32）分析

本题考查电子商务安全系统结构相关知识。

电子商务安全系统结构由网络服务层、加密技术层、安全认证层、交易协议层、电子商务应用系统层 5 个层次组成。各个层次所涉及的主要安全技术包括：

网络服务层涉及防火墙技术、加密技术、漏洞扫描技术、入侵行为检测技术、反病毒技术和安全审计技术等；

加密技术层涉及对称加密或非对称加密技术；

安全认证层涉及身份认证技术（包括 CA 认证、数字签名技术、数字证书技术、数字信封技术等）；

交易协议层涉及安全套接层（SSL）协议、安全电子交易（SET）协议等；电子商务应用系统层包括支付型业务系统或非支付型业务系统。

参考答案

（32）C

试题（33）

下列选项中，属于非对称密钥密码体制的算法是__（33）__。

（33）A．AES 算法　　B．DES 算法　　C．IDEA 算法　　D．ECC 算法

试题（33）分析

本题考查对称加密和非对称加密算法方面的相关知识。

椭圆加密算法（ECC）是一种公钥加密体制，最初由 Koblitz 和 Miller 两人于 1985 年提出，其数学基础是利用椭圆曲线上的有理点构成 Abel 加法群上椭圆离散对数的计算困难性。

AES 算法、DES 算法和 DES 算法都是对称加密算法。

参考答案

（33）D

试题（34）

__（34）__是指信息接收方收到的信息与信息发送方发送的信息完全一致。

（34）A．信息的确定性　　　　　　B．信息的保密性
　　　C．信息的完整性　　　　　　D．信息的实效性

试题（34）分析

本题考查对信息完整性概念的理解。

信息完整性是指信息在输入和传输的过程中，不被非法授权修改和破坏，保证数据的一致性。保证信息完整性需要防止数据的丢失、重复及保证传送秩序的一致。保证各种数据的完整性是电子商务应用的基础。数据的完整性被破坏可能导致贸易双方信息的差异，将影响贸易各方的交易顺利完成，甚至造成纠纷。

参考答案

（34）C

试题（35）

若 Alice 要向 Bob 分发一个会话密钥，采用 ElGamal 公钥加密算法，那么 Alice 对该会话密钥进行加密应该选用的是　(35)　。

（35）A．Alice 的公钥　　　　　　B．Alice 的私钥
　　　C．Bob 的公钥　　　　　　　D．Bob 的私钥

试题（35）分析

本题是考查数字信封的实现过程

数字信封实现过程如下：

①在需要发送信息时，发送方 Alice 先生成一个对称密钥 K（即会话密钥）；

②Alice 利用生成的对称密钥 K 和相应的对称密钥算法 Ek 对要发送的明文消息 P 进行加密，生成密文 C＝Ek(P)；

③然后 Alice 再用接收方 Bob 提供的公钥 KpB 对刚才用到的加密明文 P 的密钥 K 进行加密，得到加密后的密钥 Ck；

④Alice 把加密后的消息 C 和加密后的对称密钥 Ck 作为密文一起传送给 Bob；

⑤Bob 接收到密文后，先用自己的私钥解密 Ck 还原出对称密钥 K，然后再用得到的 K，根据事先商定好的对称密钥算法解密得到明文 P。

参考答案

（35）C

试题（36）

采用密钥为 3 的"恺撒密码"对明文 CHINESE 进行加密所得的密文是　(36)　。

（36）A．FLMRGUG　　　　　　B．FKLQHVH
　　　C．MERICAA　　　　　　　D．ACIREMA

试题（36）分析

本题考查对传统加密算法（恺撒密码）理解和掌握。

凯撒密码的基本思想是：通过把字母移动一定的位数来实现加密和解密。明文中的所有字母都在字母表上向后（或向前）按照一个固定数目进行偏移后被替换成密文。例如，当偏移量是 3 的时候，所有的字母 A 将被替换成 D，B 变成 E，以此类推，X 将变成 A，Y 变成 B，Z 变成 C。由此可见，位数就是凯撒密码加密和解密的密钥。

参考答案

（36）B

试题（37）

股票经纪人收到有关电子邮件消息，要他进行一笔交易，而这笔交易后来亏损，发送方可以伪称从未发送过这条消息，应该使用__(37)__来防止这类安全隐患的发生。

(37) A．SHA-512 算法　　　　　B．数字证书
　　　C．AES 加密信息　　　　　D．数字签名

试题（37）分析

本题考查数字签名的应用。

数字签名保证信息传输的完整性、发送者的身份认证、防止交易中的抵赖发生。数字签名技术是将摘要信息用发送者的私钥加密，与原文一起传送给接收者。接收者只有用发送者的公钥才能解密被加密的摘要信息，然后用 HASH 函数对收到的原文产生一个摘要信息，与解密的摘要信息对比。如果相同，则说明收到的信息是完整的，在传输过程中没有被修改，否则说明信息被修改过，因此数字签名能够验证信息的完整性。

SHA-512 算法用于数字摘要，AES 主要用于数据加密，数字证书用于身份认证。

参考答案

（37）D

试题（38）

典型的 DES 以__(38)__位为分组对数据进行加密。

(38) A．64　　　　B．128　　　　C．256　　　　D．512

试题（38）分析

本题考查典型的 DES 算法主要内容的知识掌握。

DES 算法为密码体制中的对称密码体制，又被称为美国数据加密标准，是 1972 年美国 IBM 公司研制的对称密码体制加密算法。明文按 64 位进行分组，密钥长 64 位，密钥事实上是 56 位参与 DES 运算（第 8、16、24、32、40、48、56、64 位是校验位，使得每个密钥都有奇数个 1）分组后的明文组和 56 位的密钥按位替代或交换的方法形成密文组的加密方法。

参考答案

（38）A

试题（39）

在支付过程中，消费者选择付款方式、确认订单、签发付款指令时，__(39)__开始介入。

(39) A．S-HTTP　　　B．HTTP　　　C．SET　　　D．SSL

试题（39）分析

本题考查 SET 协议在电子商务交易过程中应用。

SET 主要是为了解决用户、商家、银行之间通过信用卡交易而设计的，它具有保证交易数据的完整性、交易的不可抵赖性等种种优点，因此它成为目前公认的信用卡网上交易的国际标准。

参考答案

（39）C

试题（40）

在 RSA 密钥产生过程中，已知φ(n)=160，选择 e=23，确定 d 使得 d≡1/e(modφ(n))，求 d 的值__(40)__。

(40) A．17   B．7   C．27   D．37

试题（40）分析

本题考查 RSA 密钥产生过程计算方面的知识。

RSA 密钥产生过程如下：

①计算 n。用户秘密地选择两个大素数 p 和 q，计算出 n=pq。n 称为 RSA 算法的模数。明文必须能够用小于 n 的数来表示。实际上 n 是几百比特长的数。

②计算φ(n)。用户再计算出 n 的欧拉函数

$$\phi(n) = (p-1)(q-1)$$

φ(n) 定义为不超过 n 并与 n 互素的数的个数。

③选择 e。用户从[0, φ(n) – 1]中选择一个与φ(n)互素的数 e 作为公开的加密指数。

④计算 d。用户计算出满足下式的 d

$$ed = 1 \bmod \phi(n)$$

作为解密指数。

⑤得出所需要的公开密钥和秘密密钥：

公开密钥（即加密密钥）PK = {e, n}

秘密密钥（即解密密钥）SK = {d, n}

参考答案

（40）B

试题（41）

__(41)__ 是连接网上银行和互联网的一组服务器，主要用于完成两者之间的通信、协议转换和数据加密、解密以保证银行内部数据的安全性。

(41) A．防火墙   B．支付网关   C．入侵检测系统   D．CA 中心

试题（41）分析

本题考查对防火墙、支付网关、入侵检测系统、CA 中心等相关知识。

支付网关（Payment Gateway）是银行金融网络系统和 Internet 网络之间的接口，是由银行操作的将 Internet 上传输的数据转换为金融机构内部数据的一组服务器设备，或由指派的第三方处理商家支付信息和顾客的支付指令。

参考答案

（41）B

试题（42）

__(42)__ 是一种以数据形式流通的货币，它把现金数值转换成为一系列的加密序列数，通过这些序列数来表示现实中各种金额的币值。

(42) A．电子现金   B．电子钱包   C．信用卡   D．电子支票

试题（42）分析

电子现金（Electronic Cash）是一种以数据形式流通的货币，它把现金数值转换成为一系列的加密序列数，通过这些序列数来表示现实中各种金额的币值。

电子现金其实是一种用电子形式模拟现金的技术。电子现金系统企图在多方面为在线交易复制现金的特性：方便、费用低（或者没有交易费用），不记名以及其他性质。但不是所有的电子现金系统都满足这些特点，多数电子现金系统都能为小额在线交易提供快捷与方便。

参考答案

（42）A

试题（43）

关于关系营销和交易营销的说法正确的是__(43)__。

(43) A．关系营销注重保留顾客，交易营销重视赢得顾客
B．关系营销注重产品，交易营销注重服务
C．关系营销注重价值创造，交易营销注重价值转移
D．关系营销追求市场占有率，交易营销追求顾客基础

试题（43）分析

本题考查关系营销的基本知识。

芬兰营销学大师格鲁乌斯将关系营销定义为："在有利润的前提下识别、建立、保持、提升以及终止同客户以及其他利益相关者的关系，从而使相关各方的目标得以实现。这通过相互交换并履行承诺来完成。"关系营销理论要解决的核心问题是如何建立和发展长期的互利关系。

关系营销不同于交易营销（即传统营销），它们的区别表现为：交易营销重视赢得顾客，而关系营销更注重保留顾客；交易营销看重产品的技术质量，而关系营销更重视服务的运作质量。同交易营销相比，关系营销并不过分计较一次交易的得失，而是注重同客户建立持久的伙伴关系，它尤其适合于服务以及工业品的营销。

参考答案

（43）A

试题（44）

以下关于供应链管理叙述不正确的是__(44)__。

(44) A．供应链管理是制造商与它的供应商、分销商及用户协同合作，为顾客所希望并愿意为之付出的市场，提供一个共同的产品和服务
B．供应链管理所涉及的理论源于产品的分销和运输管理，因此供应链管理就是后勤管理
C．供应链管理是计划、组织和控制从最初原材料到最终产品及其消费的整个业务流程，这些流程连接了从供应商到顾客的所有企业
D．供应链管理更着重于从原材料供应商到最终用户所有业务流程的集成，因此许多非后勤管理的流程也必须集成到供应链管理中来

试题（44）分析

本题考查供应链管理内涵的理解。

所谓供应链管理（Supply Chain Management）是一项利用网络技术解决企业间关系的整体方案。目的在于把产品从供应商及时有效地运送给制造商、分销商和最终客户，将物流配送、库存管理、订单处理等资讯进行整合，通过网路传输给各个参与方，其功能在于降低库存、保持产品有效期、降低物流成本以及提高服务品质。

参考答案

（44）B

试题（45）

下列配送中心中，___（45）___ 是按功能来划分的。

（45）A．城市配送中心　　　　　　B．批发商型配送中心
　　　C．加工配送中心　　　　　　D．化妆品配送中心

试题（45）分析

本题考查配送中心的类型。

配送中心按设立者分为制造商配送中心、批发商型配送中心、零售商型配送中心和专业物流配送中心；按服务范围分为城市配送中心和区域配送中心；按配送中心的功能分为储存型配送中心、流通型配送中心和加工型配送中心；按配送货物的属性分为食品配送中心、日用品配送中心、医药品配送中心、化妆品配送中心、家电品配送中心、电子产品配送中心、书籍产品配送中心、服饰产品配送中心、汽车零件配送中心以及生鲜处理中心等。

参考答案

（45）C

试题（46）

在物流系统中，起着缓冲、调节和平衡作用的物流活动是___（46）___。

（46）A．运输　　　B．配送　　　C．仓储　　　D．装卸

试题（46）分析

本题考查仓储的功能和作用。

仓储是"对物品进行保存及对其数量、质量进行管理控制的活动"。它是物流系统的一个子系统，在物流系统中起着缓冲、调节和平衡的作用。通过仓储，可使商品在最有效的时间发挥作用，创造商品的"时间价值"和"使用价值"。利用仓储这种"蓄水池"和"调节阀"的作用，还能调节生产和消费的失调，消除过剩生产和消费不足的矛盾。仓储和运输长期以来被看作为物流活动的两大支柱。

参考答案

（46）C

试题（47）

___（47）___ 是针对物流中心的设备、物品、人员与车辆的动态信息，能实时并准确实施监控，它可以提高物流中心作业和管理质量，达到节省人力、降低成本及提高物流中心的经营效率和竞争力的效果。

(47) A. GPS 技术　　　　　　　　B. 控管技术
　　　C. 条形码技术　　　　　　　D. 自动标识与数据采集技术

试题（47）分析

本题考查电子商务物流信息技术中的控管技术的概念。

控管技术是结合计算机网络、控管软件、信息管理、自动识别、自动控制、无线电传输等六大技术的应用整合，在各作业点上结合一些信息采集设备，通过网络可对各作业点进行监控管理。它是针对物流中心的设备、物品、人员与车辆的动态信息，能实时并确实实施监控，它可以提高物流中心作业和管理质量，达到节省人力、降低成本及提高物流中心的经营效率和竞争力的效果。尤为重要的是，它是进行储位管理更有效率且更科学的方法。

参考答案

(47) B

试题（48）

E-mail 营销与垃圾邮件的本质区别是 __(48)__ 。

(48) A. 是否实现获得用户许可　　　B. 邮件是否有用
　　　C. 邮件是否有病毒　　　　　　D. 邮件是否合法

试题（48）分析

本题考查 E-mail 营销的含义。

E-mail 营销是在用户事先许可的前提下，通过电子邮件的方式向目标用户传递价值信息的一种网络营销手段。E-mail 营销都是基于用户许可的，未经许可的 E-mail 营销也就是通常所说的垃圾邮件，这也是 E-mail 营销与垃圾邮件的本质区别。

参考答案

(48) A

试题（49）

关于搜索引擎优化叙述正确的是 __(49)__ 。

(49) A. 搜索引擎优化工作必须在网站正式发布之后才开始实施
　　　B. 高质量的网站链接有利于搜索引擎排名
　　　C. 网站部分数据库信息对搜索引擎"保密"有利于搜索引擎排名
　　　D. 拥有大量 Flash 动画的网站有利于搜索引擎排名

试题（49）分析

本题考查搜索引擎优化的基本知识。

搜索引擎优化是指通过采用易于搜索引擎索引的合理手段，使网站各项基本要素适合搜索引擎检索原则并且对用户更友好（Search Engine Friendly），从而更容易被搜索引擎收录及优先排序。搜索引擎优化工作在网站正式发布之前就应开始实施，搜索引擎优化就是使搜索的网站对用户更友好，搜索引擎不友好的网站没有任何价值，甚至起到副作用，让搜索引擎无从检索，用户也就无法通过搜索引擎发现这个网站。网站对搜索引擎不友好通常表现在多个方面：用很复杂的图片，或者用 Flash 等 Rich Media（富媒体）形式来展示企业形象；部分数据库信息对搜索引擎"保密"；提供链接的网站常常无效或提供的内容没有多大价值。

参考答案

(49) B

试题(50)

病毒性营销是利用 __(50)__ 原理,在互联网上像病毒一样迅速蔓延,成为一种高效的信息传播方式。

(50) A. 博客营销 　　　　　　 B. 网络会员制营销
　　　 C. E-mail 营销 　　　　　 D. 用户口碑传播

试题(50)分析

本题考查病毒性营销的定义。

病毒性营销利用的是用户口碑传播原理。在互联网上,这种"口碑传播"更为方便,可以像病毒一样迅速蔓延,因此病毒性营销成为一种高效的信息传播方式。

会员制营销又称"俱乐部营销",是指企业以某项利益或服务为主题将用户组成一个俱乐部形式的团体,通过提供适合会员需要的服务,开展宣传、销售、促销等活动,培养企业的忠诚顾客,以此获得经营利益。

博客营销(Blog Marketing)就是利用博客这种网络应用形式开展网络营销。

E-mail 营销 EDM,即 E-mail Direct Marketing 的缩写,是在用户事先许可的前提下,通过电子邮件的方式向目标用户传递价值信息的一种网络营销手段。

参考答案

(50) D

试题(51)

企业既可以将产品通过产品目录推荐给消费者,也可以通过离线零售商网络直接销售给消费者,还可以通过别的机构组织的网站来进行销售。该企业所采用的分销渠道策略是 __(51)__ 。

(51) A. 直接分销渠道策略 　　　 B. 混合分销渠道策略
　　　 C. 双道法 　　　　　　　　 D. 多渠道策略

试题(51)分析

本题考查网络分销渠道策略的类型。

网络分销渠道策略包括:

①直接分销渠道策略。它是指生产企业不通过中间商环节,直接将产品销售给消费者。

②混合分销渠道策略。混合分销渠道是指在与消费者的交易过程中有多个渠道成员参与。尤其是硬件和软件相结合的技术产品,往往有几个公司生产,要将这种集成的产品在一次交易中就完全提供给消费者,就只能靠混合渠道来完成。

③多渠道策略。多渠道策略是指使用一种以上的分销渠道去完成分销目标。

④双道法。所谓双道法,是指企业同时使用网络直接销售渠道和网络间接销售渠道,以达到销售量最大的目的。在买方市场条件下,通过两条渠道销售产品比通过一条渠道更容易实现"市场渗透"。

参考答案

(51) D

试题（52）

企业开展网络营销首先要 (52) 。

(52) A．进行网上调研　　　　　　B．建立营销系统
　　　C．进行宣传推广　　　　　　D．制订营销计划

试题（52）分析

本题考查网络营销的过程。

企业开展网络营销首先进行市场调研，接着制订营销计划，然后建立营销系统，最后进行宣传推广。

参考答案

(52) A

试题（53）

以顾客和一般公众为服务对象的网络营销信息平台的数据包括 (53) 。

(53) A．宏观环境信息　　　　　　B．顾客信息
　　　C．企业信息　　　　　　　　D．竞争信息

试题（53）分析

本题考查网络营销系统的基础知识。

网络营销系统是由人、设备（如计算机网络、制造设备等）、程序和活动规则的相互作用形成的能够完成一定功能的平台。完整的网络营销活动需要五种基本的平台：信息平台、制造平台、交易平台、物流平台和服务平台。

其中信息平台的基本功能是搜集、处理和发送与企业网络营销有关的各种信息。从服务对象和服务内容方面如下表所示。

信息平台的服务对象	信息平台的数据库内容
内部员工和管理者	营销制度和文化、营销策略、内部报告系统、宏观环境信息、顾客信息、竞争信息
合作伙伴	为完成合作所必需的共享信息
顾客和一般公众	企业信息、商品信息、服务信息、相关公益信息

参考答案

(53) C

试题（54）

企业开展 E-mail 营销需要解决"向哪些用户发送 E-mail"的问题，解决该问题需要具备的基础条件为 (54) 。

(54) A．技术基础　　　　　　　　B．用户的 E-mail 地址资源
　　　C．E-mail 营销内容　　　　　D．用户的观念

试题（54）分析

本题考查 E-mail 营销的基础条件。

开展 E-mail 营销需要解决 3 个基本问题：向哪些用户发送 E-mail、发送什么内容的 E-mail，以及如何发送这些邮件。

以下将这 3 个基本问题进一步归纳为 E-mail 营销的三大基础条件：

①E-mail 营销的技术基础。从技术上保证用户加入、退出邮件列表，并实现对用户资料的管理，以及邮件发送和效果跟踪等功能。

②用户的 E-mail 地址资源。在用户自愿加入邮件列表的前提下，获得足够多的用户 E-mail 地址资源，是 E-mail 发挥作用的必要条件。

③E-mail 营销的内容。营销信息是通过 E-mail 向用户发送的，邮件内容对用户有价值才能引起用户的关注，有效的内容设计是 E-mail 发挥作用的基本前提。

只有具备了上述 3 个基础条件，E-mail 营销才能真正开展，其营销效果才能逐步体现出来。

参考答案

（54）B

试题（55）

以下关于网络社区营销说法正确的是 __（55）__ 。

（55）A．网络社区营销活动效果容易评估
    B．网络社区营销成本高
    C．网络社区营销本质是提供了企业主与用户平等交流沟通的机会
    D．企业形象通过网络社区营销一定会得到提升

试题（55）分析

本题考查网络社区营销的优势和不足。

网络社区营销的优势主要体现为：广告投放更加精确、营销互动性强、口碑价值、营销可信度增强和低成本。

网络社区营销的缺陷和不足主要体现为：同质化现象严重；网络社区营销活动的效果难以评估；对网络营销起到反作用。

参考答案

（55）C

试题（56）

创建一个图像链接，图像文件名为 myPic.jpg，访问目标网站为 http://www.gov.cn，能够正确创建该链接的是 __（56）__ 。

（56）A．<a href="http://www.gov.cn" >myPic.jpg</a>
    B．<a src="http://www.gov.cn" ><img href="myPic.jpg"></a>
    C．<img src="myPic.jpg"><a href="http://www.gov.cn" ></a>
    D．<a href="http://www.gov.cn" ><img src="myPic.jpg"></a>

试题（56）分析

本题考查 HTML 超链接标记及图片标记的知识。

HTML 中超链接标记的格式为：

`<A HREF="文件名或 URL" TARGET=目标窗口>链接文本</A>`

其中链接文本可以是普通文本，也可以是图片、视频等。图片标记的格式为：

`<img src="图片 URL" alt="替换文字" >`

参考答案

（56）D

试题（57）

以下选项中，表示相对路径正确的是 __（57）__ 。

（57）A．file/meet.doc　　　　　　B．ftp://205.15.45.34/f.txt
　　　 C．D:/student/f.txt　　　　　　D．http://www.gov.cn/index.html

试题（57）分析

本题考查相对路径与绝对路径的知识。

相对路径就是相对于当前文件的路径。网页中一般表示路径使用这个方法。

绝对路径就是用户主页上的文件或目录在硬盘上真正的路径。在网络中，以 http 开头的链接都是绝对路径。

参考答案

（57）A

试题（58）

一个 DIV 的外边距要求为："上边距：20px、下边距：30px、左边距：40px、右边距：50px"，能够正确设置该样式的 CSS 语句是 __（58）__ 。

（58）A．margin:20px 30px 40px 50px
　　　 B．padding: 20px 30px 40px 50px
　　　 C．margin:20px 50px 30px 40px
　　　 D．padding: 20px 50px 30px 40px

试题（58）分析

本题考查 CSS 盒子模型的知识。

一个 DIV 的外边距在 CSS 中使用 margin 表示，形式如下：

margin: style　　　　　　　　　　/*单值语法，四边距都一样*/
margin: vertical horizontal　　　　/*二值语法，分别代表上下和左右边距*/
margin: top horizontal bottom　　 /*三值语法，分别代表上、左右和下边距*/
margin: top right bottom left　　　/*四值语法，分别代表上、右、下、左边距*/

参考答案

（58）C

试题（59）

在 DOM 中通过元素 ID 号访问对象的正确方法是 __（59）__ 。

(59) A. document.getElementsByName("元素名称")
    B. document.getElementsByTagName("标记名称")
    C. document.getElementById("元素 id")
    D. document.getElementsById("元素 id")

试题（59）分析

本题考查 DOM 常见方法的使用。

DOM 中，常见方法及含义如下：

getElementById(id)：获取带有指定 id 的节点元素；

appendChild(node)：插入新的子节点元素；

removeChild(node)：删除子节点元素；

getElementsByTagName()：获取带有标签名称的元素节点；

getElementsByClassName()：获取带有指定样式名的元素节点。

参考答案

（59）C

试题（60）

在 CSS 中，去掉文本超链接的下画线的方法是___(60)___。

(60) A. a{text-decoration:no underline;}   B. a{underline:none;}
     C. a{decoration:no underline;}   D. a{text-decoration:none;}

试题（60）分析

本题考查 CSS 中去掉文本超链接的下画线的方法。

CSS 中，去掉文本超链接的下画线的方法是：a{text-decoration:none;}。

参考答案

（60）D

试题（61）

JavaScript 中定义一个求两个整数较大数函数的正确形式是___(61)___。

(61) A. function : max(int x ,int y){}   B. function = max(x,y){}
     C. function int max(int x,int y){}   D. function max(x, y){}

试题（61）分析

本题考查 JavaScript 语言中函数定义的方法。

JavaScript 语言中定义一个带参数的函数形式如下：

Function functionName(argument1,argument2,…)
{
    这里是要执行的代码
}

参考答案

（61）D

试题（62）

在电子商务网站基本构件中，__(62)__ 主要用来管理防火墙内外的用户、资源和控制安全权限，同时为用户的通信和电子商务交易提供通道。

（62）A．目录服务器　　　　　　　B．应用服务器
　　　C．安全服务器　　　　　　　D．网站服务器

试题（62）分析

本题考查电子商务网站常见构件知识。

常见构件中，目录服务器主要用来管理防火墙内外的用户、资源和控制安全权限，同时为用户的通信和电子商务交易提供通道。

参考答案

（62）A

试题（63）

以下选项中，__(63)__ 不是公共语言运行时提供的服务。

（63）A．公共类型系统　　　　　　B．公共语言规范
　　　C．.NET Framework 类库　　　D．垃圾回收器

试题（63）分析

本题考查.NET 框架中公共语言运行时的知识。

公共语言运行时（Common Language Runtime，CLR）是 Microsoft 的公共语言基础结构（CLI）的一个商业实现，CLI 是一种国际标准，用于创建语言和库在其中无缝协同工作的执行和开发环境基础。.NET Framework 提供了一个称为公共语言运行时的运行环境，它运行代码并提供使开发过程更轻松的服务。有了公共语言运行时，就可以很容易地设计出对象能够跨语言交互的组件和应用程序。也就是说，用不同语言编写的对象可以互相通信，并且它们的行为可以紧密集成。CLR 提供的主要服务如下：

　　MSIL：微软中间语言；
　　Reflection：反射；
　　Metadata：元数据；
　　PE：可执行可移植文件；
　　Assembly：程序集（装配件）；
　　NameSpace：名称空间；
　　CTS：通用类型系统；
　　GC（Garbage Collection）：垃圾回收；
　　CLS：公共语言规范；
　　Attribute：属性（注意不要和 Property 混淆）；
　　Boxing：装箱；
　　UnBoxing：拆箱。

参考答案

（63）C

试题（64）

以下选项中，__（64）__对象用于与数据源建立连接。

(64) A．Command B．Connection
C．DataReader D．DataAdapter

试题（64）分析

本题考查 ADO.NET 的知识。

ADO.NET 常见对象如下：

Connection：与数据源建立连接；

Command：对数据源执行操作命令并返回操作结果；

DataReader：从数据源提取只读、顺序的数据集；

DataAdapter：在 DataSet 与数据源之间建立通道，将数据源中的数据写入 DataSet，或根据 DataSet 中的数据改写数据源；

DataSet：将服务器的数据取出，放到本地内存中的数据库；

DataView：用于显示 DataSet 中的数据。

参考答案

(64) B

试题（65）

将平台作为服务的云计算服务类型是__（65）__。

(65) A．IaaS B．PaaS C．RaaS D．SaaS

试题（65）分析

本题考查云计算分类的知识。

按照云计算服务提供的资源所在的层次，可以分为 IaaS（基础设施即服务）、PaaS（平台即服务）和 SaaS（软件即服务）。

参考答案

(65) B

试题（66）

联合国国际贸易法委员会颁布的《电子商务示范法》中强行规范数量很少，而且为数很少的强行规范的目的也仅在于消除传统法律为电子商务发展造成的壁垒，为当事人在电子商务领域充分行使意愿创造条件，这种规定反映了电子商务立法的__（66）__。

(66) A．保护消费者正当权益的原则 B．中立原则
C．证据平等原则 D．交易自治原则

试题（66）分析

本题考查电子商务立法遵循的原则。

在制定各类电子商务法律过程中，所遵循的交易自治原则是指电子商务主体有权决定自己是否交易、和谁交易以及如何交易，任何单位和个人利用强迫、利诱等手段进行违背当事人真实意思的交易活动都是无效的。因此在联合国国际贸易法委员会颁布的《电子商务示范法》中强行规范数量很少，而且为数很少的强行规范的目的也仅在于消除传统法律为电子商

务发展造成的壁垒，为当事人在电子商务领域充分行使意愿创造条件，这种规定反映了电子商务立法的交易自治原则。

参考答案

（66）D

试题（67）

根据《中华人民共和国合同法》规定，采用数据电文形式订立合同的，__(67)__ 为合同订立成立的地点。

（67）A．收件人的经常居住地
　　　B．收件人没有主营业地的，为其经常居住地
　　　C．发件人的主营业地
　　　D．发件人没有主营业地的，为其经常居住地

试题（67）分析

本题考查《中华人民共和国合同法》的内容。

在《中华人民共和国合同法》中明确规定：采用数据电文形式订立的合同，收件人的主营业地为合同成立的地点；没有主营业地的，其经常居住地为合同成立的地点。当事人另有约定的，按其约定。

参考答案

（67）B

试题（68）

下列选项中，常用的信息系统开发方法不包括__(68)__。

（68）A．结构化方法　　　　　　B．关系方法
　　　C．原型法　　　　　　　　D．面向对象方法

试题（68）分析

本题主要考查对常用信息系统开发方法的掌握。

管理信息系统工作者对信息系统的开发提出了许多开发方法，其中常用的有结构化法（Structured Development）、原型法（Prototyping Development）、面向对象法（Object_Oriented Development）三种。

参考答案

（68）B

试题（69）

典型的信息系统项目开发的过程为：需求分析、概要设计、详细设计、程序设计、调试与测试、系统安装与部署。__(69)__ 阶段拟定了系统的目标、范围和要求。

（69）A．概要设计　　B．需求分析　　C．详细设计　　D．程序设计

试题（69）分析

本题主要考查信息系统开发的过程以及每一部分的主要内容。

典型的信息系统项目开发的过程为：需求分析、概要设计、详细设计、程序设计、调试与测试、系统安装与部署、需求分析阶段拟定了系统的目标、范围和要求。

参考答案

（69）B

试题（70）

在电子商务系统规划的主要方法中，__（70）__能突出主要目标，逐步将企业目标转化为管理信息系统的目标和结构，从而更好地支持企业目标的实现。

（70）A. BSP　　　　B. BPR　　　　C. CSF　　　　D. SST

试题（70）分析

本题主要考查对 BSP、BPR、CSF、SST 等概念和知识的理解。

BSP 方法是 IBM 公司提出的方法，主要用于大型信息系统的开发。BSP 方法是战略数据规划方法和信息工程方法的基础，也就是说战略数据规划方法和信息工程方法是在 BSP 的基础上发展起来的，因此，了解并掌握 BSP 方法对于全面掌握信息系统开发方法是很有帮助的。

实施 BSP 方法研究的前提是，在企业内部有改善计算机信息系统的要求，并且有为建立这一信息系统而建立总体战略的需要。因而，BSP 的基本概念与组织的信息系统的长期目标有关。

业务流程重组（Business Process Reengineering，BPR）最早由美国的 Michael Hammer 和 James Champy 提出，在 20 世纪 90 年代达到了全盛的一种管理思想。通常定义为通过对企业战略、增值运营流程以及支撑它们的系统、政策、组织和结构的重组与优化，达到工作流程和生产力最优化的目的。强调以业务流程为改造对象和中心、以关心客户的需求和满意度为目标、对现有的业务流程进行根本的再思考和彻底的再设计，利用先进的制造技术、信息技术以及现代的管理手段、最大限度地实现技术上的功能集成和管理上的职能集成，以打破传统的职能型组织结构，建立全新的过程型组织结构，从而实现企业经营在成本、质量、服务和速度等方面的突破性的改善。

关键成功因素（Critical Success Factors，CSF），关键成功因素是在探讨产业特性与企业战略之间关系时，常使用的观念，是在结合本身的特殊能力，对应环境中重要的要求条件，以获得良好的绩效。关键成功因素法是以关键因素为依据来确定系统信息需求的一种 MIS 总体规划的方法。在现行系统中，总存在着多个变量影响系统目标的实现，其中若干个因素是关键的和主要的（即成功变量）。通过对关键成功因素的识别，找出实现目标所需的关键信息集合，从而确定系统开发的优先次序。

战略目标集转移法（Strategy Set Transformation，SST）,战略目标集转化法是 William King 于 1978 年提出的，他把整个战略目标看成"信息集合"，由使命、目标、战略和其他战略变量组成，MIS 的战略规划过程是把组织的战略目标转变为 MIS 战略目标的过程。

参考答案

（70）C

试题（71）

__（71）__ has changed the way people buy, sell, hire, and organize business activities in more ways and more rapidly than any other technology in the history of business.

(71) A. EDI B. Web page
　　 C. The Internet D. Electronic Funds Transfers

参考译文

互联网改变了人们购买、销售、用人和组织商业活动的方式，比商业历史上的任何其他技术都要更方便、更快捷。

参考答案

(71) C

试题（72）

In the ___(72)___, businesses offer services for which they charge a fee that is based on the number of size of transactions they process. Some of these services lend themselves well to operating on the Web.

(72) A. Fee-for-Transaction Revenue Model
　　 B. Advertising-Supported Revenue Models
　　 C. Web Catalogue Revenue Models
　　 D. Value chain

参考译文

在交易收费盈利模式中，企业提供的服务是根据他们处理的交易数量收取费用。其中一些服务很适合在网络上运行。

参考答案

(72) A

试题（73）

The purpose of a network ___(73)___ is to provide a shell around the network which will protect the system connected to the network from various threats.

(73) A. firewall　　B. switch　　C. router　　D. gateway

参考译文

网络防火墙的目的是在网络周围设置一层外壳，用于防止连入网络的系统受到各种威胁。

参考答案

(73) A

试题（74）

Almost all ___(74)___ have built-in digital cameras capable of taking images and video.

(74) A. scanners B. smartphones
　　 C. computers D. printers

参考译文

几乎所有的智能手机都内装了照相机，能拍摄图像和视频。

参考答案

(74) B

试题（75）

　　__(75)__ is a massive volume of structured and unstructured data so large it's difficult to process using traditional database or software technique.

（75）A．Data Processing system　　　　B．Big Data
　　　C．Data warehouse　　　　　　　　D．DBMS

参考译文

　　大数据是大量的结构化和非结构化数据，数量之大难以用传统的数据库等软件技术来处理。

参考答案

　　（75）B

第4章 2017下半年电子商务设计师下午试题分析与解答

试题一（共15分）

阅读下列说明，回答问题1至问题4，将解答填入答题纸的对应栏内。

【说明】

M公司为了便于开展和管理各项业务活动，提高公司的知名度和影响力，拟构建一个基于网络的会议策划系统。

【需求分析结果】

该系统的部分功能及初步需求分析的结果如下：

（1）M公司旗下有业务部、策划部和其他部门。部门信息包括部门号、部门名、主管、联系电话和邮箱号。每个部门只有一名主管，只负责管理本部门的工作，且主管参照员工关系的员工号；一个部门有多名员工，每名员工属于且仅属于一个部门。

（2）员工信息包括员工号、姓名、职位、联系方式和薪资。职位包括主管、业务员、策划员等。业务员负责受理用户申请，设置受理标志。一名业务员可以受理多个用户申请，但一个用户申请只能由一名业务员受理。

（3）用户信息包括用户号、用户名、银行账号、电话、联系地址。用户号唯一标识用户信息中的每一个元组。

（4）用户申请信息包括申请号、用户号、会议日期、天数、参会人数、地点、预算费用和受理标志。申请号唯一标识用户申请信息中的每一个元组，且一个用户可以提交多个申请，但一个用户申请只对应一个用户号。

（5）策划部主管为已受理的用户申请制定会议策划任务。策划任务包括申请号、任务明细和要求完成时间。申请号唯一标识策划任务的每一个元组。一个策划任务只对应一个已受理的用户申请，但一个策划任务可由多名策划员参与执行，且一名策划员可以参与执行多项策划任务。

【概念模型设计】

根据需求阶段收集的信息，设计的实体联系图（不完整）如图1-1所示。

【关系模式设计】

部门(部门号,部门名,部门主管,联系电话,邮箱号)
员工(员工号,姓名,　(a)　,联系方式,薪资)
用户(用户名,　(b)　,电话,联系地址)
用户申请(申请号,用户号,会议日期,天数,参会人数,地点,受理标志,　(c)　)
策划任务(申请号,任务明细,　(d)　)
执行(申请号,策划员,实际完成时间,用户评价)

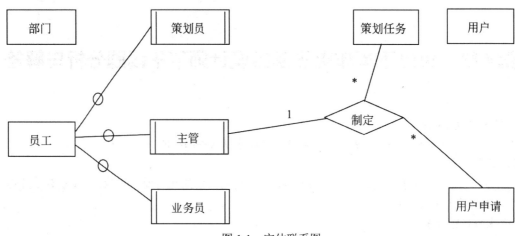

图 1-1 实体联系图

【问题 1】（5 分）

根据问题描述，补充五个联系，完善图 1-1 的实体联系图。联系名可用联系 1、联系 2、联系 3、联系 4 和联系 5 表示，联系的类型为 1：1、1：n 和 m：n（或 1：1、1：*和*：*）。

【问题 2】（4 分）

根据题意，将关系模式中的空（a）～（d）补充完整，并填入答题纸对应的位置上。

【问题 3】（4 分）

给出"用户申请"和"策划任务"关系模式的主键和外键。

【问题 4】（2 分）

请问"执行"关系模式的主键为全码的说法正确吗？为什么？

试题一分析

本题考查数据库系统中实体联系模型（E-R 模型）和关系模式设计知识及应用。

【问题 1】

可分析如下：

①根据题意"每个部门只有一名主管，只负责管理本部门的工作"可知，部门和主管之间有一个"管理"联系，联系类型为 1：1。

②根据题意"一个部门有多名员工，每名员工只属于一个部门"可知，部门和员工之间有一个"所属"联系，联系类型为 1：*。

③根据题意"一个用户可以提交多个申请，但一个申请对应唯一的一个用户号"，所以用户和用户申请之间有一个"提交"联系，联系类型为 1：*。

④根据题意"一名业务员可以受理多个用户申请，但一个用户申请只能由一名业务员受理"，所以业务员与用户申请之间有一个"受理"联系，联系类型为 1：*。

⑤根据题意"一个策划任务可由多名策划员参与执行，且一名策划员可以参与执行多项策划任务"，所以策划员与策划任务之间有一个"执行"联系，联系类型为*：*。

根据上述分析，完善后的实体联系图参见参考答案。

【问题2】

根据题意，员工信息包括员工号、姓名、职位、联系方式和薪资，故员工关系模式中需要添加"职位"；部门和员工之间有一个 1：*的"所属"联系需要将一端的码"部门号"并入多端，故员工关系模式中需要添加"部门号"。根据分析，空（a）应填写部门号，职位。

根据题意，用户信息包括用户号、用户名、账号、电话、联系地址，给定的用户关系模式中，不含用户号、账号，故空（b）应填写用户号，银行账号。

由于用户申请包括申请号、用户号、会议日期、天数、参会人数、地点、预算费用、受理标志和业务员，故空（c）应填写预算费用，业务员号。

根据题意策划任务包括申请号、任务明细、要求完成时间、主管，所以空（d）应填写要求完成时间，主管号。

【问题3】

根据题意，"申请号唯一标识申请信息中的每一个元组，且一个用户可以提交多个申请，但一个用户申请只对应一个用户号"，所以用户申请关系模式的主键为申请号。用户申请关系模式的外键为用户号、业务员，因为用户号是用户关系的主键，根据外键定义可知，用户号是用户申请关系的外建；又因为"业务员参照员工关系的员工号"，所以根据外键定义业务员是用户申请关系的外键。

策划任务关系模式的主键为申请号、外键为主管。根据题意"申请号唯一标识策划任务的每一个元组"，所以策划任务关系模式的主键为申请号；又因为"主管参照员工关系的员工号"，所以根据外键定义主管是策划任务关系的外键。

【问题4】

"执行"关系的主键为全码的说法不正确。因为全码是指关系模式的所有属性组是这个关系模式的候选码，而"执行"关系的主键为申请号，策划员。

参考答案

【问题1】

完善后的实体联系图如下所示（所补充的联系和类型如虚线所示）：

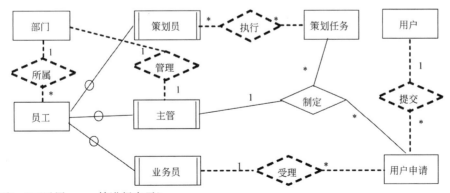

（注：*可以用 m、n 等进行表示）

【问题2】

（a）部门号，职位

(b) 用户号，银行账号

(c) 预算费用，业务员号/员工号

(d) 要求完成时间，主管号/员工号

【问题 3】

"用户申请"关系模式：主键为申请号

外键为用户号，业务员号/员工号

"策划任务"关系模式：主键为申请号

外键为主管号/员工号

【问题 4】

不正确。

因为全码是指关系模式的所有属性组是这个关系模式的候选码，而"执行"关系模式的主键为申请号、策划员。

试题二（共 15 分）

阅读以下说明，回答问题 1 至问题 2，将解答填入答题纸的对应栏内。

【说明】

某软件公司采用 ASP.NET+SQL Server 技术，前端页面采用 HTML+CSS+JavaScript 方式，开发一套电子商务网站，主要包括用户注册与登录、商品展示与销售、订单处理等功能，项目团队某成员被分配设计实现用户注册与登录部分。

【问题 1】（8 分）

为了提高网站访问效率，采用 JavaScript 进行客户端验证，用户注册页面中，需要验证用户各信息的合法性。假定页面中用户名控件的 ID 为"myname"，密码控件的 ID 为"mypwd1"，确认密码控件的 ID 为"mypwd2"，以下程序验证用户名非空且长度至少 6 位、密码及确认密码一致、非空且必须是数字（其他信息的验证忽略）。根据题目描述，完成以下程序。

```
function checkReg()
{
var username=document.getElementById ("myname"). (1) ;
var pwd=document.getElementById ("mypwd1"). (1) ;
var pwdConfirm=document.getElementById ("mypwd2"). (1) ;
var checkright=true;
 if(username=="" || pwd==""|| pwdConfirm=="")
{
        alert("请确认用户名和密码输入是否正确!! ");
        checkright=false;
}
else
    {
    if(username.length< (2) )
    {
        alert("用户名长度至少 6 个字符!! ");
```

```
            checkright=false;
        }
        else
        {
        for (var i=0;i<pwD. (3) ;i++ )
            {
                var onechar=pwd.charAt(i);
                if (onechar> (4)  || onechar< (5) )
                {
                    alert("密码必须为数字字符！");
                    checkright=false;
                    break;
                }
            }
        if(i>= (6) )
        {
            if(pwd!= (7) )
            {
                alert("两次输入的密码必须一致!!");
                checkright=false;
            }
            else
            {checkright= (8) ;}
        }
        }
        return checkright;
}
```

【问题 2】(7 分)

以下程序表示用户登录过程，假定数据库连接字符串正确无误，用户信息表名为"users"，登录页面中包括用户编号控件（ID 为 myUserID）、密码控件（ID 为 mypwd）等。采用 SQL 参数化方式实现数据库查询，登录成功时，跳转至"userCenter.aspx"页面，登录失败时，弹出错误提示。根据题目描述，完成以下程序。

```
public void UserLogin()
{
    string strcon = "server=dataServer;database=shop;uid=sa;pwd=sa;";
    SqlConnection con = new SqlConnection(strcon);
    string userID = Request.Form[" (9) "];
    string pwd = Request.Form[" (10) "];
    string sqlStr = "select * from  users where UserID=@userID and UserPWD=@pwd";
    SqlParameter[] p ={
    new SqlParameter("@userID", (11) ),
```

```
    new SqlParameter("@pwd", (12) )};
    try
    {
        SqlDataAdapter da=new SqlDataAdapter(sqlStr, (13) );
        da.SelectCommand.Parameters.AddRange(p);
        DataSet ds=new DataSet();
        da.Fill( (14) );
        if (ds.Tables[0].Rows.Count > 0)
            Response.Redirect(" (15) ");
        else
            Response.Write("<script>alert('用户名或密码错误,请重新输入!');
        </script>");
    }
    catch(Exception e)
    {
    Response.Write(e.ToString());
    }
}
```

试题二分析

本题考查 JavaScript 及 ASP.NET 程序设计知识及应用。

【问题 1】

JavaScript 验证一般的过程为：使用 DOM 取得对应标记的值，再根据题意判断验证。程序如下：

```
function checkReg()
{
var username=document.getElementById ("myname"). value;
var pwd=document.getElementById ("mypwd1"). value;
var pwdConfirm=document.getElementById ("mypwd2"). value;
var checkright=true;
    if(username=="" || pwd==""|| pwdConfirm=="")
    {
        alert("请确认用户名和密码输入是否正确!! ");
    checkright=false;
    }
    else
    {
    if(username.length<6)
    {
        alert("用户名长度至少 6 个字符!! ");
    checkright=false;
    }
    else
    {
```

```
        for (var i=0;i<pwD.length;i++ )
        {
                var onechar=pwd.charAt(i);
        if (onechar>"9" || onechar<"0")
        {
                 alert("密码必须为数字字符!");
        checkright=false;
        break;
        }
        }
        if(i>= pwd.length)
        {
        if(pwd!= pwdConfirm)
            {
                 alert("两次输入的密码必须一致!!");
            checkright=false;
            }
            else
            {checkright= true;}
        }
        }
        }
        return checkright;
}
```

【问题 2】

根据题目描述及要求，用户登录的过程为：配置数据库连接→获取请求参数→编写 SQL 语句→执行 SQL 语句。程序如下：

```
    public void UserLogin()
    {
        string strcon = "server=dataServer;database=shop;uid=sa;pwd=sa;";
        SqlConnection con = new SqlConnection(strcon);
        string userID = Request.Form["myUserID "];
        string pwd = Request.Form["mypwd "];
        string sqlStr = "select * from  users where UserID=@userID and UserPWD=@pwd";
        SqlParameter[] p ={
        new SqlParameter("@userID", userID),
        new SqlParameter("@pwd", pwd)};
        try
        {
            SqlDataAdapter da=new SqlDataAdapter(sqlStr,con);
            da.SelectCommand.Parameters.AddRange(p);
            DataSet ds=new DataSet();
            da.Fill(ds);
```

```
            if (ds.Tables[0].Rows.Count > 0)
            Response.Redirect("userCenter.aspx ");
            else
               Response.Write("<script>alert('用户名或密码错误,请重新输入!');
             </script>");
        }
        catch(Exception e)
        {
            Response.Write(e.ToString());
        }
    }
```

参考答案

【问题1】

　　（1）value

　　（2）6

　　（3）length

　　（4）"9"

　　（5）"0"

　　（6）pwd.length

　　（7）pwdConfirm

　　（8）true

【问题2】

　　（9）myUserID

　　（10）mypwd

　　（11）userID

　　（12）pwd

　　（13）con

　　（14）ds

　　（15）userCenter.aspx

试题三（共15分）

　　阅读以下说明，回答问题1至问题5，将解答填入答题纸的对应栏内。

【说明】

　　某公司需开发一套电子商务系统，为保证开发进度和开发质量，专门组建测试小组对开发的全过程进行测试，其中，某测试员需要对如图3-1所示的程序进行测试，采用的方法是白盒测试的动态测试方式。该程序共有3条路径，分别为P1（AD）、P2（BD）和P3（BCD）。

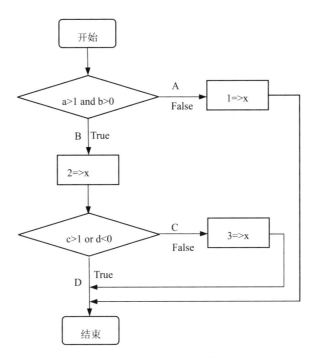

图 3-1 程序流程图

【问题 1】（2 分）

如果采用语句覆盖法进行测试，满足条件的路径是__(1)__、__(2)__。

【问题 2】（4 分）

如果采用判定覆盖法进行测试，测试用例表如表 3-1 所示（用例不分顺序）。

注：答案必须从备选答案中选出。

表 3-1 判定覆盖测试用例

测试用例	执行路径
a=2,b=-1	P1
__(3)__	__(4)__
__(5)__	__(6)__

（3）～（6）的备选答案：

A. a=2,b=-1　　　　B. a=2,b=1,c=3　　　　C. a=2,b=1,c=0,d=4

D. a=1,b=2,c=3,d=4　　E. P1　　　　F. P2　　　　G. P3

【问题 3】（1 分）

条件覆盖是设计测试用例，使每个判断中每个条件的可能取值至少满足一次，因此采用条件覆盖法进行测试，一般需要设计两组测试用例，如果第一组测试用例设计为：a=2, b=0, c=2, d=0，则另一组测试用例对应的路径为__(7)__。

【问题4】（4分）

如果采用判定-条件覆盖法进行测试，测试用例表如表3-2所示（用例不分顺序）。

注：答案必须从备选答案中选出。

表3-2　判定-条件覆盖测试用例

测试用例	执行路径
a=2,b=-1,c=2,d=-1	P1
（8）	（9）
（10）	（11）

（8）～（11）的备选答案：

  A．a=2,b=-1,c=2,d=-1　　B．a=3,b=0,c=3,d=-2　　C．a=2,b=1,c=-3,d=4
  D．a=0,b=2,c=3,d=4　　　E．P1　　　　　　　　　F．P2　　　G．P3

【问题5】（4分）

如果采用条件组合覆盖法进行测试，测试用例表如表3-3所示（用例不分顺序）。

注：答案必须从备选答案中选出。

表3-3　条件组合覆盖测试用例

测试用例	执行路径
a=2,b=-1,c=2,d=-1	P1
a=2,b=1,c=0,d=1	（12）
（13）	P1
（14）	（15）

（12）～（15）的备选答案：

  A．a=1,b=-1,c=2,d=1　　B．a=-3,b=1,c=-3,d=-2　　C．a=2,b=1,c=-3,d=4
  D．a=2,b=-2,c=3,d=4　　E．P1　　　　　　　　　　F．P2　　　G．P3

试题三分析

本题考查软件测试中白盒测试的动态测试方式。

【问题1】

  语句覆盖又称为线覆盖面或段覆盖面。其含义是指，选择足够数目的测试数据，使被测程序中的每条语句至少执行一次。满足条件的路径是 AD 和 BCD，即 P1 和 P3。

【问题2】

  判定覆盖的基本思想是，设计的测试用例使得程序中的每个判定分别取"真"和取"假"分支至少一次，即判断真假值均被满足。

  用例1表示"a>1 and b>0"为假，那么满足条件覆盖的另外两个用例必须是判定"a>1 and b>0"为真且判定"c>1 or d<0"为真，路径为 P2 和"a>1 and b>0"为真且"c>1 or d<0"为假，路径为 P3（两个用例不分先后）。在备选答案中可以看出，用例"a=2,b=1,c=3"满足"a>1 and b>0"为真且"c>1 or d<0"为真，用例"a=2,b=1,c=0,d=4"满足"a>1 and b>0"为真且

"c>1 or d<0"为假。

【问题 3】

条件覆盖是设计测试用例，使每个判断中每个条件的可能取值至少满足一次。因此采用条件覆盖法进行测试，一般需要设计两组测试用例，如果第一组测试用例设计为：a=2，b=0，c=2，d=0，对应的四个条件表达式 a>1、b>0、c>1、d<0 的值分别为真假真假，则另一组测试用例对应的四个条件表达式 a>1、b>0、c>1、d<0 的值分别为假真假真，其路径为 P1。

【问题 4】

判定-条件覆盖的含义是通过设计足够的测试用例，使得判断条件中的所有条件可能至少执行一次取值，同时，所有判断的可能结果至少执行一次。

已知用例"a=2，b=-1，c=2，d=-1"，对应的四个条件表达式 a>1、b>0、c>1、d<0 的值分别为真假真真，对应的判定"a>1 and b>0"为假且判定"c>1 or d<0"为真。为满足判定-条件覆盖，设定四个条件表达式 a>1、b>0、c>1、d<0 的值分别为真真假假，对应的判定"a>1 and b>0"为真且判定"c>1 or d<0"为假，对应路径为 P3；以上两个用例将判定已覆盖完，条件覆盖只有 a>1 为假未覆盖，其对应的路径为 P1。

在备选答案中可看出"a=2，b=1，c=-3，d=4"及 P3 满足上述分析的用例 2；"a=0，b=2，c=3，d=4"及 P1 满足用例 3。

【问题 5】

条件组合覆盖的基本思想是设计测试用例使得判断中每个条件的所有可能至少出现一次，并且每个判断本身的判定结果也至少出现一次。它与条件覆盖的差别是，条件组合覆盖不是简单地要求每个条件都出现"真"与"假"两种结果，而是要求这些结果的所有可能组合都至少出现一次。

用例 1"a=2，b=-1，c=2，d=-1"对应的四个条件表达式 a>1、b>0、c>1、d<0 的值分别为真假真真，对应的判定"a>1 and b>0"为假且判定"c>1 or d<0"为真，路径为 P1。用例 2"a=2，b=1，c=0，d=1"对应的四个条件表达式 a>1、b>0、c>1、d<0 的值分别为真真假假，对应的判定"a>1 and b>0"为真且判定"c>1 or d<0"为假，路径为 P3。为满足条件组合覆盖，可设定用例 3，使其对应的四个条件表达式 a>1、b>0、c>1、d<0 的值分别为假假真假，对应的判定"a>1 and b>0"为假且判定"c>1 or d<0"为真，路径为 P1。再设定用例 4，使其对应的四个条件表达式 a>1、b>0、c>1、d<0 的值分别为假真假真，对应的判定"a>1 and b>0"为假且判定"c>1 or d<0"为真，路径为 P1。

在备选答案中"a=1，b=-1，c=2，d=1"符合用例 3，"a=-3，b=1，c=-3，d=-2"符合用例 4。

注：上述题目可能还存在其他解，但未在备选答案中，在此不再详述。

参考答案

【问题 1】

（1）P1

（2）P3

【问题 2】
　　（3）B
　　（4）F
　　（5）C
　　（6）G
　　注：也可以是
　　（3）C
　　（4）G
　　（5）B
　　（6）F

【问题 3】
　　（7）P1

【问题 4】
　　（8）C
　　（9）G
　　（10）D
　　（11）E
　　注：也可以是
　　（8）D
　　（9）E
　　（10）C
　　（11）G

【问题 5】
　　（12）G
　　（13）A
　　（14）B
　　（15）E
　　注：（13）与（14）答案可互换

试题四（共 15 分）

　　阅读以下说明，回答问题 1 至问题 3，将解答填入答题纸的对应栏内。

【说明】

　　刘某和李某分别是一个软件公司的项目经理和合同经理，该软件公司给某客户完成一个软件项目，根据分析该软件项目的网络计划如图 4-1 所示，箭线下方（或右方）括号外为正常持续时间，括号内为最短工作历时，假定计划工期为 100 天，根据实际情况和考虑被压缩工作选择的因素，缩短顺序依次为 B、C、D、E、G、H、I、A，试对该网络计划进行工期优化。

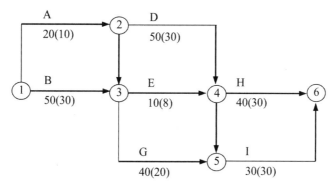

图 4-1 项目网络计划图

【问题 1】（4 分）

请在下表空白处填写该任务的紧前工作。

工作代号	A	B	C	D	E	H	G	I
紧前工作	—	—	A	A	(1)	(2)	(3)	(4)

【问题 2】（4 分）

（5）运用网络图 4-1，确定该项目的关键路径为 __(5)__ 。

（6）该软件项目完成的总工期 __(6)__ 。

【问题 3】（7 分）

（7）计算应缩短的工期 __(7)__ 。

（8）根据已知条件，首先应将任务 __(8)__ 压缩到 __(9)__ 天，再重新计算网络计划和关键线路。

（9）再根据实际情况和考虑被压缩任务选择的因素，将任务 __(10)__ 压缩 __(11)__ 天及任务 __(12)__ 压缩 __(13)__ 天，使关键路径工期达到 100 天的要求。

试题四分析

本题考查项目管理的相关知识及应用。

【问题 1】

本问题考查双代号和单代号网络计划图的概念及相关知识。

双代号网络图又称箭线式网络图，进行网络图的构建。单代号网络图又称节点式网络图，它是以节点及其编号表示工作，箭线表示工作之间的逻辑关系。因此由项目网络计划图可知，E 活动紧前工作为 B 和 C；H 活动紧前工作为 D 和 E；G 活动紧前工作为 B 和 C；I 活动紧前工作为 D、E 和 G。

【问题 2】

本问题考查关键路径的概念和项目工期的计算。在关键线路法中，线路上所有工作的持续时间总和称为该线路的总持续时间，将网络图中所有线路的作业时间进行比较，总持续时间最长的线路称为关键线路，关键线路上的工作称为关键工作，关键线路的长度就是网络计划的总工期。根据题目要求关键活动为 B、C、D、E、G、H、I、A。具体计算过程如下：

找出关键线路和计算计算工期，如下图所示：

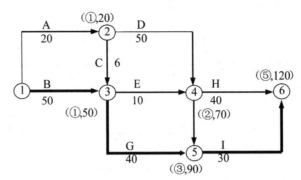

由网络图可知，总持续时间最长的线路称为关键线路确定为关键路径，因此关键路径：B→G→I。计算项目完成总工期为 120 天。

【问题 3】

本问题考查网络调整和计划优化。由于项目计划需在一定工期内完工，且追求费用和资源的合理使用，所以网络计划的调整优化就包括时间优化、时间—资源优化和时间—费用优化三个方面。本题主要考查时间优化。时间优化主要是利用非关键工序的时差（即机动时间），进行合理资源调配，增加关键工序的资源投入，提高其工作效率，缩短工期。因此，时间优化基于网络计划计算工期，当其不能满足要求工期时，通过不断压缩关键线路上的关键工作的持续时间，以缩短工期、满足要求工期的目的，同时保障关键工作任务不变。

（1）计算应缩短的工期：

$\Delta T = T_c - T_p = 120 - 100 = 20$ 天。注：T_c 为计划时间，T_p 要求完成的时间。

（2）根据已知条件，将工作 B 压缩到极限工期（为 30 天），再重新计算网络计划和关键线路；此时关键工作线路已发生变化。

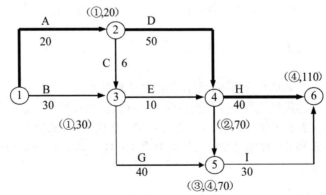

（3）显然，关键线路已发生转移，关键工作 B 变为非关键工作（要保障 B 为关键工作不变），所以，只能将工作 B 压缩 10 天（或者压缩到 40 天），使之仍然为关键工作。

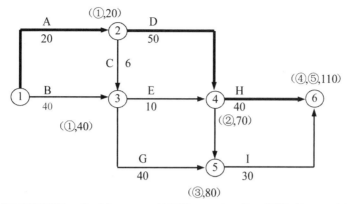

（4）再根据压缩顺序，将工作 D、G 各压缩 10 天，使工期达到 100 天的要求。

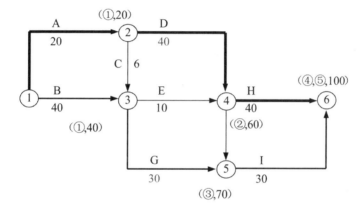

参考答案

【问题 1】

（1）BC

（2）DE

（3）BC

（4）DEG

【问题 2】

（5）BGI

（6）120 或 120 天

【问题 3】

（7）20 或 20 天

（8）B

（9）10（或 40）

（10）D（此题答案可与 12 小题答案互换）

（11）10

（12）G

(13) 10

试题五（共 15 分）

阅读下列说明，回答问题 1 至问题 4，将解答填入答题纸的对应栏内。

【说明】

某国大选中，竞选人 A 充分利用互联网 Web2.0 优势，吸收了大量"长尾"和草根力量，成就了自己的梦想。竞选活动体现了广告、营销、公关手段的进化和发展，伴随着新媒体和数字技术的飞速发展，以更深入和互动的方式建立起与选民之间的关系，获得选民的忠诚度和信任度。

互联网是民众获取信息和参政议政的重要渠道

首先互联网成为该国政治竞技台的主角已经成为事实。某研究中心调查显示，该国民众获取选情信息虽然电视仍以 72%的比例稳居首位，但网络已经超过报纸 29%的比例，成为该国民众获取选情信息的第二大渠道。另外该研究中心一份调查显示，11%受访对象曾在网上转发过关于选情的消息，5%曾在网上发帖评论竞选，6%曾通过互联网向竞选阵营或候选人捐款，其中在竞选人 A 的 6.4 亿美元募集款中 87%是网络募来的。

积极参与网上互动

竞选人 A 曾经是一个社区创建者，深知网络社区在他本次竞选中发挥的力量，竞选团队通过创建社交网络来增强竞选人 A 的影响力。他在 Facebook 拥有一个包含 230 万拥护者的群组，并在视频网站 YouTube 上，仅仅一星期就上传了 70 个竞选人 A 的相关视频。这些网络竞选视频节目非常草根，但它们看起来更平实而更让人容易接近，所以实际上这些视频所获取的关注不比那些制作精美的电视广告差。其中竞选人 A 关于种族问题的 37 分钟演讲，从上传至网络以来查看率已经超过 500 万次，使他成为网络"红人"中的一颗闪亮的明星。

精准狙击竞争对手

竞选人 A 购买了 Google 的"关键字广告"。如果一个选民在 Google 中输入竞选人 A 的英文名字，搜索结果页面的右侧就会出现竞选人 A 的视频宣传广告以及对竞争对手 B 政策立场的批评等。

竞选人 A 购买的关键字还包括热点话题，如"油价""伊拉克战争"和"金融危机"。一搜，即知道候选人 A 对这些敏感问题的观点评论，有助于人们更好地了解这位竞选人。

高效的信息传播

一封名为《我们为什么支持竞选人 A——写给华人朋友的一封信》的邮件到处传播。邮件内容有针对性地采用了中文，非常详细地阐述了竞选人 A 当选对该国当地华人选民的好处，最后他们说"请将这封信尽快转送给您的亲朋好友，并烦请他们也能将这封信传下去，这是您在最后几天里所能帮助竞选人 A 的最为有效的方式之一"。

让每个人都有自己的媒体

博客一开始是网民共享个人思想的一种方式，但是现在博客在该国已经被列入媒体的范畴，并将拥有媒体活动豁免权，不受竞选募款法案的限制。

竞选人 A 的竞争者之一 C 通过自己的博客发布了自己的竞选宣言，并且不断通过博客展示自己的政见和观点。选民可以在她的博客发表对她的看法，C 的团队则会选择好的博客放在首页进行推广。

而竞选人 A 则通过自己的网络博客为自己鲜明地树立起清新、年轻、锐意进取的候选人形象。拉近了选民与自己的距离，更具亲和力和竞争力。

竞选活动已然结束，竞选人 A 的胜利代表着太多的革新，尤其是网络互动的应用。竞选人 A 筹集超过 6.4 亿美元的竞选经费，超过 87%来自互联网，其中绝大部分是不足 100 美元的小额捐款。凭借着网络的力量，竞选人 A 互动的手法赢得的不仅仅是捐款，更是一张张珍贵的选票，以及网络营销的神奇力量。

【问题 1】（5 分）

竞选人 A 在竞选活动中，充分利用了互联网 Web2.0 的优势，本案例体现 Web2.0 模式下互联网应用的 __（1）__、__（2）__、__（3）__、__（4）__、__（5）__ 特点。

（1）～（5）的备选答案：
    A．开放的平台，活跃的用户
    B．用户是互联网信息的被动接受者
    C．互联网内容由编辑人员（或站长）定制
    D．更加注重交互性
    E．以兴趣为聚合点的社群
    F．单纯通过网络浏览器获取内容信息
    G．人人都是内容的制作者和传播者
    H．用户分享
    J．基本都采用技术创新主导模式
    K．采用 C/S 架构

【问题 2】（5 分）

结合案例材料分析，本次竞选活动运用的网络营销方式包括：__（6）__、__（7）__、__（8）__、__（9）__ 等，竞选人 A 运用博客的主要目的是 __（10）__。

（6）～（9）的备选答案：
    A．博客营销   B．BBS 营销   C．体验营销   D．口碑营销
    E．饥饿营销   F．搜索引擎营销   G．RSS 营销   H．社区营销

（10）的备选答案：
    A．发布消息   B．树立形象

【问题 3】（2 分）

案例中竞选人 A 采用 __（11）__ 的方式精准阻击竞争对手，该方式通过 __（12）__ 来实现。

（11）、（12）的备选答案：
    A．搜索引擎广告   B．竞价排名   C．引擎优化
    D．购买关键字广告   E．PPC（Pay Per Call）

【问题 4】（3 分）

竞选人 A 在竞选中充分发挥病毒性营销的神奇力量，本案例实现病毒性营销采用的方式有：__（13）__、__（14）__ 和 __（15）__。

(13)～(15) 的备选答案:
A. 有吸引力的信息载体　　B. 免费的产品或服务　　C. 提供有价值的信息
D. 利用便捷的传播工具　　E. 良好的口碑　　　　　F. 树立独特的个人形象

试题五分析

本题考查互联网 Web 2.0 的特点及互联网 Web 2.0 营销的方法。
本题给出了 4 个问题，需要根据案例材料的描述给出回答。

【问题 1】

Web 1.0 基本采用技术创新主导模式，信息技术的变革和使用对于网站的新生与发展起到了关键性的作用，通常采用 C/S 架构。Web 2.0 指利用 Web 平台，由用户主导而生成的内容互联网产品模式，为了区别传统由网站雇员主导生成的内容而定义为 Web 2.0。Web 2.0 模式下的互联网应用具有以下显著特点:

Web 2.0 以去中心化、开放、共享为显著特征。

（1）用户分享。在 Web 2.0 模式下，可以不受时间和地域的限制分享各种观点。用户可以得到自己需要的信息也可以发布自己的观点。

（2）信息聚合。信息在网络上不断积累，不会丢失。

（3）以兴趣为聚合点的社群。在 Web 2.0 模式下，聚集的是对某个或者某些问题感兴趣的群体，可以说，在无形中已经产生了细分市场。

（4）开放的平台，活跃的用户。平台对于用户来说是开放的，而且用户因为兴趣而保持比较高的忠诚度，他们会积极的参与其中。

（5）用户参与网站内容制造。与 Web 1.0 网站单向信息发布的模式不同，Web 2.0 网站的内容通常是用户发布的，使得用户既是网站内容的浏览者也是网站内容的制造者。

【问题 2】

案例材料中："竞选团队通过创建社交网络来增强竞选人 A 的影响力。在 Facebook 拥有一个包含 230 万拥护者的群组，并在视频网站 YouTube 上，仅仅一星期就上传了 70 个竞选人 A 的相关视频。"体现出在竞选活动中运用了社区营销的方法；"竞选人 A 则通过自己的网络博客为自己鲜明地树立起清新、年轻、锐意进取的候选人形象。"体现出在竞选活动中运用了博客营销的方法；"请将这封信尽快转送给您的亲朋好友，并烦请他们也能将这封信传下去，这是您在最后几天里所能帮助竞选人 A 的最为有效的方式之一。"体现了在竞选活动中运用了口碑营销的方法；"如果一个选民在 Google 中输入竞选人 A 的英文名字，搜索结果页面的右侧就会出现竞选人 A 的视频宣传广告以及对竞争对手 B 政策立场的批评等。"体现了在竞选活动中运用了搜索引擎营销的方法。

【问题 3】

案例材料中，"竞选人 A 购买了 Google 的"关键字广告"。如果一个选民在 Google 中输入竞选人 A 的英文名字，搜索结果页面的右侧就会出现竞选人 A 的视频宣传广告以及对竞争对手 B 政策立场的批评等。"反映了竞选人 A 采用搜索引擎广告的方式精准阻击竞争对手，该方式通过购买关键字广告来实现。

【问题 4】

案例材料中，通过一封名为《我们为什么支持竞选人 A——写给华人朋友的一封信》的邮件到处传播。邮件内容有针对性地采用了中文，非常详细地阐述了竞选人 A 当选对该国当地华人选民的好处，最后他们说"请将这封信尽快转送给您的亲朋好友，并烦请他们也能将这封信传下去，这是您在最后几天里所能帮助竞选人 A 的最为有效的方式之一"。从上述材料中体现了竞选活动运用病毒营销的方法，实现病毒营销采用的方式包括了便捷的传播工具——电子邮件、有吸引力的信息载体——中文信件和有价值的信息——竞选人 A 当选对该国当地华人选民的好处。

参考答案

【问题 1】
（1）A
（2）D
（3）E
（4）G
（5）H
注：（1）～（5）答案可互换

【问题 2】
（6）A
（7）D
（8）F
（9）H
（10）B
注：（6）～（9）答案可互换

【问题 3】
（11）A
（12）D

【问题 4】
（13）A
（14）C
（15）D
注：（13）～（15）答案可互换

第5章 2018下半年电子商务设计师上午试题分析与解答

试题（1）

在 Excel 的 A1 单元格中输入公式 "=ROUND(14.9, 0)"，按回车键后，A1 单元格中的值为__(1)__。

(1) A．10　　　　B．14.9　　　　C．13.9　　　　D．15

试题（1）分析

本题考查 Excel 基础知识。

函数 ROUND 的功能是返回某个数字按指定位数取整后的数字。其语法格式如下：

ROUND(number,num_digits)

其中，参数 number 表示需要进行四舍五入的数字，参数 num_digits 表示指定的位数，按此位数进行四舍五入。如果 num_digits 大于 0，则四舍五入到指定的小数位；如果 num_digits 等于 0，则四舍五入到最接近的整数；如果 num_digits 小于 0，则在小数点左侧进行四舍五入。由于本题 number 为 14.9，num_digits 为 0，所以应对小数点左侧的 4 进行四舍五入，故正确答案为 15。

参考答案

(1) D

试题（2）

计算机系统中，CPU 对主存的访问方式属于__(2)__。

(2) A．随机存取　　B．顺序存取　　C．索引存取　　D．哈希存取

试题（2）分析

本题考查计算机系统基础知识。

主存主要由 DRAM（动态随机访问存储器）构成，其内部寻址方式是随机存取，也就是 CPU 给出需要访问的存储单元地址后，存储器中的地址译码部件可以直接选中要访问的存储单元。

参考答案

(2) A

试题（3）

以下关于磁盘碎片整理程序的描述，正确的是__(3)__。

(3) A．磁盘碎片整理程序的作用是延长磁盘的使用寿命

　　B．用磁盘碎片整理程序可以修复磁盘中的坏扇区，使其可以重新使用

　　C．用磁盘碎片整理程序可以对内存进行碎片整理，以提高访问内存速度

　　D．用磁盘碎片整理程序对磁盘进行碎片整理，以提高磁盘访问速度

试题（3）分析

本题考查计算机系统性能方面的基础知识。

文件在磁盘上一般是以块（或扇区）的形式存储的。磁盘文件可能存储在一个连续的区域内，或者被分割成若干个"片"存储在磁盘中不连续的多个区域。后一种情况对文件的完整性没有影响，但由于文件过于分散，将增加计算机读盘的时间，从而降低了存取效率。磁盘碎片整理程序可以在整个磁盘系统范围内对文件重新安排，将各个文件碎片在保证文件完整性的前提下转换到连续的存储区内，提高对文件的读取速度。但整理是要花费时间的，所以应该定期对磁盘进行碎片整理，而不是每小时对磁盘进行碎片整理。

参考答案

（3）D

试题（4）

以数字表示的声音在时间上是离散的，而模拟声音在时间上是连续的。要把模拟声音转换为数字声音，就需在某些特定的时刻获取模拟声音，该过程称为__(4)__。

（4）A．采样　　　　　B．量化　　　　　C．编码　　　　　D．模/数变换

试题（4）分析

本题考查计算机系统基础知识。

在某些特定的时刻获取模拟声音并转换为数字声音的过程称为采样。

参考答案

（4）A

试题（5）

以下说法中，错误的是__(5)__。

（5）A．张某和王某合作完成一款软件，他们可以约定申请专利的权利只属于张某

　　　B．张某和王某共同完成了一项发明创造，在没有约定的情况下，如果张某要对其单独申请专利就必须征得王某的同意

　　　C．张某临时借调到某软件公司工作，在执行该公司交付的任务的过程中，张某完成的发明创造属于职务发明

　　　D．甲委托乙开发了一款软件，在没有约定的情况下，由于甲提供了全部的资金和设备，因此该软件著作权属于甲

试题（5）分析

本题考查知识产权基础知识。

委托开发的计算机软件著作权归属规定如下：

①属于软件开发者，即属于实际组织开发、直接进行开发，并对开发完成的软件承担责任的法人或者其他组织；或者依靠自己具有的条件独立完成软件开发，并对软件承担责任的自然人。

②合作开发的软件，其著作权的归属由合作开发者签定书面合同约定。无书面合同或者合同未作明确约定，合作开发的软件可以分割使用的，开发者对各自开发的部分可以单独享有著作权；合作开发的软件不能分割使用的，其著作权由各合作开发者共同享有。

③接受他人委托开发的软件，其著作权的归属由委托人与受托人签定书面合同约定；无书面合同或者合同未作明确约定的，其著作权由受托人享有。

④由国家机关下达任务开发的软件，著作权的归属与行使由项目任务书或者合同规定；项目任务书或者合同中未作明确规定的，软件著作权由接受任务的法人或者其他组织享有。

⑤自然人在法人或者其他组织中任职期间所开发的软件有下列情形之一的，该软件著作权由该法人或者其他组织享有：（一）针对本职工作中明确指定的开发目标所开发的软件；（二）开发的软件是从事本职工作活动所预见的结果或者自然的结果；（三）主要使用了法人或者其他组织的资金、专用设备、未公开的专门信息等物质技术条件所开发并由法人或者其他组织承担责任的软件。

委托开发计算机软件著作权的归属要根据情况而定，不同的情况软件著作权的故归属也不一样。

参考答案

（5）D

试题（6）

VLAN 的主要作用不包括__(6)__。

（6）A．加强网络安全　　　　　　B．抑制广播风暴
　　　C．简化网络管理　　　　　　D．查杀病毒

试题（6）分析

本题考查 VLAN 的基础知识。

VLAN 的作用可以隔离冲突域和广播域，不同 VLAN 之间的成员在没有三层路由是不能互访，可以增加网络的安全性。VLAN 可以改变交换机 VLAN 的划分，将用户从一个网络迁移到另外一个网络，而不用改变交换机的硬件配置，简化了网络管理。

参考答案

（6）D

试题（7）

以用户为中心的软件设计原则不包括__(7)__。

（7）A．因为客户是上帝，所以客户的需求是天然合理的
　　　B．用户不仅需要软件功能，还需要良好的使用体验
　　　C．要求用户输入信息时尽量提供选项
　　　D．用户最常用的按钮应放在最明显处

试题（7）分析

本题考查软件工程基础知识。

用户往往不是 IT 专业人员，用户的需求往往很模糊，需要提炼；有些需求不现实，属于未来的需求，可以在几年后更新版本扩充功能时再考虑；有些需求可能有矛盾；有些需求很重要但被忽略了，需要启发提醒添加。总之，IT 专业人员需要深入了解用户的需求，经过加工提炼，反复征求用户意见，这才是以用户为中心的软件设计原则。

参考答案

（7）A

试题（8）

以下关于人工智能（AI）的叙述中，__(8)__ 并不正确。

（8）A．AI 不仅是基于大数据的系统，更是具有学习能力的系统

B．现在流行的人脸识别和语音识别是典型的人工智能应用

C．AI 技术的重点是让计算机系统更简单

D．AI 有助于企业更好地进行管理和决策

试题（8）分析

本题考查新技术。

具有人工智能的计算机系统更复杂。一般来说，大部分计算功能都需要在云端进行，需要通过大数据分析处理，使企业能更快速、更准确地获得前所未有的洞察，更好地进行管理和决策。

参考答案

（8）C

试题（9）

云计算的基础是虚拟化。以下关于虚拟化的叙述中，__(9)__ 并不正确。

（9）A．虚拟化平台旨在提高系统利用率，并通过动态调度实现弹性计算

B．将一台服务器虚拟成多台（分割式虚拟化），旨在提高资源利用率

C．将多台服务器虚拟成一台的集群技术，旨在解决计算机能力不足问题

D．构件、对象、数据和应用的虚拟化旨在解决诸多信息孤岛的整合问题

试题（9）分析

本题考查新技术。

在计算机中，虚拟化（Virtualization）是一种资源管理技术，是将计算机的各种实体资源，如服务器、网络、内存及存储等，予以抽象、转换后呈现出来，打破实体结构间的不可切割的障碍，使用户可以比原本的组态更好的方式来应用这些资源。

虚拟化使用软件的方法重新定义划分 IT 资源，可以实现 IT 资源的动态分配、灵活调度、跨域共享，提高 IT 资源利用率，适应灵活多变的应用需求。

解决信息孤岛问题主要依靠各系统之间互联互通以及数据整合。

参考答案

（9）D

试题（10）

曾有人将圆周率 π 小数点后的百万位数字依次排列编成刊物出版作为随机数表使用，每页 100 行，每行 100 位，共 100 页。那么，π 小数点后第 12345 位数字应在该书的 __(10)__ 。

（10）A．第 1 页第 23 行　　　　　　　　B．第 2 页第 23 行

C．第 2 页第 24 行　　　　　　　　D．第 12 页第 3 行

试题（10）分析

本题考查数学应用基础知识。

显然，该随机数表每页包含 100×100=10 000 位数字。12 345 超过了 10 000，不足 20 000，所以 12 345 位数字应位于第 2 页。由于每行包含 100 位数字，因此该书第 2 页的前 23 行，列出了第 10 001 到 12 300 位数字。而下一行则列出了第 12 301 到 12 400 位数字。因此，π 小数点后第 12345 位数字应在该书的第 2 页第 24 行上第 45 个数字。

参考答案

（10）C

试题（11）

某航空公司拟开发一个机票预订系统。旅客使用信用卡付款预订机票，付款通过信用卡公司的信用卡管理系统提供的接口实现。现拟用数据流图建立需求模型，则信用卡管理系统是__(11)__。

（11）A．外部实体　　　B．加工　　　　C．数据流　　　D．数据存储

试题（11）分析

本题考查结构化分析的基础知识。

数据流图是结构化分析的重要模型，需要考生熟练掌握数据流图建模的内容、组成要素以及如何对实际问题建立数据流图。外部实体、数据存储、加工和数据流是数据流图的四要素。其中外部实体是指存在于软件系统之外的人员、组织或其他系统。对于该系统而言，信用卡管理系统是一个外部实体。

参考答案

（11）A

试题（12）

以下叙述中，__(12)__不是一个风险。

（12）A．由另一个小组开发的子系统可能推迟交付，导致系统不能按时交付
　　　　B．客户不清楚想要开发什么样的软件，因此开发小组开发原型帮助其确定需求
　　　　C．开发团队可能没有正确理解客户的需求
　　　　D．开发团队核心成员可能在系统开发过程中离职

试题（12）分析

本题考查软件项目管理中风险的基本概念。

风险是一种具有负面后果的、可能会发生、人们不希望发生的事件。风险具有多种类型，包括技术风险、管理风险、人员风险等等。

参考答案

（12）B

试题（13）

某计算机系统中互斥资源 R 的可用数为 8，系统中有 3 个进程 P1、P2 和 P3 竞争 R，且每个进程都需要 i 个 R，该系统可能会发生死锁的最小 i 值为__(13)__。

（13）A．1　　　　　　B．2　　　　　　C．3　　　　　　D．4

试题（13）分析

本题考查操作系统进程管理信号量方面的基础知识。

选项 A 是错误的，因为每个进程都需要 1 个资源 R，系统为 P1、P2 和 P3 进程各分配 1 个，系统中资源 R 的可用数为 5，P1、P2 和 P3 进程都能得到所需资源而运行结束，故不发生死锁。

选项 B 是错误的，因为 P1、P2 和 P3 进程都需要 2 个资源 R，系统为这 3 个进程各分配 2 个，系统中资源 R 的可用数为 2，P1、P2 和 P3 进程都能得到所需资源而运行结束，故也不发生死锁。

选项 C 是错误的，因为 P1、P2 和 P3 进程都需要 3 个资源 R，假设系统可为 P1、P2 进程各分配 3 个资源 R，为 P3 进程分配 2 个资源 R，那么系统中资源 R 的可用数为 0。尽管系统中资源 R 的可用数为 0，但 P1、P2 进程能得到所需资源而运行结束，并释放资源。此时，系统可将释放的资源分配给 P3 进程，故 P3 也能运行结束。可见系统也不发生死锁。

选项 D 是正确的，因为每个进程都需要 4 个资源 R，假设系统可为 P1、P2 进程各分配 3 个资源 R，为 P3 进程分配 2 个资源 R，那么系统中资源 R 的可用数为 0。此时，P1 和 P2 各需 1 个资源、P3 需要 2 个资源，它们申请资源 R 都得不到满足，故发生死锁。

参考答案

（13）D

试题（14）

某企业拟开发一个企业信息管理系统，系统功能与多个部门的业务相关。现希望该系统能够尽快投入使用，系统功能可以在使用过程中不断改善。则最适宜采用的软件过程模型为 __(14)__ 。

（14）A．瀑布模型　　　　　　　　B．原型化模型
　　　 C．演化（迭代）模型　　　　　D．螺旋模型

试题（14）分析

本题考查软件开发过程模型的基础知识。

瀑布模型将开发阶段描述为从一个阶段瀑布般地转换到另一个阶段。

原型模型中，开发人员快速地构造整个系统或者系统的一部分以理解或澄清问题。

演化（迭代）模型主要针对事先不能完整定义需求的软件开发，是在快速开发一个原型的基础上，根据用户在使用原型的过程中提出的意见和建议对原型进行改进，获得原型的新版本。重复这一过程，最终可得到令用户满意的软件产品。

螺旋模型将开发活动和风险管理结合起来，以减小风险。

在这几种开发过程模型中，演化模型可以快速地提交一个可以使用的软件版本，并同时不断地改善系统的功能和性能。

参考答案

（14）C

试题（15）、（16）

在某销售系统中，客户采用扫描二维码进行支付。若采用面向对象方法开发该销售系统，

则客户类属于 __(15)__ 类，二维码类属于 __(16)__ 类。

(15) A. 接口　　　　B. 实体　　　　C. 控制　　　　D. 状态
(16) A. 接口　　　　B. 实体　　　　C. 控制　　　　D. 状态

试题（15）、（16）分析

本题考查面向对象技术的基本知识。

类定义了一组大体上相似的对象，一个类所包含的方法和数据描述一组对象的共同行为和属性。类可以分为实体类、接口类（边界类）和控制类三类。实体类的对象表示现实世界中真实的实体，如人、物等，销售系统中的客户类即属于实体类。接口类（边界类）的对象为用户提供一种与系统合作交互的方式，分为人和系统两大类，其中人的接口可以是显示屏、窗口、Web 窗体、对话框、菜单、列表框、其他显示控制、条形码、二维码或者用户与系统交互的其他方法，销售系统中客户通过二维码进行支付，二维码类即属于接口类。系统接口涉及到将数据发送到其他系统，或者从其他系统接收数据。控制类的对象用来控制活动流，充当协调者。

参考答案

(15) B　(16) A

试题（17）

数据库系统中的视图、存储文件和基本表分别对应数据库系统结构中的 __(17)__ 。

(17) A. 模式、内模式和外模式　　　B. 外模式、模式和内模式
　　　C. 模式、外模式和内模式　　　D. 外模式、内模式和模式

试题（17）分析

本题考查数据库的基本概念。

数据库通常采用三级模式结构，其中，视图对应外模式、基本表对应模式、存储文件对应内模式。

参考答案

(17) D

试题（18）

一个网络节点数是 100，假设网络价值系数为 2，根据麦特卡夫定律，该网络价值是 __(18)__ 。

(18) A. 10000　　　B. 40000　　　C. 20000　　　D. 5000

试题（18）分析

本题考查对麦特卡夫定律的理解。

麦特卡夫定律与摩尔定律、吉尔德定律合称为"IT 界的三大定律"。

鲍勃·麦特卡夫告诉我们：网络价值同网络用户数量的平方成正比，即 N 个联结能创造 N 的 2 次方效益。网络价值可用公式表示为 $K \times N^2$，其中 N 为节点数，K 为网络价值系数。如果将机器联成一个网络，在网络上，每一个人都可以看到所有其他人的内容，100 人中的每人都能看到 100 人的内容，所以效率是 K 倍的 100 的 2 次方，即 2×100^2 为 20000。

参考答案

(18) C

试题（19）

EDI 的工作内容包含以下几项：
①生成平面文件②信息编辑
③传送给对方用户④生成 EDI 标准格式文件
正确的工作流程是__（19）__。
(19) A．②→①→④→③　　　　B．②→①→③→④
　　　C．①→②→④→③　　　　D．①→③→④→②

试题（19）分析

本题考查 EDI 的工作内容。

用户进行信息编辑处理，然后通过 EDI 转换软件将原始单据格式转换为平面文件（Flat file），平面文件是用户原始资料格式与 EDI 标准格式之间的对照性文件，平面文件通过翻译软件变成 EDI 标准格式文件，然后在文件外层加上通信信封，通过通信软件发送到增值服务网络或者直接传给对方用户，对方用户则进行相反的处理，最后成为用户应用系统能够接收的文件格式并进行收阅处理。

参考答案

（19）A

试题（20）

下列__（20）__属于电子商务的系统架构中电子商务应用层的内容。
(20) A．网上购物　　B．EDI　　C．网络银行　　D．目录服务

试题（20）分析

本题考查电子商务系统的架构以及相关主要内容。

电子商务系统分为四个层级子系统和两个支撑条件。

自下而上四个层次分别是：网络基础设施、多媒体内容和网络出版的基础设施、报文和信息传播的基础设施、商业服务的基础设施。

两个支撑条件是指公共政策、法律及隐私问题和各种技术标准，它们构成了电子商务的社会环境。

电子商务应用层在最上层，主要内容包括在线营销与广告、在线购物、采购和购买、远程金融服务、供应链管理、其他应用等。

EDI 属于报文和信息传播的基础设施主要内容；目录服务和网络银行属于商业服务的基础设施层的内容。

参考答案

（20）A

试题（21）

网络商务信息处理分为信息存储、信息整理和信息加工三个阶段，__（21）__不属于信息整理的内容。
(21) A．信息鉴别　　　　　　B．信息形式变换
　　　C．信息分类　　　　　　D．信息筛选

试题（21）分析

本题考查网络商务信息处理的基本知识。

网络商务信息处理分为信息存储、信息整理和信息加工处理三个阶段。信息的存储是把已经获取的信息用科学的方法保存起来，以便于进一步的加工、处理和使用。收集信息后，便要对所得到的信息进行相关整理，常做的信息整理工作包括明确信息来源、添加文件名、信息鉴别、信息筛选、信息分类。信息整理后，进行信息的加工处理。信息加工包括信息形式变换和信息内容处理。信息形式变换是指在信息传输的过程中，通过变换载体，使信息准确地传输给接收者。信息内容处理是指对原始信息进行加工整理，深入揭示信息的内容。

参考答案

（21）B

试题（22）

《关于积极推进"互联网+"行动的指导意见》中，"互联网+"电子商务的主要内容不包括___（22）___。

(22) A．发展农村电子商务　　　　B．发展行业电子商务
　　　C．发展智能制造　　　　　　D．电子商务应用创新

试题（22）分析

本题考查对《关于积极推进"互联网+"行动的指导意见》文件的理解。

《关于积极推进"互联网+"行动的指导意见》国发〔2015〕40号文件。其中第（八）条"互联网+"电子商务主要内容：1.积极发展农村电子商务；2.大力发展行业电子商务；3.推动电子商务应用创新；4.加强电子商务国际合作。

参考答案

（22）C

试题（23）

BI（Business Intelligence）是通过运用基于事实的支持系统来辅助制定商业决策，BI的主要功能不包括___（23）___。

(23) A．数据使用方法论创建　　　B．数据的抽取、转换和加载
　　　C．数据统计输出　　　　　　D．数据存储和访问

试题（23）分析

本题考查对商务智能BI的概念和主要功能掌握。

BI（Business Intelligence）即商务智能，它是一套完整的解决方案，用来将企业中现有的数据进行有效的整合，快速准确地提供报表并提出决策依据，帮助企业做出明智的业务经营决策。BI的主要功能有：

①高效的数据存储和访问方式。提供结构化和非结构化的数据存储，容量大，运行稳定，维护成本低，支持元数据管理，支持多种结构，例如中心式数据仓库和分布式数据仓库等。存储介质能够支持近线式和二级存储器，能够很好地支持容灾和备份方案。

②数据提取、转换和加载（Extraction-Transformation-Loading，ETL）：数据ETL支持多平台、多数据存储格式（多数据源、多格式数据文件、多维数据库等）的数据组织，要求能

自动地根据描述或者规则进行数据查找和理解。减少海量、复杂数据与全局决策数据之间的差距。帮助形成支撑决策要求的参考内容。

③数据统计输出（报表）：报表能快速地完成数据统计的设计和展示。其中包括了统计数据表样式和统计图展示，可以很好地输出给其他应用程序或者 Htmf 形式表现和保存。对于自定义设计部分要提供简单易用的设计方案，支持灵活的数据填报和针对非技术人员设计的解决方案。能自动地完成输出内容的发布。

④分析功能：可以通过业务规则形成分析内容，并且展示样式丰富，具有一定的交互要求，例如趋势分析等。要支持多维度的 OLAP，实现维度变化、旋转、数据切片和数据钻取等，以帮助做出正确的判断和决策。

参考答案

（23）A

试题（24）

设职工关系模型 Emp（工号，姓名，性别，部门）的主码是工号，工资关系模型 SL（工号，月份，工资）的主码为（工号，月份），若关系模型 R（工号，姓名，性别，部门，月份，工资）的主码为（工号，月份），则 R 满足 __(24)__ 。

（24）A．1NF　　　　B．2NF　　　　C．3NF　　　　D．BCNF

试题（24）分析

本题考查数据库规范化基本知识。

常用的几种数据库范式定义如下：

第一范式（1NF）：要求属性值不可再分，即属性项不能由属性组合组成。

第二范式（2NF）：引入主键，如果关系模式 R 为第一范式，并且 R 中每一个非主属性完全函数依赖于 R 的某个候选键，则 R 为第二范式模式。

第三范式（3NF）：如果关系模式 R 为第二范式，并且每个非主属性都不传递依赖于 R 的候选键，则 R 为第三范式模式。

BC 范式（BCNF）：如果关系模式 R 为第一范式，并且每个非主属性都不传递依赖于 R 的候选键，则 R 为 BCNF 模式。

在关系 R 中，工号→姓名，工号→性别，工号→部门，即对主码（工号，月份）存在部分依赖，因此 R 不满足 2NF，且各种范式之间存在联系：

$$1NF \supset 2NF \supset 3NF \supset BCNF$$

因此 R 只能属于 1NF。

参考答案

（24）A

试题（25）

TCP 协议工作在 OSI 参考模型中的 __(25)__ 。

（25）A．物理层　　　B．传输层　　　C．应用层　　　D．网络层

试题（25）分析

本题考查计算机网络 OSI 参考模型基本知识。

OSI 模型中的各层功能及对应协议如下：

①应用层：文件传输，电子邮件，文件服务，虚拟终端；主要协议有 TFTP、HTTP、SNMP、FTP、SMTP、DNS、Telnet。

②表示层：数据格式化，代码转换，数据加密；没有协议。

③会话层：解除或建立与别的接点的联系；没有协议。

④传输层：提供端对端的接口；主要协议有 TCP、UDP。

⑤网络层：为数据包选择路由；主要协议有 IP、ICMP、RIP、OSPF、BGP、IGMP。

⑥数据链路层：传输有地址的帧以及错误检测功能；主要协议有 SLIP、CSLIP、PPP、ARP、RARP、MTU。

⑦物理层：以二进制形式在物理媒体上传输数据；主要协议有 ISO 2110、IEEE 802、IEEE 802.2。

参考答案

（25）B

试题（26）

中继器的主要作用是 __（26）__ 。

（26）A．连接两个局域网　　　　　　B．路由选择
　　　C．延长网络传输距离　　　　　D．数据交换

试题（26）分析

本题考查网络设备基础知识。

中继器（RP repeater）是工作在物理层上的连接设备。适用于完全相同的两类网络的互连，主要功能是通过对数据信号的重新发送或者转发，来扩大网络传输的距离。

参考答案

（26）C

试题（27）

以下不属于数据链路层功能的是 __（27）__ 。

（27）A．流量控制　　B．差错控制　　C．帧同步　　D．路由选择

试题（27）分析

本题考查 OSI 参考模型中数据链路层与网络层的功能。

数据链路层的作用包括了物理地址寻址、数据的成帧、流量控制、数据的检错、重发等。该层控制网络层与物理层之间的通信，解决的是所传输数据的准确性问题。为了保证传输，从网络层接收到的数据被分制成特定的可被物理层传输的帧。帧是用来移动数据的结构包，它不仅包括原始数据，还包括发送方和接收方的物理地址以及纠错和控制的信息。其中的地址确定了帧将发送的位置，纠错和控制信息则保证帧的准确到达。如果传送数据的过程中，接收点检测到数据有错误，就通知发送方重新发送这一帧。

网络层：负责建立、保持、终止通过中间设备的连接，同时负责通信子网内的路径选择和拥挤控制。

参考答案

（27）D

试题（28）、（29）

在一个 C 类网络中，有一台主机的 IP 地址为 192.168.1.204，已知该主机所在网络是将一个 C 类 IP 划分成了 4 个子网，则该 IP 的网络号为__(28)__，主机号为__(29)__。

（28）A．192.168.1.0　　　　　　　　B．255.255.255.0
　　　C．192.168.1.192　　　　　　　D．192.168.1.224

（29）A．12　　　　B．204　　　　C．192　　　　D．1

试题（28）、（29）分析

本题考查 IP 地址子网划分的知识。

在 IPv4 中，默认情况下 C 类 IP 地址最后一个字节（后 8 位）表示主机号，但题目中指出划分 4 个子网，因此，需要 2 位表示网络号（$2^2 \geq 4$），那么最后一个字节只能是 2 位网络号+6 位主机号。IP 地址=IP 地址网络号+主机号，即 IP 地址的网络号=IP 地址中主机号全为零的部分，192.168.1.204 地址后 6 位全为 0，即 192.168.1.192，主机号=192.168.1.204–192.168.1.192，即 12。

参考答案

（28）C　（29）A

试题（30）

电子商务安全体系中不包括__(30)__。

（30）A．交易协议层　　　　　　　　B．网络服务层
　　　C．信息发布与传输层　　　　　D．加密技术层

试题（30）分析

本题考查电子商务安全体系与电子商务基本框架结构方面的基础知识。

电子商务安全体系主要由网络服务安全层、加密技术层、安全认证层、安全协议层、应用系统层组成；而电子商务基本框架结构主要由网络层、信息发布与传输层、电子商务服务和应用层、公共政策和法律规范、技术标准和网络协议。

信息发布与传输层属于电子商务基本框架结构。

参考答案

（30）C

试题（31）

__(31)__是标识网络用户身份的电子文档，该文档中包含了用户的基本数据信息及公钥信息、颁发证书的 CA 的相关信息。

（31）A．电子钱包　　B．数字证书　　C．数字签名　　D．数字信封

试题（31）分析

本题考查电子钱包、数字证书、数字签名和数字信封四个概念在电子商务安全中作用。

电子钱包是电子商务购物活动中常用的支付工具，在电子钱包中存放的电子货币，如电子现金、电子信用卡、电子零钱等。

数字证书是一个经证书授权中心数字签名的包含公开密钥拥有者信息以及公开密钥的文件。数字证书绑定了公钥及其持有者的真实身份，它类似于现实生活中的居民身份证，所不同的是数字证书不再是纸质的证照，而是一段含有证书持有者身份信息并经过认证中心审核签发的电子数据，可以更加方便灵活地运用在电子商务和电子政务中。

数字签名（又称公钥数字签名、电子签章等）是一种类似写在纸上的普通物理签名，但是使用了公钥加密领域的技术实现，用于鉴别数字信息的方法。

数字信封是将对称密钥通过非对称加密（即：有公钥和私钥两个）的结果分发对称密钥的方法。数字信封是实现信息完整性验证的技术。

参考答案

（31）B

试题（32）

在 DES 算法中，加密和解密使用 （32） 的密钥。

（32）A．相同　　　　B．不同　　　　C．公开　　　　D．私人

试题（32）分析

本题考查信息加密技术中 DES 算法的基础知识。

DES 算法是对称密钥密码体制的典型算法，其基本原理是每次取明文中的连续 64 位数据，通过 64 位密钥，对明文进行 16 轮的替代、移位和异或操作，最终得到转换后的 64 位数据（密文）。连续对明文执行上述过程，最终得到全部明文的密文。DES 算法的加密密钥与解密密钥相同，加密算法也与解密算法相同，只是解密时逆向取用加密时所用密钥顺序。

参考答案

（32）A

试题（33）

在数字信封技术中，发送方用 （33） 对对称密钥加密。

（33）A．接收方的公钥　　　　　　B．发送方的私钥
　　　C．发送方的公钥　　　　　　D．接收方的私钥

试题（33）分析

本题考查数字信封技术的基本知识。

数字信封是实现信息完整性验证的技术。在数字信封技术中，发送方先在本地用对称密钥对交易信息进行加密，形成密文，再用接收方的公钥将用于加密交易信息的对称密钥加密，并将加密后的对称密钥信息和密文一同传递给接收方。接收方接收信息后，先用自己的私钥解密加密的对称密钥信息，得到用于加密交易信息的对称密钥，再用其解密密文得到交易信息原文。

参考答案

（33）A

试题（34）

在 ATM（Automatic Teller Machine）机上使用银行卡交易时，采用 （34） 身份认证方式。

(34) A. 单因素　　　　　　　　B. 双因素
　　　C. 多因素　　　　　　　　D. 无需认证

试题（34）分析

本题结合一个应用实例考查了身份认证方式的相关知识。

根据结合使用方式的个数，身份认证方式可分为单因素认证、双因素认证和多因素认证。单独使用一种方式进行的身份认证称为单因素认证，将两种方式结合使用进行的身份认证称为双因素认证，以此类推，将三种以上方式结合使用进行的身份认证称为多因素认证。

在 ATM 机上使用银行卡时，用户在 ATM 机上插入银行卡，需要用户输入正确的密码后方可进入系统进行相关操作，该身份认证过程同时使用了标记和口令方式进行身份认证，是一种双因素认证方式。

参考答案

(34) B

试题（35）

著名的"黑色星期五"病毒在每月固定的时间才发作，这体现了计算机病毒的　(35)　特征。

(35) A. 传染性　　　B. 破坏性　　　C. 非授权性　　　D. 潜伏性

试题（35）分析

本题结合一个典型病毒实例考查计算机病毒的基本特性。

计算机病毒的基本特性主要包括：传染性、非授权性、隐蔽性、潜伏性、破坏性和不可预见性。

计算机病毒潜伏特性主要表现为：大部分计算机病毒感染系统之后一般不会马上发作，可长期隐藏在系统中，只有在满足其特定条件时才启动表现（破坏）模块。而"黑色星期五"病毒在每月固定的时间才发作，体现了计算机病毒的潜伏特性。

参考答案

(35) D

试题（36）

数据备份时，需要关闭数据库才能进行文件备份的方式属于　(36)　。

(36) A. 冷备份　　　B. 热备份　　　C. 联机备份　　　D. 实时备份

试题（36）分析

本题考查数据备份的基础知识。

在数据备份分类中，根据备份的状态将数据备份分为物理备份和逻辑备份。物理备份是将实际物理数据库文件从一处复制到另一处所进行的备份。物理备份又分为冷备份和热备份。冷备份是关闭数据库并对数据库内的文件进行备份；热备份是在数据库打开和用户对数据库进行操作的状态下进行的备份；逻辑备份是将某个数据库的记录读出并将其写入一个文件中。

参考答案

(36) A

试题（37）

以下不属于防火墙功能的是 __(37)__ 。

(37) A．控制对特殊站点的访问　　　　　　B．防范病毒
　　　C．记录和统计网络用户的访问信息　　D．保护易受攻击的服务

试题（37）分析

本题考查防火墙基本功能的知识。

防火墙的基本功能表现在：保护那些易受攻击的服务，以此提高网络的安全性；控制对特殊站点（在内部网中只有 Mail 服务器、FTP 服务器和 WWW 服务器能被外部网访问，而其他访问则被主机禁止）的访问；将所有修改过的软件和附加的安全软件都放在防火墙上集中安全管理；对网络访问进行记录和统计。

防火墙不能实现的功能包括：限制有用的网络服务；不能防范内部网络用户的攻击；可以防止入侵，不能消除网络上的计算机病毒。

参考答案

(37) B

试题（38）

以下关于电子现金描述错误的 __(38)__ 。

(38) A．电子现金是以数字化形式存在的货币
　　　B．电子现金需与银行连接后才可使用
　　　C．电子现金具有不可伪造性
　　　D．电子现金可以由支付者直接控制和使用

试题（38）分析

本题考查电子现金的基础知识。

电子现金是一种以数据形式存在的现金货币。它把现金数值转换成一系列的加密序列数，通过这些序列数来表示现实中各种金额的币值。电子现金是一种储值型的支付工具，使用时与纸币类似，多用于小额支付，可实现脱机处理。

电子现金以数字签名和加密算法为基础。客户在开展电子现金业务的银行开设账户并在账户内存钱后，客户计算机上所使用的电子现金软件，就会记下银行所签章的数字金钱，使用者就可以在接受电子现金的商店里购物，软件可以从所储存的电子现金中转出适当的金额进行支付。为防止电子现金的重复使用，银行须拿数据库里已使用的电子现金资料来进行核查。

电子现金的传送环节以及存储环节应该充分考虑。在公共网络中，必须保证电子现金的传送是安全可靠的，即电子现金应该安全、完整地送到另一端，既不会被窃取、篡改，也不会丢失或重复接收。这些就要通过加密技术、杂凑技术以及加强的传输控制协议等来实现。电子现金的存储也是一个十分重要的问题，因为没有专门的银行账户与之对应，也不能跟踪其流通轨迹，一旦电子现金丢失（如卡丢失、毁坏、硬盘故障等），意味着用户的货币确实丢了。因此，应从技术上加强其存储保护，以尽可能减少技术故障带来的损失。

参考答案

(38) B

试题（39）

信用卡的支付方式不包括__(39)__。

(39) A．账号直接传输方式　　　　B．专用账号方式
　　　C．专用协议方式　　　　　　D．IMAP 协议方式

试题（39）分析

本题考查信用卡支付方式分类的相关知识。

在电子货币支付中，信用卡支付方式主要包括：

（1）账号直接传输方式：无安全措施的信用卡支付，客户在网上购物后把信用卡号码信息加密后直接传输给商家。

（2）专用账号方式：通过第三方代理人的支付，客户在线或离线在第三方代理人处开账号，第三方代理人持有客户信用卡号和账号。

（3）专用协议方式：简单信用卡加密，在客户、商家和银行卡机构之间采用专用的加密协议（如 SHTTP、SSL 等），当信用卡信息被买方输入浏览器窗口或其他电子商务设备时，信用卡信息就被简单加密，安全地作为加密信息通过网络从买方向卖方传递。

（4）SET 协议方式：是由 Master Card 和 Visa 联合 NetScape、Microsoft 等公司，于 1997 年 6 月 1 日推出的一种新的电子支付模型，主要是为了解决用户、商家、银行之间通过信用卡的交易而设计的，它具有保证交易数据的完整性，交易的不可抵赖性等优点，它成为目前公认的信用卡网上交易的国际标准。

IMAP（Internet Mail Access Protocol，Internet 邮件访问协议）是斯坦福大学在 1986 年开发的一种邮件获取协议。主要作用是邮件客户端可以通过该协议从邮件服务器上获取邮件的信息，下载邮件等。

参考答案

（39）D

试题（40）

在电子现金支付方式中，银行通过__(40)__来确认该现金身份的合法性。

(40) A．数字签名　　　　　　　　B．数字证书
　　　C．数字摘要　　　　　　　　D．数字信封

试题（40）分析

本题考查电子现金支付中电子现金身份合法性验证的基础知识。

在电子现金支付方式中，电子现金（E-cash）身份合法性的验证由电子现金本身完成，银行在发放电子现金时使用数字签名，商家在每次交易中，将电子现金传送给电子现金银行，由银行验证买方支付的电子现金是否有效（伪造或使用过等）。

参考答案

（40）A

试题（41）

以下对 POS 系统下的银行支付描述错误的是__(41)__。

(41) A．POS 机的工作方式主要包含直接转账、脱机授权和联机授权

B. POS 机设备由主控设备、客户密码键盘、票据打印机三部分组成

C. 在 POS 系统中，POS 机主要负责交易信息的采集

D. POS 机的联机方式中，直联 POS 方式直接连接到发卡中心

试题（41）分析

本题考查 POS 系统下银行支付的基础知识。

POS 机的联机方式包括直接连接发卡行处理中心（称为间联 POS）和直接连接银行卡网络服务中心（称为直联 POS）两种。在间联 POS 方式中，POS 机直接连接到发卡行处理中心，其技术业务管理均由放置该机的银行控制。在直联 POS 方式中，各银行的银行卡受理终端直接与当地的银行卡网络中心相连，无论前端受理机受理的是本行银行卡交易还是跨行交易，每一笔银行卡的交易信息都通过网络直接送至中心进行甄别，避免了像 POS 机直接连入发卡行处理中心方式的重复投资现象。

参考答案

（41）D

试题（42）

在 B2C 交易过程中，对第三方支付平台描述错误的是__（42）__。

（42）A. 第三方支付平台收到货款后，通知商家按时发货

B. 消费者确认收到货物后，第三方支付平台将货款转入商家账户

C. 交易过程中，第三方支付平台要记录双方交易的具体内容

D. 第三方支付平台收到商家退货确认信息后，将退款划回消费者账户

试题（42）分析

本题考查第三方支付平台的支付流程知识。

在 B2C 交易过程中，第三方支付平台在商家与消费者之间建立了一个公共的、可以信任的中介，解决了买卖双方的信任问题。在交易过程中，第三方支付平台并不涉及双方交易的具体内容，相对于传统的资金划拨交易方式，第三方支付有效地保障了货物质量、交易诚信、退换要求等环节，在整个交易过程中，可以对交易双方进行约束和监督。

在 B2C 交易过程中，第三方支付平台支付流程为：

第一步，客户在电子商务网站上选购商品，最后决定购买，买卖双方在网上达成交易意向。

第二步，客户选择利用第三方作为交易中介，客户用信用卡将货款划到第三方账户；

第三步，第三方支付平台将客户已经付款的消息通知商家，并要求商家在规定时间内发货；

第四步，商家收到通知后按照订单发货；

第五步，客户收到货物并验证后通知第三方；

第六步，第三方将其账户上的货款划入商家账户中，交易完成；

第七步，如果发生退货，第三方支付平台收到商家退货确认信息后，将退款划回消费者账户。

参考答案

（42）C

试题（43）

企业建立物流信息系统的最终目的是 __(43)__ 。

(43) A．提高企业的核心竞争力　　B．为各级物流人员提供信息
　　　C．信息传播　　　　　　　　D．信息储存

试题（43）分析

本题考查物流信息系统的基础知识。

物流信息系统是物流企业针对环境带来的挑战而做出的基于信息技术的解决方案，它是物流企业按照现代管理思想、理念，以信息技术为支撑所开发的信息系统。该系统充分利用数据、信息、知识等资源，实施物流业务、控制物流业务、支持物流决策、实现物流信息共享，以提高物流企业业务的效率、决策的科学性，其最终目的是提高企业的核心竞争力。

参考答案

（43）A

试题（44）

供应链管理框架由三个相互紧密联系的要素构成，其中 __(44)__ 是为客户产生价值输出的活动。

(44) A．供应链的结构　　　　　　B．供应链管理的组成要素
　　　C．供应链的业务流程　　　　D．供应链协调

试题（44）分析

本题考查供应链管理框架的构成要素。

供应链管理框架由三个相互紧密联系的要素组成，即供应链的结构、供应链的业务流程和供应链管理。供应链的结构是由供应链成员及成员之间的联系所组成的网络；业务流程是指为客户产生价值输出的活动；管理组成要素是那些使业务流程跨越整个供应链上得到集成和管理的变量。

参考答案

（44）C

试题（45）

配送是以 __(45)__ 为依据，在物流中心进行分货、配货工作，并将配好的货物送交收货人的过程。

(45) A．订单时间先后　　　　　　B．用户要求
　　　C．路线远近　　　　　　　　D．配送中心

试题（45）分析

本题考查物流配送的基本概念。

配送是指按用户的订货要求，在物流中心进行分货、配货工作，并将配好的货物送交收货人的过程。配送在整个物流过程中，其重要性应与运输、储存、流通加工等并列，而形成物流的基本职能之一。

参考答案

（45）B

试题（46）

射频标识技术现已成为数据采集、标识和分析的主要工具，它具有非接触、抗干扰能力强、__(46)__、阅读速度快等优点。

(46) A．工作距离短　　　　　　　　B．精度高
　　　C．标准兼容性强　　　　　　　D．人工干预少

试题（46）分析

本题考查电子商务物流信息技术的基础知识。

射频标识是自动标识与数据采集（AIDC）技术之一，最早出现在20世纪80年代，用于跟踪业务。射频标识技术（RFID）最重要的优点是非接触作业。它能穿透雪、雾、冰、涂料、尘垢和在条形码无法使用的恶劣环境阅读标签，具有较高的精度；阅读速度非常快，大多数情况下，可用于流程跟踪或者维修跟踪等交互式业务，RFID的主要问题是标准的不兼容。

参考答案

(46) B

试题（47）

网站设计中，以下__(47)__属于常见的对搜索引擎友好的表现。

(47) A．URL动态参数多且复杂　　　　B．网站运用富媒体形式展示企业形象
　　　C．标题中包含有效的关键词　　　D．没有其他网站提供链接

试题（47）分析

本题考查网站设计对搜索引擎友好的表现。

网站设计要求对搜索引擎友好，友好是相互的。对搜索引擎友好的网站实际上也是对用户友好的网站，搜索引擎友好的网站所反馈的结果才更能吸引用户点击，网站才可以获得更多的访问量，取得理想的营销效果。网站对搜索引擎不友好通过表现在多个方面：企业网站用很复杂的图片，或者用Flash等Rich Media（富媒体）形式来展示企业形象；URL动态参数多且复杂；网页没有标题，或者标题中没有包含有效的关键词；没有其他网站提供链接线索进行比较等。

参考答案

(47) C

试题（48）

在服务营销中，服务产品质量难以实施标准化源于服务特性中的__(48)__。

(48) A．无形性　　　　　　　　　　　B．不可储存性
　　　C．差异性　　　　　　　　　　　D．不可分离性

试题（48）分析

本题考查服务的基本特性。

服务不同于有形产品，它具有以下特性：①无形性，消费者在购买服务前无法感知到服务；②不可分离性，主要体现在三个方面，其一，服务与服务的提供者无法分离；其二，消费者要参与服务的生产过程；其三，其他消费者也要参与服务的生产和消费过程；③差异性，服务质量的好坏取决于服务的提供者和提供服务的具体场景，另外服务的消费者在服务提供

的过程中也发挥着重要作用，所以服务很难实现标准化；④不可存储性，人们无法把服务储存起来供将来销售或者使用。

参考答案

（48）C

试题（49）

企业管理信息系统是具有网络营销功能的电子商务系统的基础，在企业管理信息系统内部不同组织层次中，__(49)__ 系统负责支持日常管理人员对基本活动和交易进行跟踪和记录。

（49）A．操作层　　　　　　　　B．知识层
　　　 C．管理层　　　　　　　　D．策略层

试题（49）分析

本题考查企业管理信息系统内部组织层次的构成。

一个功能完整的具有网络营销功能的电子商务系统，它的基础是企业内部信息化，即企业的内部管理信息系统。企业管理信息系统最基本的系统软件是数据库管理系统 DBMS（Database Management System），它负责收集、整理和存储与企业经营相关的一切数据资料。

企业管理信息系统组织内部组织层次分为：操作层、知识层、管理层和策略层系统。操作层管理系统支持日常管理人员对基本活动和交易进行跟踪和记录；知识层系统用来支持知识和数据工作人员进行工作，帮助公司整理和提炼有用信息和知识，供上级进行管理和决策使用，解决的主要是结构化问题；管理层系统设计用来为中层经理的监督、控制、决策以及管理活动提供服务，主要解决半结构化问题；策略层系统主要是根据外部环境和企业内部制订和规划长期发展方向。

参考答案

（49）A

试题（50）

以下不属于网络营销职能的是__(50)__。

（50）A．物流配送　　　B．信息发布　　　C．网上调研　　　D．顾客服务

试题（50）分析

本题考查物流营销的基本职能。

网络营销的职能主要表现为：信息发布、网上调研、销售促进、网站推广、顾客服务、品牌建设、网上销售和顾客关系等八个方面。发生在电子交易过程中的网上支付和交易之后的商品配送等问题并不是网络营销所包含的内容。

参考答案

（50）A

试题（51）

以下属于网络品牌运用策略的是__(51)__。

（51）A．使用现有品牌　　　　　　B．创立新品牌
　　　 C．联合品牌　　　　　　　　D．创建网上用户社区

试题（51）分析

本题考查网络营销品牌策略的基础知识。

网络营销品牌策略包括网络品牌创造策略和网络品牌运用策略。其中网络品牌运用策略包括以下三种：①要做出网上的品牌承诺。优秀的品牌之所以优秀，是因为其提出并遵守了一系列消费者可以理解并信任的承诺；②要做到通过网络品牌给顾客带来娱乐。传统品牌的企业可以通过网上娱乐帮助它们进行品牌定位。此外，还可以提供直接与目标消费者交流的环境，来增加销售；③需要创立兴趣社区。

参考答案

（51）D

试题（52）

在互联网上利用用户口碑快速传播信息的方式被称为 __(52)__ 。

（52）A．即时信息　　　　　　　B．社会化营销
　　　C．病毒性营销　　　　　　D．群发信息

试题（52）分析

本题考查病毒性营销的基本概念。

病毒性营销是一种常用的网络营销方法，常用于进行网站推广、品牌推广等。病毒性营销利用的是用户口碑传播原理，在互联网上，这种"口碑传播"更为方便，可以像病毒一样迅速蔓延，因此病毒性营销成为一种高效的信息传播方式。

参考答案

（52）C

试题（53）

企业开展搜索引擎营销的最高层次目标是 __(53)__ 。

（53）A．企业网站/网页被搜索引擎收录
　　　B．企业信息在搜索结果中排名靠前
　　　C．增加用户的点击率
　　　D．将浏览者转化为顾客

试题（53）分析

本题考查搜索引擎营销的基础知识。

一般认为，搜索引擎营销主要目标有两个层次：被搜索引擎收录和在搜索结果中排名靠前。从实际情况来看，仅仅达到这两个层次的目标还很不够，因为取得这样的效果实际上并不一定能增加用户的点击率，更不能保证将访问者转化为顾客或者潜在的顾客，因此搜索引擎营销目标包括四个层次：被搜索引擎收录；在搜索结果中排名靠前；增加用户的点击（点进）率；将浏览者转化为顾客。在这四个层次中，前三个可以理解为搜索引擎营销的过程目标，而只有将浏览者转化为顾客才是最终目的或最高层次目标。

参考答案

（53）D

试题（54）

企业实施微博营销首先应 __(54)__ 。

(54) A. 规划微博营销　　　　　　B. 注册专属的企业微博
　　　C. 寻找消费者，建立粉丝群　　D. 投放广告和搜索工具

试题（54）分析

本题考查实施微博营销的步骤。

首先，应做好准备工作，具体包括：①规划微博营销；②注册专属的企业微博；③寻找消费者，建立粉丝群；④投放广告和搜索工具；⑤开展有奖、打折等促销活动；⑥利用微博开展售后服务，帮助用户解决问题，增进与用户的情感，提高用户的忠诚度。

其次，实现和用户的互动和沟通：①信息发布；②反馈与交流。

参考答案

(54) A

试题（55）

设计 E-mail 营销内容时，__(55)__ 直接影响 E-mail 营销的开信率，同时也体现了 E-mail 营销的专业水平。

(55) A. 发件人　　B. 邮件主题　　C. 邮件正文　　D. 附加信息

试题（55）分析

本题考查 E-mail 营销内容设计的基础知识。

在选择了合适的专业 E-mail 营销服务商，以及确定了目标用户之后，就需要针对营销目的进行 E-mail 内容的设计。E-mail 的内容设计需包括发件人、邮件主题、邮件正文、附加信息等基本要素。

邮件主题和邮件正文是 E-mail 营销的核心，因此邮件主题一定要明确。邮件主题直接影响 E-mail 营销的开信率，同时也体现了 E-mail 活动的专业水平，邮件主题的设计是 E-mail 营销内容设计中的重要工作。

而发件人和附加信息对用户是否信任广告内容起到重要的辅助作用。发件人信息表明该广告邮件来自何处。广告客户委托专业服务商发送邮件，那么发件人应该明确是广告客户还是代理商，因为不同的发件人对用户的信任程度有很大影响。一般来说，如果广告客户的知名度本身已经很高，以客户自己的名字来发送 E-mail，效果会更好一些。如果发件人不明确，则直接导致邮件不能回复，或者回复的地址是与广告客户和服务商完全没关系的地址。

参考答案

(55) B

试题（56）

一般采用 __(56)__ 语言编写.NET 项目的配置文件。

(56) A. VB　　　B. C#　　　C. XML　　　D. HTML

试题（56）分析

本题考查.NET 项目的基础配置。

采用 VS.NET 平台一般可以开发控制台应用程序、窗体应用程序及 Web 应用程序等项

目，一般将项目的公共配置信息写在一个配置文件中，这些配置文件一般都是采用 XML 语言编写的。

参考答案

（56）C

试题（57）

常见的 JavaEE 框架中，不包括__(57)__。

（57）A．Struts2.x   B．Spring   C．Hibernate   D．MVC

试题（57）分析

本题考查.NET 项目的基础配置。

Java 中常用的三大框架为 SSH，即 Spring、Struts、Hibernate。

Spring：轻量级的 J2EE 应用程序开源框架。它是为了解决企业应用开发的复杂性而创建的。Spring 使用基本的 JavaBean 来完成以前只可能由 EJB 完成的事情。并且 Spring 的用途不仅限于服务器端的开发。从简单性、可测试性和松耦合的角度而言，任何 Java 应用都可以从 Spring 中受益。

Struts：功能强大的 MVC 架构，Struts 提供了一种创建 Web 应用程序的框架，对应用程序的显示、表示和数据的后台代码进行了抽象。

Hibernate：强大的 ORM 工具，将数据库记录转化为 Java 的实体实例，再保存到数据库中。

MVC（Model View Controller）是模型（model）－视图（view）－控制器（controller）的缩写，一种软件设计典范，用一种业务逻辑、数据、界面显示分离的方法组织代码，将业务逻辑聚集到一个部件里面，在改进和个性化定制界面及用户交互的同时，不需要重新编写业务逻辑。

参考答案

（57）D

试题（58）

要将 div 的外边距设置为："上边距：10px；下边距：10px；左边距：40px；右边距：40px"，正确的 CSS 语句是__(58)__。

（58）A．margin:10px 10px 40px 10px   B．padding: 10px 40px 10px 40px
　　　C．margin:10px 40px   　　　　　D．margin-top:20px 30px 40px 50px

试题（58）分析

本题考查 CSS 中盒子模型的基本知识。

margin：设置所有外边距属性，该属性可以有 1~4 个值。

①包含 4 个值的情况如：margin:10px 5px 15px 20px；分别代表上外边距是 10px，右外边距是 5px，下外边距是 15px，左外边距是 20px。

②包含 3 个值的情况如：margin:10px 5px 15px；分别代表上外边距是 10px，右外边距和左外边距是 5px，下外边距是 15px。

③包含 2 个值的情况如：margin:10px 5px；分别代表上外边距和下外边距是 10px，右外

边距和左外边距是 5px。
④包含 1 个值的情况，如：margin:10px；代表所有 4 个外边距都是 10px。

参考答案
（58）C

试题（59）
在 HTML 页面中需要创建一个图像链接，图像文件名为 education.jpg，且与网页文件位于同一目录，目标网址为 http://www.moe.gov.cn，则创建该图像链接正确的 HTML 代码是___(59)___。

(59) A. `<a href="http://www.moe.gov.cn ">education.jpg</a>`
　　　B. `<a href="http://www.moe.gov.cn "><img src="education.jpg"></img >`
　　　C. `<img src="education.jpg"><a href="http://www.moe.gov.cn "></a>`
　　　D. `<a href="http://www.moe.gov.cn "><img src="education.jpg"></a>`

试题（59）分析
本题考查 HTML 超级链接标记的基本用法。
HTML 超级链接标记的基本格式如下：

`<a href="网址、链接地址" target="目标" title="说明">被链接内容</a>`

根据题意，被链接内容为图像，HTML 图像标记的基本格式如下：

`<img src ="路径/文件名.图片格式" width ="属性值" height ="属性值" border="属性值" alt="属性值">`

根据题意，创建该图像链接正确的 HTML 代码是：

`<a href="http://www.moe.gov.cn " ><img src="education.jpg"></a>`

参考答案
（59）D

试题（60）
在 HTML 页面中需要链入外部样式表，样式表文件名 mystyle.css，且与网页文件位于同一目录，则正确链入该样式表的代码是___(60)___。

(60) A. `<script type="text/css" src="mystyle.css" >`
　　　B. `<link type="text/css" rel="stylesheet" href="mystyle.css">`
　　　C. `<link type="text/css" rel="stylesheet" src=" mystyle.css">`
　　　D. `@import url("mystyle.css");`

试题（60）分析
本题考查 HTML 页面中链入外部 CSS 文件的用法。
链入外部 CSS 文件应在 HTML 页面 head 区域添如下格式代码：

`<link type="text/css" rel="stylesheet" href="css 所在路径" />`

根据题意，正确链入题目要求样式表的代码是：

```
<link type="text/css" rel="stylesheet" href="mystyle.css">
```

参考答案

（60）B

试题（61）

在 JavaScript 中要改变页面文档的背景色，需要修改 document 对象的 __(61)__ 属性。

（61）A．BackColor　　B．BackgroundColor　　C．BgColor　　D．Background

试题（61）分析

本题考查 JavaScript 中 document 对象的使用方法。

JavaScript 中 document 对象常用的方法和属性如下：

对象属性：

```
document.title              //设置文档标题等价于 HTML 的<title>标签
document.bgColor            //设置页面背景色
document.fgColor            //设置前景色(文本颜色)
document.linkColor          //未单击过的链接颜色
document.alinkColor         //激活链接(焦点在此链接上)的颜色
document.vlinkColor         //已单击过的链接颜色
document.URL                //设置 URL 属性从而在同一窗口打开另一网页
document.fileCreatedDate    //文件建立日期，只读属性
document.fileModifiedDate   //文件修改日期，只读属性
document.fileSize           //文件大小，只读属性
document.cookie             //设置和读出 cookie
document.charset            //设置字符集简体中文:gb2312
```

常用对象方法：

```
document.write()                        //动态向页面写入内容
document.createElement(Tag)             //创建一个 html 标签对象
document.getElementById(ID)             //获得指定 ID 值的对象
document.getElementsByName(Name)        //获得指定 Name 值的对象
```

参考答案

（61）C

试题（62）

在 HTML 页面中包含图片<img id="mypic" src="mypic.jpg">，假设图片地址正确，则实现隐藏该图片功能的代码是　__(62)__　。

（62）A．document.getElementById("mypic ").style.display="visible"

　　　　B．document.getElementById("mypic ").style.display="disvisible"

　　　　C．document.getElementById("mypic ").style.display="block"

　　　　D．document.getElementById("mypic ").style.display="none"

试题（62）分析

本题考查 JavaScript 中 DOM 的基本知识。

Object.style.display 属性设置元素如何显示，其常见属性值有：

①None：此元素不会被显示。

②Block：此元素将显示为块级元素，此元素前后会带有换行符。

③Inline：默认。此元素会被显示为内联元素，元素前后没有换行符。

参考答案

（62）D

试题（63）

常见电子商务网站构件中，可以将网站信息发布给用户的是__(63)__。

（63）A．目录服务器　　　　　　　B．邮件和消息服务器
　　　C．安全服务器　　　　　　　D．网站服务器

试题（63）分析

本题考查常见电子商务网站构件。

在常见电子商务网站构件中有以下服务器：

①目录服务器，主要用来管理防火墙内外的用户、资源和控制安全权限，同时为用户的通信和电子商务交易提供通道。

②邮件和消息服务器，为企业员工、合作伙伴和客户提供商业级的通信架构。

③安全服务器。为了保证电子商务系统的数据安全、应用安全和交易安全。

④网站服务器。主要是为了把网站的信息发布给用户。

参考答案

（63）D

试题（64）

共享单车是一个典型的"物联网+云计算+互联网"应用，应用中的数据主要包括单车数据和用户数据，这些数据属于__(64)__。

（64）A．IaaS　　　　B．PaaS　　　　C．SaaS　　　　D．SOA

试题（64）分析

本题考查云计算的体系结构。

云计算一般包括三个层次，分别是基础设施即服务（IaaS）、平台即服务（PaaS）和软件即服务（SaaS）。

①IaaS 服务最主要的表现形式是存储服务和计算服务，主要服务商如亚马逊、Rackspace、Dropbox 等公司。

②PaaS 服务提供的是供用户实施开发的平台环境和能力，包括开发测试、能力调用、部署运行等，提供商包括微软、谷歌等。

③SaaS 服务提供实时运行软件的在线服务，服务种类多样、形式丰富，常见的应用包括客户关系管理（CRM）、社交网络、电子邮件、办公软件、OA 系统等，服务商有 Salesforce、GigaVox、谷歌等。

参考答案

（64）A

试题（65）

智慧交通是一种典型的大数据技术应用，实时道路交通情况查看功能最能体现大数据的__(65)__特征。

(65) A．数据量巨大　　　　　　　　B．数据类型繁多
　　 C．价值密度低　　　　　　　　D．时效性高

试题（65）分析

本题考查大数据的特征。

通常用 Volume、Variety、Value、Velocity 这 4 个 V 来概括大数据的特点：

①数据体量巨大（Volume）。

②数据类型繁多（Variety）：数据可分为结构化数据、半结构化数据和非结构化数据。相对于以往便于存储的以文本为主的结构化数据，音频、视频、图片、地理位置信息等类型的非结构化数据量占比达到了 80%左右，并在逐步提升，有用信息的提取难度不断增大。

③价值密度低（Value）：价值密度的高低与数据总量的大小成反比。以视频为例，一部 1 小时的视频，在连续不间断监控过程中，可能有用的数据仅仅只有一两秒。

④时效性高（Velocity）：这是大数据区分于传统数据挖掘最显著的特征。数据的价值除了与数据规模相关，还与数据处理周期成正比关系。也就是，数据处理的速度越快、越及时，其价值越大，发挥的效能越大。

参考答案

（65）D

试题（66）

电子商务主体有权决定是否交易、和谁交易以及如何交易，任何单位和个人利用强迫、利诱等手段进行违背当事人真实意原的交易活动都是无效的，这体现了电子商务立法遵循的__(66)__。

(66) A．保护消费者正当权益的原则　　B．交易自治原则
　　 C．证据平等原则　　　　　　　　D．中立原则

试题（66）分析

本题考查电子商务立法的基本原则。

在制定各类电子商务法律过程中，应遵循以下原则：

①交易自治原则：电子商务主体有权决定自己是否交易、和谁交易以及如何交易，任何单位和个人利用强迫、利诱等手段进行违背当事人真实意思的交易活动都是无效的。

②证据平等原则：电子签名和电子文件应当与书面签名和书面文件具有同等的法律地位。

③中立原则：电子商务法的基本目标是要在电子商务活动中建立公平的交易规则，这是商法的交易安全原则在电子商务法上的必然反映。而要达到交易参与各方利益的平衡，实现公平的目标，就有必要做到以下几点：技术中立、媒介中立、实施中立和同等保护。

④保护消费者正当权益的原则。

⑤安全性原则：电子商务必须以安全为前提，它不仅需要技术上的安全措施，也离不开法律上的安全规范。

参考答案

（66）B

试题（67）

根据电子签名法对数据电文接收时间、地点的规定，以下说法不正确的是__（67）__。

（67）A．数据电文进入收件人指定特定接收系统的时间为接收时间

　　　B．数据电文最后一次进入收件人任意系统的时间为接收时间

　　　C．一般情况下，数据电文应以收件人的主营业地为接收地点

　　　D．没有主营业地的，数据电文则以常居住地为接收地点

试题（67）分析

本题考查我国电子签名法的内容。

我国电子签名法对数据电文发送和收到的时间、地点进行了明确规定。

①数据电文发送和收到时间：数据电文进入发件人控制之外的某个信息系统的时间，视为该数据电文的发送时间。数据电文进入收件人指定特定接收系统的时间，视为该数据电文的接收时间；未指定特定系统的，数据电文进入收件人的任何系统的首次时间，视为该数据电文的接收时间。

②数据电文发送和接收地点：一般情况下，除非发件人与收件人另有协议，数据电文应以发件人的主营业地为数据电文发送地点，收件人的主营业地为数据电文接收地点。没有主营业地的，则以其常居住地为发送或接收地点。数据电文发送和接收地点对于确定合同成立的地点和法院管辖、法律适用具有重要意义。

参考答案

（67）B

试题（68）

设计电子商务网站第一步要完成的工作是__（68）__。

（68）A．建立网站原型　　　　　B．设计网站内容

　　　C．设计网站功能　　　　　D．网站需求分析

试题（68）分析

本题考查设计电子商务网站的工作内容和过程。

在设计网站之前，必须先搞清楚网站建设的目的，即首先要对网站设计的需求进行分析。通过需求分析确定对目标系统的综合要求，并提出这些需求的实现条件，以及需求应达到的标准，也就是解决要求所设计的网站做什么，做到什么程度。其次才是对功能、内容、页面等进行设计。

参考答案

（68）D

试题（69）

在采用结构化方法进行系统分析时，根据分解与抽象的原则，按照系统中数据处理的流程，用__(69)__来建立系统的逻辑模型，从而完成分析工作。

(69) A．E-R 图　　　　　　　　　B．数据流图
　　　C．程序流程图　　　　　　 D．软件体系结构图

试题（69）分析

本题考查结构化分析方法中图形工具的作用。

结构化方法（Structured Approach）也称新生命周期法，是生命周期法的继承与发展。结构化设计方法给出一组帮助设计人员在模块层次上区分设计质量的原理与技术。它通常与结构化分析方法衔接起来使用，以数据流图为基础得到软件的模块结构。数据流图摆脱系统的物理内容，在逻辑上描述系统的功能、输入、输出和数据存储等，是系统逻辑模型的重要组成部分。

参考答案

(69) B

试题（70）

关键成功因素法（CSF）包含 4 个步骤：①识别关键成功因素；②了解企业目标；③识别测量性能的数据；④识别性能指标和标准。其正确的顺序为__(70)__。

(70) A．①②③④　　　B．①④②③　　　C．②①④③　　　D．②④③①

试题（70）分析

本题考查电子商务系统规划方法中关键成功因素法的基础知识。

关键成功因素法源自企业目标，通过目标分解和识别、关键成功因素识别、性能指标识别，一直到产生数据字典。

关键成功因素法包含以下四个步骤：①了解企业目标；②识别关键成功因素；③识别性能的指标和标准；④识别测量性能的数据。

参考答案

(70) C

试题（71）～（75）

Many people view the term "electronic commerce" (or e-commerce) as shopping on the part of the Internet called the__(71)__. However, electronic commerce also covers many other activities, such as businesses trading with other businesses and internal processes that companies use to support the buying, selling, hiring, planning and other activities. Some people use the term electronic business (or e-business) when they are talking about electronic commerce in this broader sense. For example, IBM defines electronic business as "the transformation of key business processes through the use of Internet technologies." Most people use the terms "electronic commerce" and "__(72)__" interchangeably. Herein, the term electronic commerce is used in its broadest sense and includes all business activities using__(73)__.

Some people categorize electronic commerce by types of entities participating in the transactions or business processes. The five general electronic commerce categories are business-to-consumer, business-to-business, business processes, consumer-to-consumer, and business-to-government, among which the following three are most commonly used:

(1) Consumer shopping on the Web, often called business-to-consumer (or B2C)

(2) Transactions conducted between businesses on the Web, often called business-to-business (or B2B)

(3) Transactions and __(74)__ in which companies, governments, and other organizations use Internet technologies to support selling and purchasing activities.

To understand these categories better, consider a company that manufactures stereo speakers. The company might sell its finished product to consumers on the Web, which would be B2C electronic commerce. It might also purchase the materials it uses to make the speakers from other companies on the Web, which would be B2B electronic commerce. Businesses often have entire departments devoted to negotiating purchase transactions with their suppliers. These departments are usually named supply management or procurement. Thus, B2B electronic commerce is sometimes called __(75)__.

(71) A. World Wide Web   B. Web page
　　　 C. Internet   D. Intranet
(72) A. electronic wallet   B. e-procurement
　　　 C. electronic business D. e-shopping
(73) A. Internettechnologies B. GPS
　　　 C. Online banking   D. EDI
(74) A. business-to-business B. business processes
　　　 C. consumer-to-consumer D. business-to-government
(75) A. e-cash   B. e-procurement
　　　 C. e-business   D. e-commerce

参考译文

许多人把"电子商务"（e-商务）这个术语视为互联网的一部分，称之为万维网（Web）。然而，电子商务也涵盖了许多其他活动，如与其他企业交易的企业和公司用来支持购买、销售、招聘、计划和其他活动的过程。有些人使用电子商务（或 EB）这个术语时，他们谈论电子商务在这个更广泛的意义上。例如，IBM 将电子商务定义为"通过使用互联网技术进行关键业务流程的转换"，大多数人可以互换术语"电子商务"和"电子商业"。这里，术语"电子商务"在其最广泛的意义上使用，并且包括使用互联网技术的所有商业活动。

有时候人们通过参与交易或业务流程的实体来分类电子商务。一般分为五种，分别是企业对消费者、企业对企业、业务流程、消费者对消费者和企业到政府，其中以下三种最常见：

（1）消费者在网上购物，通常被称为企业对消费者（或 B2C）。

（2）网络上的企业之间的交易，通常称为企业对企业（或 B2B）。

（3）公司、政府和其他组织利用互联网技术支持销售和购买活动的交易和业务流程。

为了更好地理解这些模式，以一家生产立体声扬声器的电子商务公司为例来说明。该公司可能将其最终产品销售给网络上的消费者，这将是 B2C 电子商务。它还可以购买它用来制造来自其他公司的扬声器的材料，这将是 B2B 电子商务。企业通常有整个部门致力于与供应商谈判购买交易。这些部门通常被称为供应管理或采购。因此，B2B 电子商务有时被称为电子采购。

参考答案

（71）A （72）C （73）A （74）B （75）B

第6章 2018下半年电子商务设计师下午试题分析与解答

试题一（共 15 分）

阅读下列说明和图，回答问题 1 至问题 4，将解答填入答题纸的对应栏内。

【说明】

某房产中介连锁企业欲开发一个基于 Web 的房屋中介信息系统，以有效管理房源和客户，提高成交率。该系统的主要功能是：

1. 房源采集与管理。系统自动采集外部网站的潜在房源信息，保存为潜在房源。由经纪人联系确认的潜在房源变为房源，并添加出售/出租房源的客户。由经纪人或客户登记的出售/出租房源，系统将其保存为房源。房源信息包括基本情况、配套设施、交易类型、委托方式、业主等。经纪人可以对房源进行更新等管理操作。

2. 客户管理。求租/求购客户进行注册、更新，推送客户需求给经纪人，或由经纪人对求租/求购客户进行登记、更新。客户信息包括身份证号、姓名、手机号、需求情况、委托方式等。

3. 房源推荐。根据客户的需求情况（求购/求租需求情况以及出售/出租房源信息），向已登录的客户推荐房源。

4. 交易管理。经纪人对租售客户双方进行交易信息管理，包括订单提交和取消，设置收取中介费比例。财务人员收取中介费之后，表示该订单已完成，系统更新订单状态和房源状态，向客户和经纪人发送交易反馈。

5. 信息查询。客户根据自身查询需求查询房屋供需信息。

现采用结构化方法对房屋中介信息系统进行分析与设计，获得如图 1-1 所示的上下文数据流图和图 1-2 所示的 0 层数据流图。

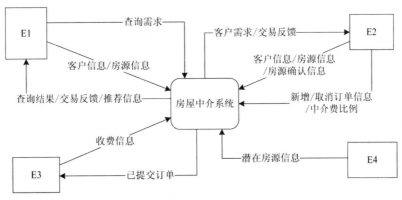

图 1-1 上下文数据流图

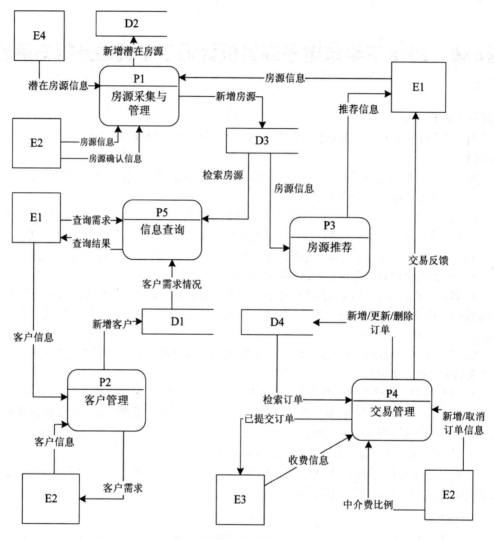

图 1-2　0 层数据流图

【问题 1】（4 分）

　　使用说明中的词语，给出图 1-1 中的实体 E1~E4 的名称。

【问题 2】（4 分）

　　使用说明中的词语，给出图 1-2 中的数据存储 D1~D4 的名称。

【问题 3】（3 分）

　　根据说明和图中术语，补充图 1-2 中缺失的数据流及其起点和终点。

【问题 4】（4 分）

　　根据说明中术语，给出图 1-1 中数据流"客户信息""房源信息"的组成。

试题一分析

本题考查采用结构化方法进行软件系统的分析与设计,主要考查利用数据流图(DFD)进行需求分析和建模。DFD 是面向数据流建模的工具,它将系统建模成输入、加工(处理)、输出的模型,即流入软件的数据对象、经由加工的转换、最后以结果数据对象的形式流出软件,并采用自顶向下分层建模进行逐层细化。

顶层 DFD(上下文数据流图)建模用于确定系统边界以及系统的输入输出数据,待开发软件系统被看作一个加工,为系统提供输入数据以及接收系统输出数据的是外部实体,外部实体和加工之间的输入输出即数据流。数据流或者由具体的数据属性(也称为数据结构)构成,或者由其他数据流构成,即组合数据流,用于在高层数据流图中组合相似的数据流。将上下文 DFD 中的加工分解成多个加工,分别识别这些加工的输入数据流以及经过加工变换后的输出数据流,建模 0 层 DFD。根据 0 层 DFD 中加工的复杂程度进一步建模加工的内容。根据需求情况可以将数据存储建模在不同层次的 DFD 中。

在建模分层 DFD 时,需要注意加工和数据流的正确使用,一个加工必须既有输入又有输出;数据流须和加工相关,即数据流至少有一头为加工。注意要在绘制下层数据流图时保持父图与子图平衡,即父图中某加工的输入输出数据流必须与其子图的输入输出数据流在数量和名字上相同,或者父图中的一个输入(或输出)数据流对应于子图中几个输入(或输出)数据流的组合数据流。

题目题干描述清晰,易于分析,要求考生细心分析题目中所描述的内容。

【问题 1】

本问题考查上下文 DFD,要求确定外部实体。在上下文 DFD 中,待开发系统名称"房屋中介系统"作为唯一加工的名称,为这一加工提供输入数据流或者接收其输出数据流的外部实体,涉及到外部网站、经纪人、客户和财务人员,再根据描述相关信息进行对应,对照图 1-1,即可确定 E1 为"客户"实体,E2 为"经纪人"实体,E3 为"财务人员"实体,E4 为"外部网站"。

【问题 2】

本问题要求确定图 1-2 0 层数据流图中的数据存储。重点分析说明中与数据存储有关的描述。说明 1 中"系统自动采集外部网站的潜在房源信息,保存为潜在房源",可知加工"房源采集与管理"向存储中写入新的潜在房源信息,由此可知 D2 为"潜在房源";再由说明 1 中"由经纪人联系确认的潜在房源变为房源"等信息,可知此加工需要向存储中写入新房源信息,由此可知 D3 为"房源"。说明 2 中"求租/求购客户进行注册"和"或由经纪人对求租/求购客户进行登记"可知加工"客户管理"向 D1 中添加新客户信息,由此可知 D1 为"客户"。说明 4 中交易管理"经纪人对租售客户双方进行交易信息管理,包括订单提交和取消""系统更新订单状态"等,可知 D4 为"订单"。

【问题 3】

本问题要求补充缺失的数据流及其起点和终点。对照图 1-1 和图 1-2 的输入、输出数据流,缺少了从加工到外部实体 E2(经纪人)的数据流——"交易反馈",说明 4 中,交易管理需"向客户和经纪人发送交易反馈",可以此数据流起点为 P4(交易反馈),终点为 E2。

再考查题干中的说明判定是否缺失内部的数据流，不难发现图 1-2 中缺失的数据流。根据说明 1 的描述"系统自动采集外部网站的潜在房源信息，保存为潜在房源。由经纪人联系确认的潜在房源变为房源"可知加工房源采集与管理（P1）从潜在房源（D2）读取数据进行确认，说明 3 "根据客户的需求情况向已登录的客户推荐房源"可知加工房源推荐（P3）从存储客户（D1）获取"需求情况"，说明 4 中"系统更新订单状态和房源状态"可知交易管理（P4）需更新房源（D3）的状态。

【问题 4】

数据流由具体的数据属性构成采用符号加以表示，"="表示组成（被定义为），"+"表示有多个属性（与），{}表示其中属性出现多次，()表示其中属性可选等。图 1-1 中的"客户信息"和"房源信息"来自于 E1 客户或 E2 经纪人。在说明 1 中给出"房源信息包括基本情况、配套设施、交易类型、委托方式、业主等"，说明 2 中给出"客户信息包括身份证号、姓名、手机号、需求情况、委托方式等"，即采用"="和"+"将数据流及其属性表示出来。

参考答案

【问题 1】

  E1：客户

  E2：经纪人

  E3：财务人员

  E4：外部网站

【问题 2】

  D1：客户

  D2：潜在房源

  D3：房源

  D4：订单

  （注：名称后面可以带有"文件"或"表"）

【问题 3】

数据流	起点	终点
检索潜在房源或潜在房源	D2 或潜在房源	P1 或房源采集与管理
客户需求情况	D1 或客户	P3 或房源推荐
交易反馈	P4 或交易管理	E2 或经纪人
房源状态	P4 或交易管理	D3 或房源

（注：数据流没有顺序要求）

【问题 4】

  客户信息=身份证号+姓名+手机号+需求情况+委托方式

  房源信息=基本情况+配套设施+交易类型+委托方式+业主

试题二（共 15 分）

阅读以下说明，回答问题 1 至问题 3，将解答填入答题纸的对应栏内。

【说明】

某公司要开发一套网络共享（租用）平台，主要包括移动端 APP 和管理员服务端程序，其中管理员服务端程序采用 ASP.NET+SQL Server 技术，前端页面采用 HTML+CSS+JavaScript 技术，主要包括管理员登录、租借记录管理、用户管理、物品管理、用户计费管理、异常情况处理等功能。项目团队某成员被分配设计实现管理员登录及异常情况查看功能部分。

【问题 1】（5 分）

为了防止人为对网站的恶意攻击（程序暴力破解方式进行不断的登录、灌水等），可采用 JavaScript 验证码技术，验证码是将一串随机产生的数字或符号生成一个不能复制的网页元素（图片、按钮等），并加入一些干扰因素防止 OCR。假设在页面加载时就要生成验证码，且验证码长度为 4 位，验证码由数字及字母组成，生成验证码的网页元素是一个 ID 为 "myCheck" 的 Button。根据题目描述，完成以下程序。

```
var validateCode ;
window. (1) = function createValidate(){
validateCode = "";
var codeLength = (2) ;
varvalidateElement = document.getElementById(" (3) ");
varcharacters=newArray(0,1,2,3,4,5,6,7,8,9,'A','B','C','D','E','F',
'G','H','I','J','K','L','M','N','O','P','Q','R','S','T','U','V','W','X',
'Y','Z');
for(var i = 0; i < (4) ; i++) {
var index = Math.floor(Math.random()*36);
validateCode += characters[ (5) ];
}
validateElement.value = validateCode;
}
```

【问题 2】（4 分）

在 ASP.NET 连接 SQL Server 数据库时，一般是要将连接字符串写到项目的 Web.config 文件中。假设要连接的 SQL Server 数据库服务器 IP 地址为 "192.168.2.41"，服务器的身份认证采用 SQL Server 与 Windows 混合验证模式，数据库名为 "RentDB"，数据库的登录用户名为 "sa"，密码为 "@11233",在 Web.config 文件的<configuration>标记中设置数据库连接程序。根据题目描述，完成以下程序。

```
< (6) >
<addname="sqlconstr" (7) ="server= (8) ;database= (9) ;UID=sa;PWD=@11233" />
</ (6) >
```

【问题 3】（6 分）

以下程序实现用户异常情况查看，通过问题 2 的配置文件获取连接字符串，数据库中用户表（users）、租用记录表（rents）结构如表 2-1、表 2-2 所示。用户异常情况查看页面中包括用户名文本框（ID 为 txtusername）、数据绑定控件 GridView（ID 为 gvRents）等。为了显示效果直观，给每个字段设置对应的中文别名，通过 users 和 rents 表联合查询（根据 userid 字段关联），查询的用户名由页面文本框输入，异常情况指 rents 表中 rentStatus 属性值为"异常"的记录，采用 SQL 参数化方式实现数据库查询。根据题目描述，完成以下程序。

表 2-1　users 表结构

字段名	数据类型	说明
userid	nchar（20）	用户编号，主键
userName	nchar（20）	姓名
sex	char（10）	性别
birthday	smalldatetime	生日
phone	char（20）	手机号

表 2-2　rents 表结构

字段名	数据类型	说明
rentid	nchar（20）	租用编号，主键
userid	nchar（20）	用户编号，外键
goodsid	nchar（20）	物品编号，外键
beginTime	datetime	起始时间
endTime	datetime	结束时间
expenses	float	费用
rentStatus	nchar（10）	状态

```
public void BindData()
{
String constr=ConfigurationManager.ConnectionStrings["  (10)  "].ConnectionString;
    SqlConnectioncon = newSqlConnection(constr);
    StringBuilder sql = new StringBuilder();
    sql.Append("select userName 用户名,goodsID 物品编号,begintime 起始时间, endtime 结束时间,  (11)  费用, rentStatus 状态 from rents ");
    sql.Append(" INNER JOIN   (12)   ON rents.userid = users.userid where rentStatus='  (13)  ' ");
    SqlDataAdapter da = new SqlDataAdapter(sql.ToString(), con);
    if (this.txtusername.Text != "")
    {
    sql.Append(" and username=@username");
    SqlParameter p = new SqlParameter("  (14)  ", this.txtusername.Text);
    da = new SqlDataAdapter(sql.ToString(), con);
    da.SelectCommand.Parameters.Add(p);
    }
    DataSet ds = new DataSet();
    da.Fill(ds);
```

```
    this.gvRents. (15)  = ds.Tables[0];
    this.gvRents.DataBind();
   }
```

试题二分析

本题考查 JavaScript 实现验证码及 ASP.NET 连接访问数据库技术。

【问题 1】

根据题意，需要在页面加载时就要生成验证码，可以通过 JavaScript 中 window 对象的 onload 事件调用生成验证码的函数实现。另外，题目中描述验证码长度为 4 位，验证码由数字及字母组成，生成验证码的网页元素是一个 ID 为 "myCheck" 的 Button。

完整的程序代码如下：

```
var validateCode;
window.onload = function createValidate(){
validateCode = "";
var codeLength = 4;
varvalidateElement = document.getElementById("myCheck ");
varcharacters=newArray(0,1,2,3,4,5,6,7,8,9,'A','B','C','D','E','F','G',
'H','I','J','K','L','M','N','O','P','Q','R','S','T','U','V','W','X','Y',
'Z');
for(var i = 0; i < codeLength; i++) {
var index = Math.floor(Math.random()*36);
validateCode += characters[index];
}
validateElement.value = validateCode;
}
```

【问题 2】

在 ASP.NET 项目中，一般将项目的公共配置信息写到 Web.config 文件中以便项目各处使用，常见的数据库连接字符串就写在 Web.config 文件中。根据题意，数据库服务器 IP 地址为 "192.168.2.41"，服务器的身份认证采用 SQL Server 与 Windows 混合验证模式，数据库名为 "RentDB"，数据库的登录用户名为 "sa"，密码为 "@11233"，在 Web.config 配置文件中编写连接字符串的程序如下：

```
<connectionStrings>
    <add name="sqlconstr" connectionString ="server=192.168.2.41;database=
RentDB;UID=sa;PWD=@11233" />
</connectionStrings>
```

【问题 3】

根据题意，Web.config 配置文件中连接字符串名为 "sqlconstr"，SQL 查询语句中字段别名可以根据数据表对应找到，异常情况指 rents 表中 rentStatus 属性值为 "异常" 的记录，通过 users 和 rents 表联合查询（根据 userid 字段关联）。用户异常情况查看页面中包括用户名文本框（ID 为 txtusername）、数据绑定控件 GridView（ID 为 gvRents）等，查询的用户名由页面文本框输入，并通过 SQL 参数化方式将输入的用户名传入 SQL 实现数据库查询。

完整的程序代码如下：

```
public void BindData()
{
    string constr = ConfigurationManager.ConnectionStrings["sqlconstr"].ConnectionString;
    SqlConnection con = new SqlConnection(constr);
    StringBuilder sql = new StringBuilder();
    sql.Append("select userName 用户名,goodsID 物品编号,begintime 起始时间, endtime 结束时间, expenses 费用, rentStatus 状态 from rents ");
    sql.Append(" INNER JOIN users ON rents.userid = users.userid where rentStatus='异常' ");
    SqlDataAdapter da = new SqlDataAdapter(sql.ToString(), con);
    if (this.txtusername.Text != "")
    {
        sql.Append(" and username=@username");
        SqlParameter p = new SqlParameter("@username ", this.txtusername.Text);
        da = new SqlDataAdapter(sql.ToString(), con);
        da.SelectCommand.Parameters.Add(p);
    }
    DataSet ds = new DataSet();
    da.Fill(ds);
    this.gvRents. DataSource = ds.Tables[0];
    this.gvRents.DataBind();
}
```

参考答案

【问题 1】

（1）onload

（2）4

（3）myCheck

（4）codeLength 或 4

（5）index

【问题 2】

（6）connectionStrings

（7）connectionString

（8）192.168.2.41

（9）RentDB

【问题 3】

（10）sqlconstr

(11) expenses
(12) users
(13) 异常
(14) @username
(15) DataSource

试题三（共 15 分）

阅读以下说明，回答问题 1 至问题 4，将解答填入答题纸的对应栏内。

【说明】

在开发某大型电子商务系统的过程中，为保证项目的开发质量，需要进行软件测试，某测试员被分配完成人事管理模块及某函数的测试任务。

【问题 1】（4 分）

在人事管理模块中，对加班员工奖励制度：

（1）年薪制：月加班超过 15 小时（包括 15 小时），奖励月薪资的 2%，少于 15 小时，奖励月薪资的 1%；

（2）非年薪制：月加班超过 15 小时（包括 15 小时），奖励月薪资的 2.5%，少于 15 小时，奖励月薪资的 2%。

测试该功能模块的决策表如表 3-1 所示，其中 C1：年薪制，C2：超过 15 小时（包括 15 小时），e1：奖励 2%，e2：奖励 2.5%，e3：奖励 1%。

根据题目描述，完成决策表 3-1 中的空缺。

注：在决策表中，"√"代表该动作执行；"×"代表该动作不执行。

表 3-1 决策表

		1	2	3	4
条件	C1	1	1	0	(1)
	C2	1	0	1	0
动作	e1	√	(2)	×	√
	e2	×	×	(3)	×
	e3	×	(4)	×	×

【问题 2】（4 分）

某函数的程序流程图如图 3-1 所示。

预期执行的四条执行路径为：

L13：p1→p3

L14：p1→p4

　　(5)

L24：p2→p4

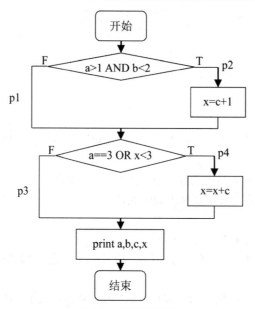

图 3-1 程序流程图

根据程序流程图,语句覆盖测试用例表如表 3-2 所示,完成表中空缺。

表 3-2 语句覆盖测试用例表

输入				预期输出	通过路径	语句覆盖率
a	b	c	x	x		
3	1	1	0	(6)	(7)	(8)

【问题 3】(5 分)

在程序流程图 3-1 中,条件表达式 "a>1 AND b<2" 中,"a>1" 取真时代表 T1,"b<2" 取真时代表 T2;条件表达式 "a==3 OR x<3" 中,"a==3" 取真时代表 T3,"x<3" 取真时代表 T4。根据程序流程图,条件覆盖测试用例表如表 3-3 所示,完成表中空缺。

表 3-3 条件覆盖测试用例表

用例	T1	T2	T1 AND T2	T3	T4	T3 OR T4	通过路径
1	T	T	T	T	T	T	(9)
2	T	F	(10)	T	F	(11)	L14
3	(12)	F	F	(13)	F	F	L13

【问题 4】(2 分)

在问题 3 条件覆盖测试用例表中,去掉用例 (14) ,依然满足条件覆盖,说明原因 (15) 。

试题三分析

本题考查在软件测试中,使用决策表、语句覆盖和条件覆盖完成程序中功能模块和函数的测试。

题目已经给出决策表部分内容以及程序流程图，需要根据需求描述，完善决策表中的内容，并根据程序流程图，完成语句覆盖和条件覆盖的测试用例图。

【问题 1】
本问题考查基于决策表的软件测试方法。将加班员工奖励制度的问题按照各种可能的情况全部列举出来，该方法简明直观，避免问题中不同情况的遗漏。

对决策表中规则 1 分析，C1 和 C2 的取值均为"1"时，是对"年薪制""月加班超过 15 小时（包括 15 小时）"条件的描述；由题目描述可知，在该条件时动作为"奖励月薪资的 2%"，需执行 e1 动作（"√"），e2 和 e3 动作不符合（两个动作均为"×"）。

在规则 2 中，C1 取值为"1"、C2 取值为"0"时，是对"年薪制""月加班少于 15 小时"条件的描述，此时不执行 e1 和 e2 动作（"×"或"错"），执行 e3 动作（"√"或"对"）。

在规则 3 中，C1 取值为"0"、C2 取值为"1"时，是对"非年薪制""月加班超过 15 小时（包括 15 小时）"条件的描述，此时不执行 e1 和 e3 动作（"×"或"错"），执行 e2 动作（"√"或"对"）。

由规则 4 中动作执行情况可以知，e1 动作执行（"奖励 2%"），e2 和 e3 不执行，C2 取值为"0"（条件为"少于 15 小时"）。由题目描述可知，只有当 C1 和 C2 的取值均为"0"时，才执行 e1 动作。

【问题 2】
分析图 3-1 程序流程图，程序的执行路径有四条：

当"a>1 AND b<2"为"T"且"a==3 OR x<3"为"T"时，执行路径为"L24：p2→p4"；
当"a>1 AND b<2"为"T"且"a==3 OR x<3"为"F"时，执行路径为"L23：p2→p3"；
当"a>1 AND b<2"为"F"且"a==3 OR x<3"为"F"时，执行路径为"L13：p1→p3"；
当"a>1 AND b<2"为"F"且"a==3 OR x<3"为"T"时，执行路径为"L14：p1→p4"。

从程序流程图看到，由于两个判定表达式的取假分支都不包含任何执行语句，因此，要满足语句覆盖，仅需执行路径 L24 即可，即"a>1"和"b<2"同时为真时，"a==3""x<3"任意一个为真即可。

当使用语句覆盖测试用例表中 a、b 和 c 值时，表达式"a>1 AND b<2"的值为"T"，表达式"a==3 OR x<3"的值"T"，因此执行路径为"L24: p2→p4"，x 的值为 3。

由语句覆盖率的计算公式：
$$语句覆盖率 = 至少被执行一次的语句数量 / 可执行的语句总数$$

当 a=3，b=1，c=1，x=0 时，语句覆盖率为 100%。

【问题 3】
结合程序流程图，分析表 3-3 的条件覆盖测试用例表：

当 T1、T2、T3、T4 取"T"（真）时，"T1 AND T2"和"T3 OR T4"的值都为"T"，此时程序执行的路径为 L24 或 p2→p4。

当 T1 取值"T"、T2 取值"F"时，"T1 AND T2"值为 F；当 T3 取值"T"、T4 取值"F"时，"T3 OR T4"值为 T；而当"T1 AND T2"值为 F、"T3 OR T4"值为 T 时，程序执行路径为 L14。

在测试用例 3 中，由于程序执行的路径为 L13、"T1 AND T2"值为 F、"T3 OR T4"值为 F、T2 和 T4 取值 F，可反推出 T1 和 T3 取值也为 F。

【问题 4】

条件覆盖要求使得每个判断中的每个条件的可能取值至少满足一次。在表 3-3 中，第一个用例考虑了 T1 和 T2 为"T"（真）的情况；第三个用例考虑了 T1 和 T2 为"F"（假）的情况，此时满足了每个判断中的每个条件的可能取值至少满足一次，所以在表 3-3 测试用例表中，去掉测试用例 2，依然满足条件覆盖。其原因是用例 1 和用例 3，已使每个判断中每个条件的取值至少满足一次。

参考答案

【问题 1】

(1) 0

(2) ×或"错"

(3) √或"对"

(4) √或"对"

【问题 2】

(5) L23： p2→p3 或 p2→p3

(6) 3

(7) L24 或 p2→p4

(8) 100%

【问题 3】

(9) L24 或 p2→p4

(10) F

(11) T

(12) F

(13) F

【问题 4】

(14) 2

(15) 用例 1 和用例 3，已使每个判断中每个条件的取值至少满足一次。

试题四（共 15 分）

阅读下列说明，回答问题 1 至问题 4，将解答填入答题纸的对应栏内。

【说明】

某软件公司计划开发一个电子商务网站，目前需要进行电子商务平台整合和相关应用软件开发。软件公司根据时间要求进行分析并做项目准备工作，给出了资源需求情况如表 4-1 所示，包括每项工作名称、持续时间和每天需要的劳动时数等信息。图 4-1 所示为该项目的网络图。

表 4-1 项目资源需求表

工作名称	持续时间/天	每天需要的劳动时数
A	8	8
B	3	8
C	7	3
D	3	10
E	8	5
F	8	7
G	4	6
H	6	7

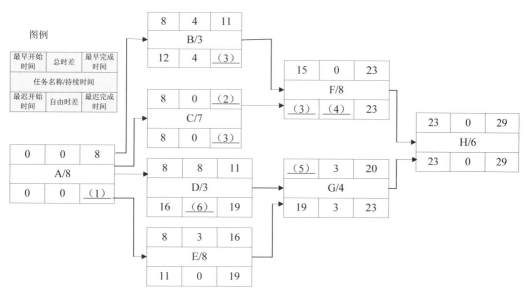

图 4-1 项目网络图

【问题 1】（3 分）

请根据图 4-1 的项目任务逻辑关系，计算并填写其中的（1）～（6）处空缺。

【问题 2】（2 分）

确定该项目的关键路径为 __(7)__ 。

项目完成总工期为 __(8)__ 天。

【问题 3】（5 分）

请根据各项工作最早开始时间，计算每天需要的劳动时数，并填写表 4-2 中（9）～（13）处的空缺。

表 4-2　最早开始时间资源需求量表

工期/天	1	2	3	4	5	6	7	8	9	10
需求量/工时	8	8	8	8	8	8	8	8	(9)	26
工期/天	11	12	13	14	15	16	17	18	19	20
需求量/工时	26	(10)	8	8	8	(11)	(12)	13	13	13
工期/天	21	22	23	24	25	26	27	28	29	
需求量/工时	(13)	7	7	7	7	7	7	7	7	

注：可自行画出项目甘特图进行计算。

【问题 4】（5 分）

请根据各项工作最迟开始时间，计算每天需要的劳动时数，并填写表 4-3 中（14）～（18）处的空缺。

表 4-3　最迟开始时间资源需求量表

工期/天	1	2	3	4	5	6	7	8	9	10
需求量/工时	8	8	8	8	8	8	8	(14)	3	3
工期/天	11	12	13	14	15	16	17	18	19	20
需求量/工时	3	(15)	(16)	16	16	(17)	22	22	22	(18)
工期/天	21	22	23	24	25	26	27	28	29	
需求量/工时	13	13	13	7	7	7	7	7	7	

试题四分析

本题考查网络计划和优化资源调配相关知识。

此题目要求考生认真阅读题目对现实问题的描述，经过对项目需求、网络计划与资源优化配置等知识的了解，运用项目管理中的网络计划技术和项目进度管理知识确定项目进度，优化资源配置。

【问题 1】

网络计划时间参数的计算应在确定各项工作的持续时间之后进行，完整的网络项目图如图 4-2 所示。

（1）网络计划中各项工作的最早开始时间和最早完成时间的计算应从网络计划的起点节点开始，顺着箭线方向依次逐项计算。最早开始时间和最早完成时间计算方法为：①网络计划的起点节点的最早开始时间为 0；②工作的最早完成时间等于该工作的最早开始时间加上其持续时间；③工作的最早开始时间等于该工作的各个紧前工作的最早完成时间的最大值。

（2）网络计划中各项工作的最迟开始时间和最迟完成时间的计算应以项目规定或计算的

工期为基准,从网络计划的终止节点开始,逆着箭线方向依次逐项计算。最迟开始时间和最迟完成时间计算方法为:①某工作的总时差应从网络计划的终点节点开始,逆着箭线方向依次逐项计算。其他工作的总时差等于该工作的各个紧后工作的总时差加该工作与其紧后工作之间的时间间隔之和的最小值;②某工作的最迟开始时间等于该工作的最早开始时间加上其总时差之和;③某工作的最迟完成时间等于该工作的最早完成时间加上其总时差之和。

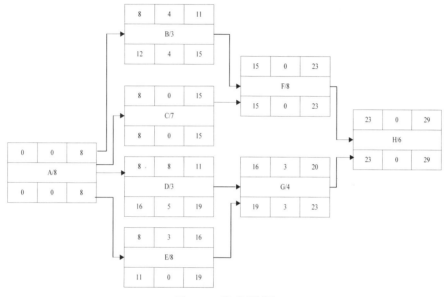

图 4-2 项目网络图

(3)计算工作的总时差。工作的总时差等于该工作最迟完成时间与最早完成时间之差,或该工作最迟开始时间与最早开始时间之差。

(4)计算工作的自由时差。工作自由时差的计算应按以下两种情况分别考虑:①对于有紧后工作的工作,其自由时差等于本工作后工作最早开始时间减本工作最早完成时间所得之差的最小值;②对于无紧后工作的工作,也就是以网络计划终点节点为完成节点的工作,其自由时差等于计划工期与本工作最早完成时间之差。

需要指出的是,对于网络计划中以终点节点为完成节点的工作,其自由时差与总时差相等。此外,由于工作的自由时差是其总时差的构成部分,因此当工作的总时差为 0 时,其自由时差必然为 0,可不必进行专门计算。

因此,本题各项工作的最早开始时间、最早完成时间、最迟开始时间、最迟完成时间、总时差和自由时差如图 4-2 所示。

【问题 2】

本问题考查关键路径的概念和项目工期的计算。在关键线路法中,线路上所有工作的持续时间总和称为该线路的总持续时间,将网络图中所有线路的作业时间进行比较,总持续时间最长的线路称为关键线路,关键线路上的工作称为关键工作,关键线路的长度就是网络计划的总工期。

由网络图可知，总持续时间最长的线路称为关键线路确定为关键路径，因此关键路径：A→C→F→H。计算项目完成总工期为 29 天。关键路径为 ACFH，工期为 29 天。

【问题3】、【问题4】

分别以最早开始进度计划和最迟开始进度计划为基础，分析资源均衡问题。按照项目最早和最迟开始时间的画出进度计划甘特图，如图 4-3 和图 4-4 所示。

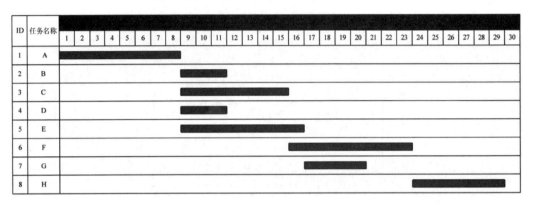

图 4-3　最早开始时间的进度计划甘特图

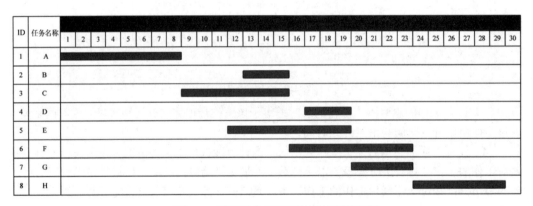

图 4-4　最迟开始时间的进度计划甘特图

从最早开始时间和最迟开始时间分别计算其在各阶段的资源需求量如表 4-4 和表 4-5 所示。

表 4-4　最早开始时间资源需求量表

工期/日	1	2	3	4	5	6	7	8	9	10
需求量/工时	8	8	8	8	8	8	8	8	26	26
工期/日	11	12	13	14	15	16	17	18	19	20
需求量/工时	26	8	8	8	8	12	13	13	13	13
工期/日	21	22	23	24	25	26	27	28	29	
需求量/工时	7	7	7	7	7	7	7	7	7	

表 4-5 最迟开始时间资源需求量表

工期/日	1	2	3	4	5	6	7	8	9	10
需求量/工时	8	8	8	8	8	8	8	8	3	3
工期/日	11	12	13	14	15	16	17	18	19	20
需求量/工时	3	8	16	16	16	12	22	22	22	13
工期/日	21	22	23	24	25	26	27	28	29	
需求量/工时	13	13	13	7	7	7	7	7	7	

参考答案
【问题 1】
（1）8
（2）15
（3）15
（4）0
（5）16
（6）5

【问题 2】
（7）ACFH
（8）29 天或 29

【问题 3】
（9）26
（10）8
（11）12
（12）13
（13）7

【问题 4】
（14）8
（15）8
（16）16
（17）12
（18）13

试题五（共 15 分）
阅读下列说明，回答问题 1 至问题 3，将解答填入答题纸的对应栏内。

【说明】
案例：
A 公司是最早介入网络营销的企业之一，A 公司针对新上市的 B 手机开展了一次网络社区口碑营销，获得了巨大的成功，使 B 手机获得非常广泛的市场影响力。

精心的营销策划

A 公司首先对国内目标用户的喜好进行了分析，得出 B 手机"超薄、炫酷"的外观及强大的功能对目标用户产生较强的吸引力，这些特点很容易以图片的方式直观体现在网络社区。A 公司根据这些特点策划了以新品曝光为卖点的社区营销文案："超炫 B 全图详解"和"新机谍报绝对真实，A 公司新机 B 抢先曝光"两篇图文并茂的新品曝光文章，吸引了大量网友的眼球。

精准的传播载体和意见领袖的影响

A 公司根据 B 手机的人群定位，进行了网络社区传播载体的选择，并根据人群定位及社区人气度进行相应级别划分，有针对性地对社区话题进行投放。因此 B 手机的社区推广活动瞄准日常生活中的意见领袖，他们的意见将会大大影响用户的购买决策。A 公司在意见领袖密集的热门手机类论坛，投放了精心策划的营销文案，当网友参与到 B 手机的话题讨论中来，其实针对他们的营销活动就开始了。随着话题活动的升温，策划的话题文章也被大量转载，在互联网无限延伸的空间中，新品 B 影响的受众越来越多。

线上线下相结合

若是网络上获得了一定的影响力，但线下没有相应的结合，那么这种影响力就会逐渐消散。A 公司通过立体的营销策略组合，实现了线上线下资源的有机整合，新品营销推广活动大获成功。

强有力的执行和严密的流程控制

在操作实施的过程中，该策划文案被传播至 30 多个论坛，其中部分论坛以置顶的方式在网络社区进行传播。A 公司执行人员根据社区网友的互动和反馈，进行有针对性的话题引导，并保持与意见领袖的沟通，能够让话题更进一步的深入下去。同时对负面话题进行监控，及时进行危机公关，在活动结束后，对活动流量及反馈进行相应的分析和总结，这将有效地帮助 A 公司掌握消费者心理需求及市场发展趋势。

通过社区数据反馈，活动的营销效果是比较成功的，而通过成本分析，该营销方式的成本远低于传统方式。

【问题 1】（4 分）

A 公司针对新上市的 B 手机开展网络社区营销活动，该营销方式主要通过把具有 __(1)__ 的用户集中到一个 __(2)__ ，达到他们 __(3)__ 的目的。该公司的网络社区属于 __(4)__ 社区。

（4）的备选答案：

    A．市场型   B．服务型   C．销售型   D．购买型

【问题 2】（5 分）

结合案例材料分析，总结出网络社区营销的优势：

  __(5)__ 、 __(6)__ 、 __(7)__ 、 __(8)__ 、 __(9)__ 等。

【问题 3】（4 分）

案例中 A 公司开展网络社区营销取得成功的原因：

  __(10)__ 、 __(11)__ 、 __(12)__ 、 __(13)__ 。

【问题4】（2分）
结合案例，进一步分析企业开展网络社区营销存在的缺陷和不足：__(14)__ 和 __(15)__ 。

试题五分析
本题考查网络社区营销的概念、类型、优势和缺陷。

此类题目要求考生认真阅读对案例的描述，结合案例材料，通过分析、归纳回答问题。

【问题1】
网络社区是指把具有共同兴趣的访问者集中到一个虚拟空间，达到成员相互沟通的目的，从而达到商品的营销效果。

网络社区按照功能不同可以大致分为三类：市场型、服务型和销售型。

（1）市场型社区。

市场型社区产品主要是B2C（Business to Customer）的产品，对象主要针对80后，例如索尼和可口可乐。这部分网络用户追求生活和文化，而不是某一个产品，因此通过该类型社区应以文化传播和市场推广为使命。

（2）服务型社区。

主要提供专业售后服务和技术支持。偏技术性和专业性的企业比较适合建设此类社区。这样可以很大程度降低服务成本，提高效率和顾客满意度。

（3）销售型社区。

该类型社区成功的很少，因为消费者越来越理性，到了社区只会浏览售前讨论和售后评论，不太会留言，这样就不利于企业辨别用户需求和购买意向。因此，企业网络社区销售功能普遍很难推进。

【问题2】
社区营销提供一个企业主、用户之间平等对话、交流沟通的机会，这是社区营销的本质。网络社区在企业网络营销中发挥越来越重要的作用，网络社区营销的优势主要体现在以下几个方面：

（1）广告投放更加精确；

（2）营销互动性强；

（3）口碑价值；

（4）营销可信度增强；

（5）低成本。

【问题3】
A公司针对新上市的B手机开展了一次网络社区口碑营销，获得成功。成功的原因有以下方面：

（1）精心的营销策划。

A公司首先对国内目标用户的喜好进行了分析，得出B手机"超薄、炫酷"的外观及强大的功能的特点，然后A公司根据这些特点策划了以新品曝光为卖点的社区营销文案，吸引了大量网友的眼球。

（2）精准的传播载体和意见领袖的影响。

A 公司根据 B 手机的人群定位，进行了网络社区传播载体的选择，并且 B 手机的社区推广活动瞄准日常生活中的意见领袖，在意见领袖密集的热门手机类论坛，投放了精心策划的营销文案，随着策划的营销文案被大量转载，新品 B 影响的受众越来越多。

（3）强有力的执行和严密的流程控制。

A 公司执行人员根据社区网友的互动和反馈，进行有针对性的话题引导，并保持与意见领袖的沟通，能够让话题更进一步的深入下去。同时对负面话题进行监控，及时进行危机公关，在活动结束后，对活动流量及反馈进行相应的分析和总结，这有助于 A 公司掌握消费者心理需求及市场发展趋势。

（4）线上和线下营销相结合。

A 公司通过网络宣传，使 B 手机获得了一定的影响力，但如果没有线下相应的营销推广结合，那么这种影响力就会逐渐消散。A 公司运用整合营销传播策略，通过线上线下资源的有机整合，使新品营销推广活动获得成功。

【问题 4】

网络社区营销存在以下的缺陷和不足：

（1）同质化现象严重。

企业开展网络社区营销的方式都大同小异，用单一的路径来引导用户参与，用户参与的积极性不高。

（2）网络社区营销活动的效果难以评估。

社区的天然属性决定了社区营销具有不可复制的特性。社区营销主要通过口碑、关键词、流量等相关指标来评估社区营销活动的效果，但这样的评估方法不尽合理。社区营销活动更适合塑造或者强化企业品牌形象，而非促销等销售活动，而对于企业形象效果评估较困难。

（3）网络社区的负面信息会损害企业形象。

"好事不出门，坏事传千里"，网络社区营销如果选择的平台或人群不对，或者营销的手段不当，负面信息通过网络社区快速传播，大范围的扩散，这会严重地损害企业的形象。

参考答案

【问题 1】

（1）共同兴趣

（2）虚拟空间

（3）相互沟通

（4）A

【问题 2】

（5）广告投放精准

（6）营销互动性强

（7）口碑价值

（8）营销可信度高

（9）低成本

注：（6）～（9）答案可互换

【问题 3】
(10) 社区营销的目的非常明确
(11) 精准传播载体的选择（或意见领袖的影响）
(12) 传播过程中的引导和监测
(13) 线上和线下营销相结合
注：(10) ～ (13) 答案可互换

【问题 4】
(14)、(15) 只需答出以下三个要点中的任意两个即可
要点 1：网络社区营销活动效果难以评估
要点 2：网络社区的负面信息会损害企业形象
要点 3：单一的网络社区营销方式会使用户的参与性降低（或同质化现象严重）

第7章 2019下半年电子商务设计师上午试题分析与解答

试题（**1**）

以下关于信息的描述，错误的是 __(1)__ 。

(1) A．信息具有客观性和普遍性

　　B．信息的可利用价值是保持不变的

　　C．信息反映了客观事物的运动状态和存在方式

　　D．信息必须依附于某种媒介而存在

试题（1）分析

本题考查信息的基本概念和性质。

信息是客观世界中各种事物存在方式和运动变化规律，以及这种方式和规律的表征与表述。

传递是信息的基本要素和明显特征。信息只有借助于一定的载体（媒介），经过传递才能为人们所感知和接受。

时效性是信息的基本特征之一，只有既准确又及时的信息才有价值，一旦过时，就会变成无效的信息。

参考答案

(1) B

试题（**2**）

在 Word 中，使用 __(2)__ 功能，实现根据现有的数据源及模板，批量打印信封、信件、请柬等。

(2) A．邮件合并　　　　B．表格　　　　C．图文混排　　　　D．分栏

试题（2）分析

本题考查应用软件 Word 的基本功能。

利用邮件合并功能，通过建立主文档、创建数据源、插入合并域等相关步骤，把数据源中的数据融入到主文档中，来完成一些类似于打印信封、信件、请柬的重复性操作。

图文混排和分栏主要用于 Word 的排版；表格由若干个单元格组成，可以在单元格中输入文字和插入图形对象。表格能够将数据清晰而直观地组织起来，并进行比较、运算和分析。

参考答案

(2) A

试题（**3**）

在 Excel 的 B5 单元格中输入公式"=MAX (SUM (5,4),AVERAGE(5,11,8))"，按回车键后，B5 单元格中显示的值为 __(3)__ 。

(3) A．11　　　　　　B．5　　　　　　　C．8　　　　　　　D．9

试题（3）分析

本题是针对 Excel 的公式应用情况的考查。

Excel 中的 SUM 函数用于将公式中输入的参数相加，SUM (5,4)=9；AVERAGE 函数在 Excel 中用于求平均值，它可以对指定几个数字或单元格区域求平均值，AVERAGE(5,11,8)=8；MAX 函数用于返回一组值中的最大值，MAX(9,8)=9。

参考答案

（3）D

试题（4）

虚拟存储技术是为了给用户提供更大的随机存取空间，常用的虚拟存储器由 __(4)__ 两级存储器组成。

（4）A．Cache 和硬盘　　　　　　B．寄存器和硬盘
　　　C．Cache 和寄存器　　　　　D．主存和辅存

试题（4）分析

本题考查虚拟存储技术组成的基本知识。

所谓虚拟存储，就是把内存与外存有机地结合起来使用，从而得到一个容量很大的"内存"。虚拟存储器由主存和辅存两级存储器组成。

参考答案

（4）D

试题（5）

以下选项中，__(5)__ 是视频文件的扩展名。

（5）A．MIDI　　　　B．WMV　　　　C．RAM　　　　D．GIF

试题（5）分析

本题是对常用文件扩展名的考查。

MIDI 是乐器数字接口的英文缩写，是数字音乐/电子合成乐器国际标准。MIDI 文件有几种变通的格式，其中 CMF 文件是随声卡一起使用的音乐文件，同 MIDI 文件非常相似，只是文件头略有差别；另一种 MIDI 文件是 Windows 使用的 RIFF 文件的一种子格式，称为 RMID，扩展名为.RMI。

WMV 文件一般同时包含视频和音频部分。视频部分使用 Windows Media Video 编码，音频部分使用 Windows Media Audio 编码，是一种有着高压缩率、体积小等优势的视频压缩格式文件。

RAM 格式是 REAL 公司出品的一种新型音频流文件格式，主要用于在低速率的广域网上实时传输音频信息。

GIF 是 CompuServe 公司开发的图像文件存储格式，该图像文件以数据块为单位来存储图像的相关信息。

参考答案

（5）B

试题（6）

常见的 PC 将计算机硬件配置的相关参数信息保存在 __(6)__ 中。

(6) A．PROM　　　　B．DRAM　　　　C．CMOS　　　　D．SROM

试题（6）分析

本题是对计算机基础知识的考查。

CMOS 是 Complementary Metal Oxide Semiconductor（互补金属氧化物半导体）的缩写。它是计算机主板上的一块可读写的 RAM 芯片。因为可读写的特性，所以在计算机主板上用来保存 BIOS 设置完计算机硬件参数后的数据，该芯片仅用来存放数据。

参考答案

(6) C

试题（7）

在 Windows 文件管理中，用户创建的文件名为"Test.ppt"，当用户修改此文件并在原文件目录下另存为"TEST.ppt"时，以下说法正确的是 __(7)__ 。

(7) A．系统会保留创建的 Test.ppt 文件名，访问该文件时要区分大小写
　　B．系统会保留创建的 Test.ppt 文件名，但访问该文件时不区分大小写
　　C．系统不保留创建的 Test.ppt 文件名，用新文件 TEST.ppt 替代
　　D．系统不保留创建的 Test.ppt 文件名，但访问该文件时要区分大小写

试题（7）分析

本题是对 office 文件中基本操作知识的考查。

由于用户修改文件"Test.ppt"并将修改后的文件存放在同一目录下，将文件另存为"TEST.ppt"时，系统会弹出提示信息"Test.ppt 已存在。要替换它吗"的对话框，当选择"是（Y）"时，系统会保留创建的 Test.ppt 文件名，但访问该文件时不区分大小写；当选择"否（N）"时，用户只能更换文件名，才能正常保存文件。

参考答案

(7) B

试题（8）

以下关于汇编语言的叙述中，正确的是 __(8)__ 。

(8) A．汇编语言源程序只能由指令语句（即 CPU 可直接识别的指令）构成
　　B．相对于高级语言，汇编语言具有良好的可读性
　　C．汇编语言的每条指令语句可以没有操作码字段，但必须具有操作数字段
　　D．相对于高级语言，汇编语言具有较高的执行效率

试题（8）分析

本题是对汇编语言指令组成、优缺点等知识的考查。

汇编语言程序也称为汇编语言源程序，就是用汇编语言编写的一种计算机程序，属于计算机低级语言程序。汇编语言程序包括汇编指令、伪指令、和宏指令、数字、字符、以及处理器的通用寄存器、段寄存器。

与高级语言相比，很难从汇编语言代码上理解程序设计意图，汇编语言可读性和可维护

性都很差。

一条汇编指令可以没有操作数字段，但是必须具有操作码字段。

相对于高级语言，汇编语言保持了机器语言的优点，具有直接和简捷的特点，可有效地访问、控制计算机的各种硬件设备，且占用内存少，执行速度快，是高效的程序设计语言。

参考答案

（8）D

试题（9）

在高级程序设计语言中，以下关于编译和解释叙述正确的是__（9）__。

（9）A．在解释方式下，一次翻译可以多次执行
　　 B．在编译方式下，一次编译可以多次执行
　　 C．在解释方式下，需要生成目标代码
　　 D．在编译方式下，无需进行语法分析

试题（9）分析

本题是对高级语言处理程序的编译方式与解释方式的考查。

编译方式是指将源程序代码转化为目标计算机的可执行二进制代码，编译一旦完成，就可以在特定平台上多次运行。C/C++语言是通过将源代码编译为某系统上的可执行二进制文件来执行的。

解释方式是指程序不做任何变动，以源代码的形式提供在目标计算机上执行，但是计算机不能识别源代码，因此要边解释边执行，解释一条执行一条。由于程序要在运行时动态解释语言，通常需要特定的平台，例如 Java 需要目标机器上安装 JRE。

解释方式下不产生与源程序等价的独立的目标程序，而编译方式则需要将源程序翻译成独立的目标程序。

编译过程包含词法分析、语法分析、语义分析、中间代码生成、代码优化和目标代码生成等阶段；解释过程在词法、语法和语义分析方面与编译程序的工作原理基本相同，但是在运行用户程序时，它直接执行源程序或源程序的内部形式。

参考答案

（9）B

试题（10）

以下关于软件模块的独立性说法，正确的是__（10）__。

（10）A．耦合性是程序模块内部的关联
　　　B．内聚性是程序各模块之间的联系
　　　C．具有"高内聚低耦合"的软件模块独立性比较强
　　　D．内容耦合提高了软件模块的独立性

试题（10）分析

本题是对软件模块间相互联系知识点的考查。

耦合性指软件系统中各模块间相互联系紧密程度的一种度量。模块之间联系越紧密，其耦合性就越强。

内聚性指机能相关的程序组合成一模块的程度，或是各机能凝聚的状态或程度。是模块内部的关联。

软件设计的一个基本原则是高内聚低耦合，以此来提高软件模块的独立性。

在内容耦合中，所访问模块的任何变更，或者用不同的编译器对它再编译，都会造成程序出错，该耦合是模块独立性最弱的耦合。

参考答案

（10）C

试题（11）

数据中心运维系统的功能不包括__(11)__。

(11) A．动态监控并可视化展现设备的使用情况和运行状态
B．对运行日志进行统计分析，制作图表，并形成报告
C．管理人员可通过手机了解系统运行情况和报警信息
D．纠正运行中发现的程序错误，按需求变化完善软件

试题（11）分析

本题考查数据中心运维系统的基本功能。

数据中心运维系统的功能主要包括流程管理、事件管理、问题管理、变更管理、发布管理、运行管理、知识管理、综合分析管理等，软件的完善及二次开发不属于运维系统的功能。

参考答案

（11）D

试题（12）

一般来说，与测试数据无关的文档是__(12)__。

(12) A．配置管理计划　　　　　　B．需求说明书
C．设计规格说明书　　　　　　D．源程序

试题（12）分析

本题考查与测试数据相关文档的知识点。

在各个时期进行的软件测试，其依据都是不同的，测试用例的设计应该与各个时期的文档有关，故测试用例的设计与需求规格说明书、需求说明书、源程序都是有关的。而配置管理计划是为明确配置管理范围、分配配置管理工作职责、规范配置管理工作做准备的，与测试无关。

参考答案

（12）A

试题（13）

软件可维护性的主要度量质量特征不包括__(13)__。

(13) A．可靠性　　B．可移植性　　C．可复用性　　D．效率

试题（13）分析

本题考查软件可维护性度量标准。

软件可维护性度量的七个质量特性是可理解性、可测试性、可修改性、可靠性、可移植

性、可使用性和效率。对于不同类型的维护，这七种特性的侧重点也不同。

参考答案

（13）C

试题（14）

某系统的可用性达到 99.98%，则每年系统故障时间不能超过 __(14)__ 。

(14) A．1 小时　　　　B．2 小时　　　　C．50 分钟　　　　D．30 分钟

试题（14）分析

本题是对系统故障时间计算公式应用情况的考查。

系统故障时间就是系统不可用性的时间，计算公式为：

系统故障时间=每年总时间×系统不可用率
　　　　　　=每年总时间×(1−系统可用率)
　　　　　　=(365×24×60 分钟)×(1− 0.9998)
　　　　　　≈ 105（分钟）

参考答案

（14）B

试题（15）

图像及音频文件在计算机中的表示形式是 __(15)__ 。

(15) A．数字信息　　　　　　　　B．模拟信息
　　　C．某种转换格式　　　　　　D．模拟或数字信息

试题（15）分析

本题考查图像及音频文件的基础知识。

图像及音频文件在计算机中的表现形式均是二进制代码，因此属于数字信息。

参考答案

（15）A

试题（16）

多媒体技术研究的核心内容是 __(16)__ 。

(16) A．大容量数据存储技术　　　　B．多媒体信息的压缩与编码
　　　C．实时多任务操作系统　　　　D．语音识别

试题（16）分析

本题考查多媒体技术的基础知识。

多媒体技术研究的核心问题是：多媒体信号数字化与获取技术；多媒体数据压缩编码和解码技术；多媒体数据的实时处理和特技效果技术；多媒体数据的输出与回放技术。

参考答案

（16）B

试题（17）

在数据库系统中，最小的存取单位是 __(17)__ 。

(17) A．记录　　　　B．字段　　　　C．字节　　　　D．文件

试题（17）分析

本题考查数据库存取与访问的基础知识。

在关系库系统中，系统能够直接对字段的值进行操作与控制。记录是由多个字段构成，而表又是多个记录所构成的，所以数据的最小访问单位是字段。数据是数据库中存储的基本对象。描述事物的符号记录称为数据，因此记录是存取的最小单位。

参考答案

（17）A

试题（18）

某信息科技公司如果今天和18个月前卖掉同样多的、同样的产品，根据"反摩尔定律"，它的营业额 __(18)__ 。

(18) A．一样多　　　　　　　　　　　B．降一半
　　　C．增加2倍　　　　　　　　　　D．提高一半

试题（18）分析

本题考查对反摩尔定律内涵的理解。

一个IT公司如果今天和18个月前卖掉同样多的、同样的产品，它的营业额就要降一半。IT界把它称为反摩尔定律。

参考答案

（18）B

试题（19）

__(19)__ 不是B2C商务的盈利模式。

(19) A．产品销售营业收入模式　　　　B．网络广告收益模式
　　　C．会员制收益模式　　　　　　　D．按询盘付费模式

试题（19）分析

本题考查B2C的盈利模式相关知识。

B2C电子商务主要盈利模式有：①产品销售营业收入模式，这种B2C网站又可细分为两种，即销售平台式网站和自主销售式网站；②网络广告收益模式，该模式是B2C网站中比较普遍的模式；③收费会员制收益模式，B2C网站对会员提供便捷的在线加盟注册程序、实时的用户购买行为跟踪记录、准确的在线销售统计资料查询等；④网上支付收益模式，以淘宝为例，有近90%的淘宝用户通过支付宝付款，带给淘宝巨大的利润空间。

按询盘付费模式主要指B2B商务的盈利模式。

参考答案

（19）D

试题（20）

一种商品或服务的价值随着用户数量的增加而剧增，而这种剧增反过来又吸引更多的用户，其背后的经济学规律是 __(20)__ 。

(20) A．摩尔定律　　　　　　　　　　B．梅特卡夫定律
　　　C．安迪比尔定律　　　　　　　　D．达维多定律

试题（20）分析

本题考查梅特卡夫定律的相关知识。

梅特卡夫定律是关于互联网价值衡量的一个重要定律，它的内容不在于对信息科学技术发展速度的预测，而是为网络价值的测算提供了一种预估模式。当网民人数出现增长时，网络资源并不会由于人数的增加，而使得每人得到的网络资源减少，相反网络的价值会出现爆炸式的增长，而使得每个人都可以得到更多的资源。当使用人数寥寥无几时，能够分享的网络信息和资源就会很有限，而当使用人数逐渐增多时，不仅共享资源逐渐增多，也会吸引更多的用户开始加入，网络资源又会增多，如此往复，网络资源会出现几何级数的增长，总价值迅速增大；电话同样拥有这一特性，使用人数少，电话的便捷性体现不出来，随着人数的增多，便捷性会越来越强，又会吸引更多的人使用电话，如此往复。

参考答案

（20）B

试题（21）

___(21)___ 不是O2O（Online To Offline）商务模式所具有的优势。

(21) A．能顺利解决线上线下渠道利益冲突问题
  B．具有明确的区域性，消费者更精准，线上推广传播更有针对性
  C．线上体验服务，所以相对信任度更高，成交率也更高
  D．能将线下的服务优势更好发挥，具有体验营销的特色

试题（21）分析

本题考查O2O基础知识。

相对B2C模式来说，O2O具有如下优势：

① 由于是线下体验服务，所以相对信任度更高，成交率也更高。
②对于连锁加盟型零售企业来说，能顺利解决线上线下渠道利益冲突问题，而B2C模式无法避免线上和传统加盟商的渠道冲突，尤其是价格上的冲突。
③对于生活服务类来说，具有明确的区域性，消费者更精准，线上推广传播更有针对性。
④能将线下的服务优势更好发挥，具有体验营销的特色。
⑤通过网络能迅速掌控消费者的最新反馈，进行更个性化服务和获取高粘度重复消费。
⑥对于连锁加盟型企业来说，对于加盟商的管控会更方便和直接，能将品牌商、加盟商和消费者三者的关系更加紧密化。

参考答案

（21）C

试题（22）

___(22)___ 可以帮助企业重塑内部管理流程和体系结构，能够解决企业内部各系统之间信息孤立、运作不协调等问题，提高了整个企业的运作效率。

(22) A．CRM系统 B．ERP系统 C．SCM系统 D．EC系统

试题（22）分析

本题考查ERP（企业资源计划）、SCM（供应链管理系统）、CRM（客户关系管理）以

及 EC 系统的区别。

CRM 即客户关系管理，是指企业用 CRM 技术来管理与客户之间的关系。

ERP 系统是一种主要面向制造行业，进行物质资源、资金资源和信息资源集成一体化管理的企业信息管理系统。是一个以管理会计为核心，可以提供跨地区、跨部门、甚至跨公司整合实时信息的企业管理软件。ERP 是针对物资资源管理（物流）、人力资源管理（人流）、财务资源管理（财流）、信息资源管理（信息流）集成一体化的企业管理软件。ERP 具有整合性、系统性、灵活性、实时控制性等显著特点。ERP 系统的供应链管理思想对企业提出了更高的要求，是企业在信息化社会、在知识经济时代繁荣发展的核心管理模式。

SCM（Supply chain management，供应链管理）是一种集成的管理思想和方法，它执行供应链中从供应商到最终用户的物流的计划和控制等职能。从单一的企业角度来看，SCM 围绕核心企业，通过改善上、下游供应链关系，整合和优化供应链中的信息流、物流、资金流，以获得企业的竞争优势。

EC 即电子商务，也称作电子交易（E-Commerce），主要是指利用 Web 提供的通信手段在网上进行的商业贸易活动，主要包括利用电子数据交换（EDI）、电子邮件（E-Mail）、电子资金转账（EFT）及互联网的主要技术在个人之间、企业之间和国家之间进行无纸化的业务信息的交换。

参考答案

（22）B

试题（23）

根据"吉尔德定律"，主干网的带宽将 __（23）__ 增加 1 倍。

（23）A．每 6 个月　　B．每 8 个月　　C．每 10 个月　　D．每 12 个月

试题（23）分析

本题考查对吉尔德定律的理解。

吉尔德预言未来 25 年的时间里，互联网主干网的带宽增长速度将会达到每六个月增长一倍，远大于摩尔定律预测的芯片上半导体的增长速度。"吉尔德定律"的另一个重要观点是认为最有效的商业模式，是尽量消耗价格较低的资源，避免使用价格较高的资源，实现成本最低。

参考答案

（23）A

试题（24）

B2B 和 B2C 的商务模式是按 __（24）__ 进行分类的。

（24）A．价值链　　　　B．交易对象　　　C．控制方　　　　D．服务销售

试题（24）分析

本题考查电子商务分类基础知识。

电子商务按交易的内容基本上可分为直接电子商务和间接电子商务。

电子商务按网络类型基本上可分为 EDI（电子数据交换）商务、Internet（互联网）商务、Intranet（企业内部网）商务、Extranet（企业外部网）商务四种。

电子商务按交易对象可分为 B2B、B2C、C2C、O2O、电子政务等模式。

参考答案

（24）B

试题（25）

利用互联网工具将关注、分享、讨论、沟通、互动等元素应用到电商领域的商务模式是__(25)__。

(25) A．无人零售　　　　　　　　B．社交电商
　　　C．全程电商　　　　　　　　D．品质电商

试题（25）分析

本题考查社交电商概念的基础知识。

社交电商，意指将具有社交属性的分享、讨论、互动等活动应用到电商领域的现象。表现为如下三个阶段：购买前活动、购买中活动、购买后活动。具体可表述为购买前的选择店铺、比较商品，购买中的即时通信、论坛询问，购买后的商品评价及分享。从企业角度来看，社交电商是通过将社交属性与电商属性结合，以此来完成商品推广和销售的过程。

参考答案

（25）B

试题（26）

某电脑公司与上游的芯片和主板制造商进行合作的商务模式是__(26)__。

(26) A．面向制造业的垂直 B2B 模式　　B．面向交易市场的 B2B 综合模式
　　　C．水平 B2B 模式　　　　　　　　D．自建 B2B 模式

试题（26）分析

本题考查 B2B 电子商务模式分类基础知识。B2B 电子商务模式可分为：

①面向制造业或面向商业的垂直 B2B 模式。垂直 B2B 可以分为两个方向，即上游和下游。

②面向中间交易市场的水平 B2B 模式。这种交易模式是水平 B2B，它是将各个行业中相近的交易过程集中到一个场所，为企业的采购方和供应方提供了一个交易的机会，如 Alibaba、中国制造网等。

③自建 B2B 模式。行业龙头企业自建 B2B 模式是大型行业龙头企业基于自身的信息化建设程度，搭建以自身产品供应链为核心的行业化电子商务平台。

④关联行业 B2B 模式。关联行业 B2B 模式是相关行业为了提升目前电子商务交易平台信息的广泛程度和准确性，整合水平 B2B 模式和垂直 B2B 模式而建立起来的跨行业电子商务平台。

参考答案

（26）A

试题（27）

在计算机网络安全中，不属于物理安全威胁的是__(27)__。

(27) A．格式化硬盘　　　　　　　　B．线路拆除
　　　C．破坏防火墙　　　　　　　　D．电磁/射频截获

试题（27）分析

本题考查电子商务的安全性研究中，计算机网络安全的基础知识。

网络的物理安全是整个网络系统安全的前提。造成计算机网络不安全的因素包括计算机、网络设备的功能失常，电源故障，电磁泄漏引起的信息失密，搭线窃听，自然灾害的威胁，操作失误（如删除文件、格式化硬盘、线路拆除等）。

通过网络监听获取网上用户的账号和密码，非法获取网上传输的数据，破坏防火墙等，属于黑客攻击的威胁。

参考答案

（27）C

试题（28）

在电子商务交易中，商家面临的威胁不包括 （28） 。

（28）A．非授权的访问　　　　　　　B．客户资料机密性丧失
　　　C．竞争者检索商品库存状况　　D．网络域名被盗用

试题（28）分析

本题考查商务交易安全的基础知识。

在电子商务交易活动过程中，商家面临的安全威胁主要有：中央系统安全性被破坏（非授权的访问）；竞争者检索商品递送状况；被他人假冒（网络域名被盗用）；其他威胁。消费者面临的安全威胁主要有：虚假订单；付款后不能收到商品；客户资料机密性丧失。

参考答案

（28）B

试题（29）

数字签名技术不能解决的行为是 （29） 。

（29）A．窃听　　　B．抵赖　　　C．伪造　　　D．篡改

试题（29）分析

本题考查数字签名的基础知识。

数字签名指数据电文中以电子形式所含、所附用于识别签名人身份并表明签名人认可其中内容的数据。数字签名技术可以用于对用户身份或信息的真实性进行验证与鉴定，它通过使用数字摘要算法、公开钥算法保证数据传输的不可抵赖性、真实性、完整性，但是不能保证密文不被第三方获取，所以数字签名技术不能解决窃听行为。

参考答案

（29）A

试题（30）

以下对 DES（Data Encryption Standard）描述错误的是 （30） 。

（30）A．DES 是一种分组加密算法，每次处理固定长度的数据段
　　　B．DES 算法的加密密钥与解密密钥相同，且采用同样的算法
　　　C．DES 算法的安全性取决于对极大整数做因数分解的难度
　　　D．DES 算法是一种通用的对称密钥算法

试题（30）分析

本题考查 DES 算法和 RSA 算法的基础知识。

DES 是一种分组加密算法，该算法每次处理固定长度的数据段，称之为分组。DES 分组的大小是 64 位，如果加密的数据长度不是 64 位的倍数，可以按照某种具体的规则来填充位。

RSA 算法的安全性基于对极大整数做因数分解的难度。

参考答案

（30）C

试题（31）

在商务活动过程中，__(31)__ 是通过单向哈希（Hash）函数完成明文到密文加密的。

（31）A．数字信封　　　B．数字摘要　　　C．数字证书　　　D．CA 认证中心

试题（31）分析

本题考查数字摘要加密算法的基础知识。

数字摘要是利用哈希函数对原文信息进行运算后生成的一段固定长度的信息串，该信息串被称为数字摘要。产生数字摘要的哈希算法具有单向性和唯一性的特点。

参考答案

（31）B

试题（32）

在电子商务活动中，__(32)__ 协议主要用于解决 TCP/IP 协议难以确定用户身份的问题。

（32）A．SSH　　　B．IDS　　　C．SSL　　　D．TLS

试题（32）分析

本题是对电子商务协议基础知识的考查。

安全套接层（Secure Sockets Layer，SSL）协议是由美国网景公司研究制定的安全协议，主要用于解决 TCP/IP 协议难以确定用户身份的问题，为 TCP/IP 连接提供了数据加密、服务器端身份验证、信息完整性和可选择的客户端身份验证等功能。

安全传输层协议（TLS）用于在两个通信应用程序之间提供保密性和数据完整性。

参考答案

（32）C

试题（33）

在信用卡支付方式中，__(33)__ 使用双重签名和认证技术。

（33）A．SET 方式　　　　　　　　　B．专用协议方式
　　　C．专用账号方式　　　　　　　D．账号直接输入方式

试题（33）分析

本题是对信用卡电子支付方式的考查。

信用卡的支付主要包括账号直接传输方式、专用账号方式、专用协议方式和 SET 协议方式。SET 协议方式是用于银行卡网上交付的协议，其安全措施主要包含对称密钥系统、公钥系统、消息摘要、数字签名、数字信封、双重签名和认证等技术。消息摘要主要解决信息的完整性问题，即是否被修改过；数字信封是用来给数据加密和解密；双重签名是将订单信

息和个人账号信息分别进行数字签名,保证商家只看到订货信息而看不到持卡人账户信息,并且银行只能看到账户信息,而看不到订货信息。

参考答案

(33) A

试题(34)

文件的外壳型病毒 (34) 。

(34) A. 寄生于磁盘介质的引导区,借助系统引导过程进入系统
　　　B. 寄生在主程序的首尾,当文件执行时,病毒程序将被执行
　　　C. 寄生在编译处理程序或链接程序中
　　　D. 是用自身代替正常程序中的部分模块或堆栈区

试题(34)分析

本题是对计算机病毒分类情况的考查。

计算机病毒按照链接方式分为源码型病毒、入侵型病毒、外壳型病毒、操作系统型病毒。操作系统型病毒用自己的逻辑部分取代操作系统中的合法程序模块,从而寄生在计算机磁盘操作系统区。源码型病毒是在程序被编译之前,插入目标源程序中,经过编译,成为合法程序的一部分。这类病毒程序一般寄生在编译处理程序或链接程序中。入侵型病毒可用自身代替正常程序中的部分模块或堆栈区,使病毒程序与目标程序成为一体,变成合法程序的一部分。外壳型病毒通常链接在宿主程序的首尾,对原来的主程序不做修改或仅做简单修改。当宿主程序执行时,首先执行并激活病毒程序,使病毒感染、繁衍和发作。

参考答案

(34) B

试题(35)

第三方支付平台在 (35) 之间建立了一个公共的、可信任的中介。

(35) A. 商家与消费者　　　　　　B. 银行与银行
　　　C. 商家与银行　　　　　　　D. 消费者与银行

试题(35)分析

本题是对第三方支付平台基础知识的考查。

第三方支付平台是在商家与消费者之间建立了一个公共的、可以信任的中介,满足了电子商务中商家和消费者对信誉和安全的要求。

参考答案

(35) A

试题(36)

以下关于电子支付业务流程的描述,错误的是 (36) 。

(36) A. 电子支付业务流程的主要参与者为发行银行、接收银行、清算中心、支付者和商家
　　　B. 电子支付业务流程的协议包含付款、存款和支付
　　　C. 清算中心从接收银行收到电子支付指令并验证其有效性,然后提交给发行银行

D．商家接收支付者的电子支付指令并为支付者提供商品或服务

试题（36）分析

本题是对电子支付业务流程的考查。

电子支付业务流程中须遵循的协议为付款、存款、支付和取款。付款协议的目的是将支付者的钱传给发行银行，以更新支付者的账户；取款协议在发行银行和支付者之间执行，其目的是为支付者提供电子支付手段；支付协议在支付者和商家之间执行，为了向支付者提供其申请购买的商品，商家要求支付者提供有效的电子支付手段；存款协议主要目的是商家把从支付者处获得的电子支付手段以及相关的一些数据提供给接收银行。

参考答案

（36）B

试题（37）

电子货币是一种在线货币，它通常在 __(37)__ 上传输。

（37）A．公用网　　　B．物联网　　　C．专用网　　　D．城域网

试题（37）分析

本题是对电子货币基本概念的考查。

专用网是由用户部门组建经营的网络，不允许其他用户和部门使用；由于投资的因素，专用网常为局域网或者是通过租借电信部门的线路而组建的广域网络。

电子货币通常在专用网络上传输，通过POS、ATM系统进行处理。

参考答案

（37）C

试题（38）

如果将数据备份按备份数据量划分，可分为四种，其中 __(38)__ 花费的时间最长、成本也比较高。

（38）A．差分备份　　B．增量备份　　C．完全备份　　D．按需备份

试题（38）分析

本题是对数据备份分类情况的考查。

数据备份可划分为按备份的数据量划分、按备份状态划分、按备份的层次划分等，而按备份的数据量可划分为完全备份、增量备份、差分备份和按需备份。完全备份是对整个服务器系统进行备份，包括对服务器操作系统和应用程序生成的数据进行备份，因此该备份方式花费的时间最长、成本也比较高。增量备份每次备份的数据是相对上一次备份后增加和修改的数据。差分备份方式下，每次备份的数据是相对上一次完全备份之后增加和修改的数据。按需备份不是针对整个系统而是针对选定的文件进行，是根据需要有选择地进行数据备份，因此所需的存储空间小，时间少，成本低，但当系统发生故障时，却不能直接依赖按需备份的数据恢复整个系统。

参考答案

（38）C

试题（39）

__(39)__ 是由于交易双方经济合同的履行或商品和劳务的转移与资金的转移不是同时进行而产生的。

（39）A．信用风险　　　B．操作风险　　　C．流动性风险　　　D．法律风险

试题（39）分析

本题考查支付系统的风险防范。

支付系统风险通常包括系统风险和非系统风险。系统风险指支付过程中一方无法履行债务合同而造成其他各方陷入无法履约的困境，从而造成政策风险、国家风险、货币风险、利率风险和汇率风险；非系统风险主要包括信用风险、流动性风险、操作风险、法律风险等。

信用风险产生的主要原因是交易双方经济合同的达成或商品与劳务的转移与资金的转移不是同时进行的。

参考答案

（39）A

试题（40）

关于 Web 站点广告表述不正确的 __(40)__ 。

（40）A．按钮广告又称标志广告，一般显示公司产品或品牌的标志
　　　 B．旗帜广告是最早的网络广告形式
　　　 C．文本链接广告采用文字标识的方式，一般放置在热门网站首页的关键位置
　　　 D．Web 站点广告都具有链接功能，用户点击后可进入所链接的网页

试题（40）分析

本题考查网络广告不同形式方面的基础知识。

Web 站点广告是最早应用于互联网中的广告形式，它和传统平面广告最大的区别在于，Web 站点广告（包括其他类型的网络广告）都具有链接功能，用户点击后可进入所链接的网页，从而获取更多的信息。Web 站点广告包括多种形式。其中旗帜广告是最早的广告形式，也称横幅广告、条幅广告或标志广告。

按钮广告也称图标广告，一般显示公司产品或品牌的标志，采用与有关信息实现超链接的互动方式，点击可链接到广告主网站或相关信息页面上。

文本链接广告采用文字标识的方式，点击后可以进入相应的广告页面。为了追求良好的广告效果，文本链接广告一般放置在热门网站首页的关键位置，借助浏览者对热门网站的访问，吸引他们关注和点击广告。

参考答案

（40）A

试题（41）

当用户需要查询专业或者特定领域信息时，__(41)__ 是最好的选择。

（41）A．全文搜索引擎　　　　　　　B．元搜索引擎
　　　 C．分类目录搜索引擎　　　　　D．垂直搜索引擎

试题（41）分析

本题考查搜索引擎方面的基础知识。

全文搜索引擎是广泛应用的主流搜索引擎。它的工作原理是计算机索引程序通过扫描文章中的每一个词，对每一个词建立一个索引，指明该词在文章中出现的次数和位置，当用户查询时，检索程序就根据事先建立的索引进行查找，并将查找的结果反馈给用户的检索方式。全文搜索引擎一般由信息采集、索引和检索三部分组成。

分类目录搜索引擎由信息采集、索引和检索三部分组成，只不过分类目录搜索引擎的信息采集和索引两部分主要依靠人工完成。

元搜索引擎（META Search Engine）接受用户查询请求后，同时在多个搜索引擎上搜索，并将结果返回给用户。

垂直搜索引擎，又称行业搜索引擎，是搜索引擎的细分和延伸。当用户需要查询专业或者特定领域信息时，垂直搜索引擎是最好的选择，具有"专、精、深"的特点。

参考答案

（41）D

试题（42）

病毒性营销的特性不包括__（42）__。

（42）A．病毒性营销提供的是有价值的产品或者服务
　　　B．病毒性营销虽然传播速度快，但成本较高
　　　C．通过他人的信息交流频道或者行为来进行传播
　　　D．几何倍数的传播以及高效率的接收

试题（42）分析

本题考查病毒性营销的特性方面的知识。

病毒性营销与其他营销方式相比，具有以下特性：(1)病毒性营销提供的是有价值的产品或者服务；(2)通过他人的信息交流频道或者行为来进行传播；(3)充分利用互联网传播速度快、交互性强、成本低的特点；(4)几何倍数的传播以及高效率的接收。

参考答案

（42）B

试题（43）

菜鸟物流属于__（43）__，它通过开放共享的物流信息平台，收集整合信息，用互通的数据、虚拟仓储、云计算，达到缩短物流半径、缩减成本，提供更为优质的服务的目的。

（43）A．联盟物流模式　　　　　　　　B．第四方物流模式
　　　C．第三方物流模式　　　　　　　　D．自营物流模式

试题（43）分析

本题考查电子商务物流模式方面的知识。

自营物流模式是电商企业投资建设自己的仓库、配送中心等物流设施，并建立自己的配送队伍的一种配送方式，如京东。

第三方物流是指独立于买卖双方之外的专业化物流公司，以签订合同的形成承包部分或

全部物流配送服务工作，如顺丰。

第四方物流是指一个供应链集成商，它对公司内部和具有互补性的服务供应商所拥有的不同资源、能力和技术进行整合和管理，提供一整套供应链解决方案。

物流联盟模式是一种介于自营和外包之间的物流模式，指多个物流企业通过建立一定的契约达成合作共识，进而构建企业间资源共享、风险共担、共同合作的合作伙伴关系。菜鸟物流就是一种联盟式的物流模式，开放共享的物流信息平台，整合分析数据，建立一个协同供应链，收集整合信息，用互通的数据、虚拟仓储、云计算，以达到缩短物流半径、缩减成本，提供更为优质的服务的目的。

参考答案

（43）A

试题（44）

物流部门通过 （44） 解决产品生产和消费在时间上的差异，从而创造商品的时间效益，实现其使用价值，以满足社会需要。

（44）A．运输　　　　B．仓储　　　　C．装卸搬运　　　　D．配送

试题（44）分析

本题考查物流的基本职能。

物流的运输创造着物流的空间效用，使存在空间背离的商品产地与销地之间搭建起连接的"桥梁"，使消费者或用户能够在当地买到所需商品。仓储的目的是克服产品生产与消费在时间上的差异，使物资产生时间效果，实现其使用价值。装卸搬运是指在同一地域范围内进行的，以改变物料的存放状态和空间位置为主要目的的活动。配送是指按用户的订货要求，在物流中心进行分货、配货工作，并将配好的货物送交收货人的过程。

参考答案

（44）B

试题（45）

智能快递柜与 PC 服务器共同构建智能快递投递系统，是物联网技术在 （45） 的应用。

（45）A．装配运输管理　　　　B．仓储库存管理
　　　C．配送管理　　　　　　D．销售管理

试题（45）分析

本题考查物联网技术在现代物流中的应用。

快件在配送过程中，物联网的识别监控功能为及时准确地进行快递配送提供极大的便利。比如，基于物联网技术建设的智能快递柜，与 PC 服务器共同构建智能快递投递系统，能够对物体进行识别、存储、监控和管理，PC 端将快递终端即快递柜中实时采集到的信息数据进行处理，保证实时更新，方便使用人员进行查询、调配以及快递终端维护等操作，为客户提供满意的物流服务。

当快件被送达订单指定地点时，快递员将包裹存入快递柜中，智能系统就可立即识别并且自动为用户发送一条通知短信，包括取件地址以及验证码等信息，用户能在 24 小时内随时去智能终端取货物，简单快捷地完成取件服务。

参考答案

（45）C

试题（46）

在跨境电子商务物流模式中， (46) 易通关且价格低廉，例如 eBay、速卖通、敦煌等电商平台多选择此物流模式。

(46) A．海外（边境）仓模式　　　　B．邮政包裹
　　　C．跨境专线物流模式　　　　　D．快递物流模式

试题（46）分析

本题考查跨境电子商务物流模式的基础知识。

跨境专线物流模式一般是通过航空包舱方式运输到国外，再通过目的地国家合作公司进行物流配送的一种物流方式。

跨境电子商务快递物流模式主要包括国际快递物流和国内快递物流，其中，国际快递物流主要包括 UPS、FeDEx、DHL 和 TNT 这四大国际快递巨头。国际快递公司通过自建的全球网络，利用强大的互联网信息系统以及分布各地的快递网点，为海外购物的用户带来便利。

邮政包裹，包括中国邮政国际包裹和香港邮政国际包裹，易通关且价格低廉，个人跨境和跨国电子商务卖家多选择此种方式，像 eBay、速卖通、敦煌等外贸平台都使用邮政作为自己的物流渠道。

海外仓模式是指由网络贸易交易平台、物流服务商独立或共同为卖家在销售目的地提供货物仓储、分拣、包装和配送的一站式控制和管理服务。

参考答案

（46）B

试题（47）

以下关于矩阵式二维条形码说法不正确的是 (47) 。

(47) A．矩阵式条形码比堆叠式条形码有更高的数据密度，标签依赖于扫描的方向
　　　B．矩阵式条形码有很好的伸缩性
　　　C．矩阵式条形码单元可以是方形、六边形或者圆形
　　　D．矩阵式条形码编码模式使用了检错和纠错技术来改善可读性并可以阅读部分损坏的符号

试题（47）分析

本题考查矩阵式条形码方面的知识。

矩阵式条形码比堆叠式条形码有更高的数据密度，标签不依赖于扫描的方向。矩阵式条形码单元可以是方形、六边形或者圆形，数据通过这些明暗区域的相对应位置进行编码，编码模式使用了检错和纠错技术来改善可读性并可以阅读部分损坏的符号。矩阵式条形码有很好的伸缩性，既可作为产品上的小标识符，也可作为运输包装箱上由传送机扫描的符号。

参考答案

（47）A

试题（48）

牛鞭效应损害整条供应链运营业绩的表现不包括__（48）__。

(48) A．牛鞭效应增加了供应链中产品的生产成本，也增加了供应链的库存成本
　　　B．牛鞭效应缩短了供应链的补给供货期
　　　C．牛鞭效应降低了供应链内产品的供给水平，导致更多的货源不足现象发生
　　　D．牛鞭效应提高了供应链的运输成本

试题（48）分析

本题考查牛鞭效应对供应链运营业绩的影响。

牛鞭效应会损害整条供应链的运营业绩，具体表现为：（1）牛鞭效应增加供应链中产品的生产成本，也增加供应链的库存成本。（2）牛鞭效应延长供应链的补给供货期。由于牛鞭效应增加了需求的变动性，与水平需求相比，生产计划更加难以安排，往往会出现当前生产能力和库存不能满足订单需求的情况，从而导致供应链内公司及其供应商的补给供货期延长。（3）牛鞭效应提高了供应链的运输成本。不同时期的运输需求与订单的完成密切相关，由于牛鞭效应的存在，运输需求将会随着时间的变化而剧烈波动，需要保持剩余的运力来满足高峰期的需求，从而使运输成本提高。（4）牛鞭效应提高了供应链内与送货和进货相关的劳动力成本。（5）牛鞭效应降低了供应链内产品的供给水平，导致更多的货源不足现象发生。

参考答案

（48）B

试题（49）

以下关于网络营销说法错误的是__（49）__。

(49) A．网络营销不会取代传统营销，两者是相互并存的关系
　　　B．网络营销最终是为了实现产品销售，因此网络营销本身就等于网上销售
　　　C．网络营销是电子商务的一个重要环节
　　　D．网络营销是对企业网上经营环境的营造过程

试题（49）分析

本题考查对网络营销含义的理解。

网络营销是为最终实现产品销售、提升品牌形象而进行的活动。网上销售是网络营销发展到一定阶段产生的结果，但并不是唯一结果，因此网络营销本身并不等于网上销售。

网络营销是企业整体营销战略的一个组成部分，网络营销活动不可能脱离一般营销环境而独立存在，在很多情况下网络营销理论是传统营销理论在互联网环境中的应用和发展。因此网络营销不会取代传统营销，两者是相互并存的关系。

无论是传统企业还是基于互联网开展业务的企业，也无论是否有电子化交易的发生，都需要网络营销。但网络营销本身并不是一个完整的商业交易过程，而是为了促成交易提供支持，因此是电子商务中的一个重要环节，尤其在交易发生之前，网络营销主要发挥信息传递的作用。

开展网络营销需要一定的网络环境，网络营销环境为企业开展网络营销活动提供了潜在用户，以及向用户传递营销信息、建立顾客关系、进行网上市场调研等各种营销活动的手段

和渠道。因此，网络营销是对企业网上经营环境的营造过程。

参考答案

（49）B

试题（50）

完整的网络营销活动需要五种基本平台：信息平台、制造平台、交易平台、物流平台和服务平台。其中 __(50)__ 广泛、深入地渗透到其他四个平台中，是其他四个平台运行的基础。

（50）A．制造平台　　　　　　　　B．物流平台
　　　C．服务平台　　　　　　　　D．信息平台

试题（50）分析

本题考查网络营销系统设计方面的基础知识。

完整的网络营销活动需要五种基本的平台：信息平台、制造平台、交易平台、物流平台和服务平台。这五种平台分别执行不同的职能，但彼此之间又相互依存，相互支持。其中，信息平台是企业网络营销系统中最重要、最复杂的一个平台。它不仅有自己相对独立的功能，而且广泛、深入地渗透到其他四个平台之中，是其他四个平台运作的基础。

参考答案

（50）D

试题（51）

在网上调查时，被访者可以及时就问卷相关问题提出自己的看法和建议，这说明了网络调查具有 __(51)__ 特点。

（51）A．及时性和共享性　　　　　B．便捷性和低费用
　　　C．可靠性和客观性　　　　　D．交互性和及时性

试题（51）分析

本题考查网络市场调研的特点。

网络最大特点是交互性。网上调查时，被调查对象可以在任何时间完成不同形式的调研，也可以及时就问卷相关的问题提出自己的看法和建议，可减少因问卷设计不合理而导致的调查结论偏差等问题。同时，被调查者还可以自由地在网上发表自己的看法，并及时反馈给调查者。

参考答案

（51）D

试题（52）

__(52)__ 是一种常用和简洁的客户价值分析方法，其原理在于根据客户过去的交易金额对客户进行分级。

（52）A．ABC 分析法　　　　　　　B．RFM 分析法
　　　C．CLV 法　　　　　　　　　D．BCG 矩阵法

试题（52）分析

本题考查客户价值分析的方法。

客户价值分析目前主要有三种方法：ABC 分析法、RFM 分析法及 CLV 法。

①ABC 分析法。ABC 分析法是一种最常用和简洁的分类方法，其原理在于根据客户过去的交易金额进行分级。占全部交易额 80%的客户定为企业的 A 级客户，剩余 20%部分中的 95%定为 B 级客户，占 5%的那部分客户则被定为 C 级。

②RFM 分析法。RFM 分别对应英文"Recency""Frequency"和"Monetary"的首字母。它是评价客户价值最有用的方法，是基于客户最近购买、消费频率以及消费金额这三个指标进行客户价值分析。

③CLV 法（Customer Lifetime Value）即用户终身价值，它是指每个用户在未来可能为企业带来的收益总和，每位用户的价值由历史价值、当前价值和潜在价值组成。

参考答案

（52）A

试题（53）

TCP/IP 参考模型将网络分为四层，分别是应用层、传输层、网际层和__（53）__。

（53）A．网络接口层　　　　B．表示层　　　　C．会话层　　　　D．物理层

试题（53）分析

本题考查 TCP/IP 参考模型的基础知识。

基于 TCP/IP 的参考模型将网络分成四个层次，它们分别是：网络接口层、网际互联层（网际层）、传输层和应用层。

（1）应用层。

应用层对应于 OSI 参考模型的高层，为用户提供所需要的各种服务。

（2）传输层。

传输层对应于 OSI 参考模型的传输层，为应用层实体提供端到端的通信功能，保证了数据包的顺序传送及数据的完整性。

（3）网际层。

网际层对应于 OSI 参考模型的网络层，主要解决主机到主机的通信问题。

（4）网络接口层。

网络接口层与 OSI 参考模型中的物理层和数据链路层相对应。它负责监视数据在主机和网络之间的交换。

参考答案

（53）A

试题（54）

一个 B 类 IP 地址的子网掩码是 255.255.224.0，则该 IP 的网络可以划分的子网数为__（54）__。

（54）A．8　　　　　　　　B．6　　　　　　　　C．4　　　　　　　　D．2

试题（54）分析

本题考查 IP 地址的子网划分的知识。

在 IPv4 中，默认情况下 B 类 IP 地址最后 2 个字节（后 16 位）表示主机号，但题目中子网掩码后 2 个字节非全 0，即划分了子网，第三个字节 224 转换为二进制数为 11100000，即使用了 3 位划分子网，共可以划分出 8 个子网，除去全 0 和全 1 的网络号，剩余 6 个可用子网。

参考答案

(54) B

试题 (55)

TCP 三次握手协议用于__(55)__。

(55) A. 数据链路层流量控制 　　　　B. 网络层路由选择
　　　C. 传输层连接建立 　　　　　　D. 传输层流量控制

试题 (55) 分析

本题考查三次握手协议的原理及应用。

传输层定义了两个主要的协议：传输控制协议（TCP）和用户数据报协议（UDP）。其中 TCP 协议提供可靠的连接服务，采用三次握手建立一个连接。

第一次握手：建立连接时，客户端发送 SYN 包（SYN =j）到服务器，并进入 SYN_SEND 状态，等待服务器确认；

第二次握手：服务器收到 SYN 包，必须确认客户的 SYN（ACK=j+1），同时自己也发送一个 SYN 包（SYN=k），即 SYN+ACK 包，此时服务器进入 SYN_RECV 状态；

第三次握手：客户端收到服务器的 SYN＋ACK 包，向服务器发送确认包 ACK（ACK=k+1），此包发送完毕，客户端和服务器进入 ESTABLISHED 状态，完成三次握手。

参考答案

(55) C

试题 (56)

某电子商务网站服务器域名为 www.test.com，有用户使用电脑无法访问该网站，该用户使用"Ping 服务器 IP 地址"的方式测试正常，但通过域名依然无法连接，此时可能出现的问题是__(56)__。

(56) A. 线路故障 　　　　　　　　B. 网卡故障
　　　C. 路由故障 　　　　　　　　D. 域名解析故障

试题 (56) 分析

本题考查网络运维的基础知识。

Ping 是工作在 TCP/IP 网络体系结构中应用层的一个服务命令，主要是向特定的目的主机发送 ICMP（Internet Control Message Protocol，因特网报文控制协议）Echo 请求报文，测试目的站是否可达及了解其有关状态。

Ping 服务器 IP 地址测试正常，表明用户机与服务器连接正常，即网卡、线路及路由等都没有故障，但通过域名无法连接，极有可能是域名无法转换成 IP 地址的原因造成的。

参考答案

(56) D

试题 (57)

下面对应用层协议的说法中，正确的是__(57)__。

(57) A. DNS 协议支持域名解析服务，其默认服务端口号为 80
　　　B. 电子邮件系统中，接收电子邮件采用 SMTP 协议

C．Telnet 协议支持远程登录应用

D．FTP 协议提供文件传输服务，只能使用一个固定端口

试题（57）分析

本题考查应用层协议的知识。

应用层主要包括的协议如下：

（1）域名系统（Domain Name System，DNS）：用于实现网络域名到 IP 地址映射的网络服务，该服务默认端口为 53。

（2）文件传输协议（File Transfer Protocol，FTP）：用于实现交互式文件传输功能，FTP 默认的端口号 20、21 分别表示数据端口和控制端口，端口号也可以自行修改。

（3）简单邮件传送协议（Simple Mail Transfer Protocol，SMTP）：用于实现电子邮箱传送功能。

（4）超文本传输协议（HyperText Transfer Protocol，HTTP）：用于实现 WWW 服务。

（5）简单网络管理协议（simple Network Management Protocol，SNMP）：用于管理与监视网络设备。

（6）远程登录协议（Telnet）：用于实现远程登录功能。

参考答案

（57）C

试题（58）

当 Web 服务器访问人数超过了设计访问人数上限时，将可能出现的状态是 __（58）__ 。

（58）A．404 Not Found，请求失败，请求所希望得到的资源在服务器上未发现

B．200 OK，请求已成功

C．503 Service Unavailable，由于临时的服务器维护或者过载，服务器当前无法处理请求

D．305 Use Proxy，被请求的资源必须通过指定的代理才能被访问

试题（58）分析

本题考查 HTTP 状态码的知识。

HTTP 状态码是用以表示网页服务器超文本传输协议响应状态的 3 位数字代码，状态码共分为 5 种类型，分别是消息、成功、重定向、请求错误及服务器错误，所有状态码的第一个数字代表了响应的五种状态之一。

（1）消息。

这一类型的状态码，代表请求已被接受，需要继续处理，包括：

100 Continue

101 Switching Protocols

102 Processing

（2）成功。

这一类型的状态码，代表请求已成功被服务器接收、理解并接受，包括：

200 OK

请求已成功，请求所希望的响应头或数据体将随此响应返回。出现此状态码是表示正常状态。

201 Created

202 Accepted

203 Non-Authoritative Information

204 No Content

205 Reset Content

206 Partial Content

207 Multi-Status

（3）重定向。

这类状态码代表需要客户端采取进一步的操作才能完成请求。通常，这些状态码用来重定向，后续的请求地址（重定向目标）在本次响应的 Location 域中指明，包括：

300 Multiple Choices

301 Moved Permanently

302 Move Temporarily

303 See Other

304 Not Modified

305 Use Proxy

被请求的资源必须通过指定的代理才能被访问。Location 域中将给出指定的代理所在的 URI 信息，接收者需要重复发送一个单独的请求，通过这个代理才能访问相应资源。只有原始服务器才能建立 305 响应。

306 Switch Proxy

307 Temporary Redirect

（4）请求错误。

这类的状态码代表了客户端看起来可能发生了错误，妨碍了服务器的处理，包括：

400 Bad Request

401 Unauthorized

402 Payment Required

403 Forbidden

404 Not Found

请求失败，请求所希望得到的资源未在服务器上发现。

405 Method Not Allowed

406 Not Acceptable

407 Proxy Authentication Required

408 Request Timeout

其他不再一一列出。

(5）服务器错误。

这类状态码代表了服务器在处理请求的过程中有错误或者异常状态发生，也有可能是服务器意识到以当前的软硬件资源无法完成对请求的处理，包括：

500 Internal Server Error

501 Not Implemented

502 Bad Gateway

503 Service Unavailable

由于临时的服务器维护或者过载，服务器当前无法处理请求。注意：503 状态码的存在并不意味着服务器在过载的时候必须使用它。某些服务器只不过是希望拒绝客户端的连接。

504 Gateway Timeout

505 HTTP Version Not Supported

506 Variant Also Negotiates

507 Insufficient Storage

509 Bandwidth Limit Exceeded

510 Not Extended

600 Unparseable Response Headers

参考答案

（58）C

试题（59）

ARP 协议是将 __（59）__ 的协议。

（59）A．IP 转换成端口　　　　　　B．IP 转换成 MAC

　　　　C．MAC 转换成 IP　　　　　　D．MAC 转换成端口

试题（59）分析

本题考查 ARP 协议的原理。

ARP 协议是 Address Resolution Protocol（地址解析协议）的缩写。在以太网环境中，数据传输依赖的是 MAC 地址而非 IP 地址，而将已知 IP 地址转换为 MAC 地址的工作是由 ARP 协议来完成的。

参考答案

（59）B

试题（60）

.NET Framework 是一种 __（60）__ 。

（60）A．编程语言　　　　　　　　　B．操作系统

　　　　C．程序运行平台　　　　　　　D．数据库管理系统

试题（60）分析

本题考查.NET Framework 的基础知识。

.NET Framework 是.NET 提供的一种新的运行环境；.NET 框架主要包括三个组成部分：公共语言运行时（Common Language Runtime，CLR），服务框架（Services Framework）以及

应用模板。

参考答案

（60）C

试题（61）

Windows NT 和 Windows 2000 系统可以在几次无效登录后锁定账号，这可以防止 __(61)__ 。

（61）A．木马　　　　B．IP 欺骗　　　　C．暴力攻击　　　D．缓存溢出攻击

试题（61）分析

本题考查网络安全的知识。

木马病毒是指隐藏在正常程序中的一段具有特殊功能的恶意代码，是具备破坏和删除文件、发送密码、记录键盘和攻击 DoS 等特殊功能的后门程序。

IP 地址欺骗是指网络传输的 IP 数据包为伪造的源 IP 地址，以便冒充其他系统或发件人的身份。这是一种黑客的攻击形式，黑客使用一台计算机上网，而借用另外一台计算机的 IP 地址，从而冒充另外一台计算机与服务器交互。

暴力破解攻击是指攻击者通过系统的组合所有可能性（例如登录时用的账户名、密码），尝试所有的可能性破解用户的账户名、密码等敏感信息，攻击者会经常使用自动化脚本组合出正确的用户名和密码。

缓冲区溢出的含义是为缓冲区提供了多于其存储容量的数据，通常情况下，缓冲区溢出的数据只会破坏程序数据，造成意外终止。但是如果有人精心构造溢出数据的内容，那么就有可能获得系统的控制权。

参考答案

（61）C

试题（62）

在 HTML5 中，doctype 标签的正确用法是 __(62)__ 。

（62）A．<!DOCTYPE HTML5>

　　　B．<!DOCTYPE html>

　　　C．<!DOCTYPE HTML PUBLIC "-//W3C//DTD HTML 5.0//EN""http://www.w3.org/TR/html5/strict.dtd">

　　　D．<html>

试题（62）分析

本题考查 HTML 中 doctype 标签的用法。

<!DOCTYPE>声明必须是 HTML 文档的第一行，位于<html>标签之前。<!DOCTYPE>声明不是 HTML 标签；它是指示 Web 浏览器关于页面使用哪个 HTML 版本进行编写的指令。在 HTML 4.01 中，<!DOCTYPE>声明引用 DTD，因为 HTML 4.01 基于 SGML。DTD 规定了标记语言的规则，这样浏览器才能正确地呈现内容。HTML5 不基于 SGML，所以不需要引用 DTD。在 HTML 4.01 中有三种<!DOCTYPE>声明。在 HTML5 中只有一种：<!DOCTYPE html>。

参考答案

（62）B

试题（63）

使用 CSS 设置文字、排版、边界等样式时，经常用到长度单位，下列是相对单位的是__(63)__。

（63）A．in   B．cm   C．px   D．pt

试题（63）分析

本题考查 CSS 中表示长度属性值单位的基本知识。

CSS 中表示长度属性值的单位分为两类：

绝对单位包括：英寸、厘米、毫米、磅和 pica（皮卡），其对应的英文单位分别是 in（1in=2.54cm）、cm、mm、 pt（1pt=1/72in）、pica（pc，1pc=12pt）。

相对单位与绝对单位相比显示大小不是固定的，它所设置的对象受屏幕分辨率或视觉区域、浏览器设置以及相关元素的大小等因素影响。经常使用的相对单位包括：em、ex、px、%。

参考答案

（63）C

试题（64）

引用外部 JavaScript 脚本文件"test.js"的正确形式是__(64)__。

（64）A．<script type="text/javascript" language="javascript" src="test.js" ></script>
       B．<style type="text/javascript" language="javascript" src="test.js" ></script>
       C．<script type="text/javascript" language="javascript" href="test.js" ></script>
       D．<style type="text/javascript" language="javascript" href="test.js" ></script>

试题（64）分析

本题考查引用外部 JavaScript 脚本文件的方法。

可将 JavaScript 函数写成一个独立的 js 文件，在 HTML 文档中引用该 js 文件，引用时必须使用 src 属性。JavaScript 文件的扩展名为*.js。格式如下：

```
<script type="text/javascript" language="javascript" src="外部JS文件"></script>
```

参考答案

（64）A

试题（65）

jQuery 代码$("p.intro")表示的含义是__(65)__。

（65）A．选取<p>元素
       B．选取所有 class="intro" 的<p>元素
       C．选取所有 id="intro" 的<p>元素
       D．选取所有 id="p.intro" 的元素

试题（65）分析

本题考查 jQuery 语法的基础知识。

jQuery 是通过选取 HTML 元素，并对选取的元素执行某些操作。

基础语法：$(selector).action();
美元符号定义 jQuery；
选择符（selector）"查询"和"查找"HTML 元素；
jQuery 的 action() 执行对元素的操作。
选择符主要有如下几种实例：
$(this).hide() - 隐藏当前元素；
$("p").hide() - 隐藏所有<p>元素；
$("p.test").hide() - 隐藏所有 class="test" 的<p>元素；
$("#test").hide() - 隐藏所有 id="test" 的元素。

参考答案
（65）B

试题（66）
XmlHttpRequest 对象是 AJAX 的核心，该对象用于在后台与服务器之间交换数据，利用该对象不能实现__（66）__。
（66）A．在不重新加载页面的情况下更新网页
　　　B．在页面已加载后从服务器请求数据
　　　C．在页面已加载后从服务器接收数据
　　　D．访问数据库服务器

试题（66）分析
本题考查 AJAX 技术的原理。
AJAX 是一种异步通信技术。在 AJAX 出现之前，客户端与服务端之间直接通信。引入 AJAX 之后，客户端与服务端之间加了一个第三者——AJAX。有了 AJAX 之后，通过在后台与服务器进行少量数据交换，可以达到在不刷新整个页面的情况下实现局部刷新。其原理如图。

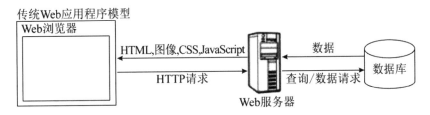

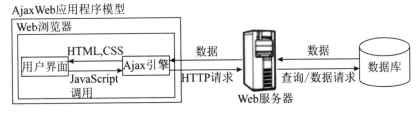

XMLHttpRequest 是 AJAX 的核心机制，AJAX 是通过 XmlHttpRequest 对象来向服务器

发异步请求，从服务器获得数据，然后用 javascript 来操作 DOM 而更新页面。

从图中可以看出，只有 Web 服务器可以与数据库服务器直接交互。

参考答案

（66）D

试题（67）

实现为企业员工、合作伙伴和客户提供商业级的通信架构的电子商务网站构件是 __(67)__ 。

（67）A．应用服务器 　　　　　　　　B．内容管理子系统
　　　　C．邮件和消息服务器　　　　　D．搜索引擎

试题（67）分析

本题考查电子商务网站基本构件的基础知识。

应用服务器主要用于企业较大规模电子商务应用的开发、发布和管理，同时与企业原有系统集成。

内容管理子系统主要是简化企业网站的产品管理、提高效率，并把筛选后的相应内容发给最终用户。

邮件和消息服务器为企业员工、合作伙伴和客户提供商业级的通信架构。

搜索引擎为电子商务网站提供优秀的搜索功能。如果消费者在某一网站无法搜索到他们想要的商品，他们就会转移到其他网站。

参考答案

（67）C

试题（68）

区块链技术的特性不包括 __(68)__ 。

（68）A．不可篡改　　B．高升值　　　C．去中心化　　　D．可追溯

试题（68）分析

本题考查区块链的特点。

区块链有五大特点：

（1）去中心化，就是所有在整个区块链网络里面跑的节点，都可以进行记账，都有一个记账权，这就完全规避了操作中心化的弊端。它不是中心化，它是去中介化。中心化就是，比如现在 40%的比特币掌握在美国人手里（只是一个猜测），它可以嫁接一个白手套来搅动整个市场。这实际上还是有一个中心化运作体系的；以太坊大量持有在犹太人手里；EOS 集中在 21 个超级节点。他们只能叫作弱中心化。

（2）开放性，这是针对区块链共有链来讲的，因为共有链的信息任何人都可以进去读或写，只要是它整个网络体系的节点，有记账权的节点，都可以进行。

（3）防篡改性，就是任何人要改变区块链里面的信息，必须要攻击网络里面 51%的节点才能把数据更改掉，这个难度非常大。

（4）匿名性，基于其算法实现了以地址来寻址，而不是以个人身份。整个区块链里面有两个不可控：第一个是身份不可控匿名性，不知道是谁发起了这笔交易；第二个是它有一个跨境支付，这牵扯到币的资金转移。

(5) 可追溯性，其机制就是设定后面一个区块拥有前面一个区块的一个哈希值，就像一个挂钩，只有识别了前面的哈希值才能挂得上去，是一整条完整的链。

参考答案

（68）B

试题（69）

以下行为中 （69） 属于《中华人民共和国电子商务法》的适用范围。

（69）A．王某通过直播视频获取打赏收入的行为
　　　B．利用信息网络提供新闻信息服务，其内容的合法性和安全性的监管
　　　C．张某下班后，在路边商店买了一件商品，通过支付宝扫码进行支付
　　　D．金融类产品和服务的交易

试题（69）分析

本题考查《中华人民共和国电子商务法》的适用范围。

《中华人民共和国电子商务法》第二条第二款则界定了电子商务的概念，根据该条规定，"电子商务，是指通过互联网等信息网络销售商品或者提供服务的经营活动"。其实质特征则在于经营活动的远程性，按照这个界定，买方在经营者营业场所进行的交易，即使支付或者合同缔结环节通过互联网等信息网络完成，也不属于电子商务。

《中华人民共和国电子商务法》第二条第三款规定，"法律、行政法规对销售商品或者提供服务有规定的，适用其规定。金融类产品和服务，利用信息网络提供新闻信息、音视频节目、出版以及文化产品等内容方面的服务，不适用本法"。

网络视频网站的视频服务交易环节，如消费者为观看视频付费给网络视频网站的交易，则属于《中华人民共和国电子商务法》的适用范围。因此，A 属于《中华人民共和国电子商务法》的适用范围，要受其制约。

参考答案

（69）A

试题（70）

在搜索引擎输入关键词"Louis"所得到的搜索结果中，位于页面右侧"推广链接"标题下，出现销售仿制路易斯公司商品的网站链接，这属于 （70） 。

（70）A．网络链接上的商标侵权
　　　B．网络搜索引擎上的隐性商标侵权
　　　C．电子邮件账户上的商标侵权
　　　D．网上随意诋毁他人商标信誉

试题（70）分析

本题考查电子商务环境下，商标权保护方面的知识。

在电子商务环境下，商标权的保护主要涉及以下内容：

①网络链接上的商标侵权。在因特网上，处于不同服务器上的文件可以通过超文本标记语言链接起来。如果在自己网页上将他人注册商标或驰名商标设为链接，采用深度链接或加框链接技术，绕开被链接网站的主页，这种行为就有借他人商标的知名度来增加自己点击率

和浏览量的"搭便车"的嫌疑。因此，在网站设计时，相关图标的设计需注意避免商标侵权现象，不要随意采用别的网站或公司图标，否则容易陷入商标侵权的知识产权纠纷之中。

②网络搜索引擎上的隐性商标侵权。当网络用户使用搜索引擎服务时，在搜索框中输入某个词或句子后，搜索引擎便会根据第三方网站内容与该关键词句的匹配度等因素以从高到低的顺序在页面上显示出相关的搜索结果。隐性商标侵权的特点是某个网页所有者将他人的商标置于自己的网页代码或者搜索引擎服务商的系统关键词内，这样虽然用户不会在该网页上看到他人的商标，但是当用户使用网上搜索引擎查找商标时，该网页就会位居搜索结果前列。这种隐性使用他人商标、靠他人商业信誉把用户吸引到自己网页的做法，往往会引发商标侵权的诉讼，在搜索引擎提供商所提供的增值服务或推广服务中，这种纠纷更为多见。

③其他电子形式的商标侵权。电子商务中还存在通过网络广告、远程登录数据库查索、电子邮件账户以及在电子商务活动中假冒、盗用他人的注册商标推销、兜售自己的产品或服务或在网上随意地诋毁他人商标信誉等侵权行为。这些也都构成了网络环境下的商标侵权行为。

参考答案
（70）B

试题（71）～（75）

E-commerce is becoming increasingly important around the world. Emerging Asia, and China in particular, is already playing a major role in this form of (71) . While the e-commerce market remains smaller than (72) , further growth in e-commerce is expected in the future in the region and globally. The scale of e-commerce in the region and the potential for its further development are the result of multiple factors, including levels of (73) use, the development of ICT infrastructure, transportation infrastructure and logistics capabilities, the use of (74) , and the legal and regulatory environment. Among the most important policy areas to be addressed in fostering its continued development are improvements in connectivity, the development of digital skills and the provision of (75) .

（71）A．payment systems　　　　　　　　B．social activities
　　　C．economic form　　　　　　　　　D．economic activity

（72）A．key markets　　　　　　　　　　B．traditional markets
　　　C．new markets　　　　　　　　　　D．electronic markets

（73）A．information and communication technology(ICT)
　　　B．Internet of things technology
　　　C．Internet communication technology
　　　D．artificial intelligence technology

（74）A．e-commerce payment systems　　　B．cash payment systems
　　　C．financial management systems　　 D．website systems

（75）A．e-commerce payment　　　　　　　B．digital security
　　　C．digital Economy　　　　　　　　　D．digital currency

参考译文

　　电子商务在世界各地和亚洲新兴经济体越来越重要，特别是中国，已经在这种形式的经济活动中发挥了重要作用。尽管电子商务市场仍然比传统市场小，但预计未来该地区和全球电子商务将进一步增长。该地区电子商务的规模及其进一步发展的潜力是多种因素的结果，包括信息和通信技术（ICT）的使用水平、ICT基础设施的发展、运输基础设施和物流能力、使用电子商务支付系统，以及法律和监管环境。在促进其持续发展方面，最重要的政策领域是改善连通性、发展数字技能和提供数字安全。

参考答案

　　（71）D　（72）B　（73）A　（74）A　（75）B

第8章 2019下半年电子商务设计师下午试题分析与解答

试题一（共 15 分）
   阅读下列说明，回答问题 1 至问题 4，将解答填入答题纸的对应栏内。
【说明】
   某电子商务企业拟开发一套销售系统，该系统的部分功能及初步需求分析的结果如下所述：
   1. 会员信息包括会员号、姓名、性别、身份证号、电话、积分。其中会员号唯一标识会员关系中的每一个元组。
   2. 员工信息包括员工号、姓名、性别、职务、权限级别、身份证号、基本工资。其中员工号唯一标识员工关系中的每一个元组；职务分为会员管理员、商品管理员等；一名会员管理员可以管理多名会员，一名商品管理员可以管理多种商品，不同职务员工的基本工资不同。
   3. 商品信息包括商品号、商品名称、所属类型、数量、单价。商品号唯一确定商品关系的每一个元组。一个会员可以购买多种商品，一种商品也可以被多个会员购买，购买时，需要注明购买数量。
【概念模型设计】
   根据需求阶段收集的信息，设计的实体联系图如图 1-1 所示。

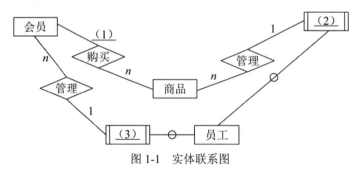

图 1-1 实体联系图

【关系模式设计】
   会员(会员号, ___(4)___, 性别, 身份证号, 电话, 积分, 员工号)
   员工(___(5)___, 姓名, 性别, 职务, 权限级别, 身份证号, 基本工资)
   商品(商品号, 商品名称, 所属类型, 数量, 单价)
   购买(___(6)___, 商品号, 购买数量, 购买时间, 购买费用)

【问题 1】（3 分）
   补充图 1-1 中的空（1）～（3）。
【问题 2】（5 分）
   (a) 根据题意，将关系模式中的空（4）～（6）补充完整。

（b）根据题意，有没有不完整的关系模式？如果有，请给出正确的关系模式。

【问题3】（5分）

（a）会员关系模式的主键为__（7）__，外键为__（8）__。

（b）购买关系模式的主键为__（9）__。

【问题4】（2分）

员工关系不存在传递依赖的说法正确吗？为什么？

试题一分析

本题考查数据库概念结构设计及概念结构向逻辑结构转换的过程。

此类题目要求考生认真阅读题目对现实问题的描述，经过分类、聚集、概括等方法，从中确定实体及其联系。题目已经给出了3个实体，需要根据需求描述，给出实体间的联系。

【问题1】

由"一个会员可以购买多种商品，一种商品也可以被多个会员购买"可知会员与商品间为 $m:n$ 联系；由"员工职务分为会员管理员、商品管理员"可知员工是会员管理员和商品管理员的超类型，会员管理员和商品管理员是员工的子类型，且一名会员管理员可以管理多名会员，一名商品管理员可以管理多种商品。完整的实体联系如图1-2所示。

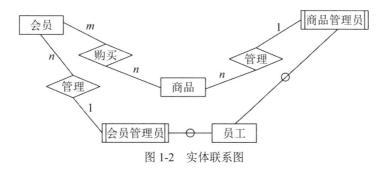

图1-2 实体联系图

【问题2】

（a）由题意可知，会员信息包括会员号、姓名、性别、身份证号、电话、积分等，且一名会员管理员可以管理多名会员，即一名员工可以管理多名会员，将 $1:n$ 联系转换成逻辑模型时，要将员工关系的主键"员工号"添加到会员关系中，会员关系为：会员（会员号，姓名，性别，身份证号，电话，积分，员工号）。

员工信息包括员工号、姓名、性别、职务、权限级别、身份证号、基本工资等，员工关系为：员工（员工号，姓名，性别，职务，权限级别，身份证号，基本工资）。

一个会员可以购买多种商品，一种商品也可以被多个会员购买，购买时，需要注明购买数量。$m:n$ 的联系需要独立建立关系，联系中应包括联系双方实体的主键，因此购买关系为：购买（会员号，商品号，购买数量，购买时间，购买费用）。

（b）一名商品管理员可以管理多种商品，商品管理员与商品之间是 $1:n$ 联系，即员工与商品是 $1:n$ 联系，$1:n$ 联系转换为逻辑模型时，要将员工号加入商品关系中，商品关系为：商品（商品号，商品名称，所属类型，数量，单价，员工号）。

【问题 3】
　　(a) 会员号唯一标识会员关系中的每一个元组，会员关系模式的主键为会员号，员工号是员工关系的主键，因此会员关系的外键为员工号。
　　(b) 根据题意，会员号和商品号为购买关系模式联合主键。
【问题 4】
　　员工关系中存在员工号→职务，职务→基本工资，员工号→基本工资，因此存在传递依赖。

参考答案
【问题 1】
　　(1) m 或*
　　(2) 商品管理员
　　(3) 会员管理员
【问题 2】
　　(a)
　　(4) 姓名　　(5) 员工号　　(6) 会员号
　　(b) 有
　　商品（商品号，商品名称，所属类型，数量，单价，员工号）
【问题 3】
　　(7) 会员号
　　(8) 员工号
　　(9) 会员号、商品号、购买时间
【问题 4】
　　错误（1 分）；因为员工号→职务，职务→基本工资，故存在传递依赖"员工号→基本工资"（根据 Armstrong 公理系统的传递律规则）。

试题二（共 15 分）
　　阅读以下说明，回答问题 1 至问题 3，将解答填入答题纸的对应栏内。

【说明】
　　某电子商务公司开发了一个基于 ASP.NET+SQL Server 的电子商务网站，为了满足用户在移动端的使用需求，同时还开发了基于 Android 平台的 App，其中基于 Android 平台的 App 采用 Java 语言开发，管理服务端程序采用 C#语言开发。

【问题 1】（7 分）
　　在 App 登录界面的布局文件中，创建用户名输入框（id 为"uname"）、密码输入框（id 为"password"）及登录按钮（id 为"blogin"），在登录按钮的监听器中编写登录验证方法，要求登录成功时显示"登录成功"，登录失败时显示"登录失败"。其中可以调用 login 方法，根据输入的用户名及密码在数据库中进行查询，来判断用户身份是否合法。如用户合法，该方法返回值为 true，否则返回值为 false。根据描述，完成以下程序。

```
public void loginClicked(View view) {
username=(EditText)findViewById(R.id. (1) );
```

```
userpassword=(EditText)findViewById(R.id. (2) );
String userName=username. (3) .toString();
String passWord=userpassword. (3) .toString();
if (userName. (4) ||passWord. (4) ){
    Toast.makeText(MainActivity.this, "账号和密码不能为空",
    Toast.LENGTH_SHORT).show();
     (5) ;
}
if (login(userName,passWord)) {
Toast.makeText(MainActivity.this, " (6) ", Toast.LENGTH_SHORT).show();
}
else {
Toast.makeText(MainActivity.this, " (7) ", Toast.LENGTH_SHORT).show();
  }
}
```

【问题2】(3分)

采用 ASP.NET（C#语言）实现管理员对商品的删除，具体操作是管理员在商品信息列表中点击需要删除的商品行中的"删除"按钮。创建商品信息列表一般可以采用 GridView 控件实现，在 GridView 控件每一行数据后加一个"删除"按钮列，该列采用 GridView 控件模板列实现。根据题意，完成添加"删除"按钮的代码。

```
<asp: (8) HeaderText="删除">
< (9) >
<asp:LinkButtonID="LinkButton1" runat="server" CausesValidation="False"
CommandName=" (10) "    Text="删除"></asp:LinkButton>
</ (9) >
<ControlStyle Width="50px" />
</asp: (8) >
```

【问题3】(5分)

GridView 控件 id 为"gvProduct"，当点击该控件中 CommandName 为"Delete"的按钮时，将触发该控件的 RowDeleting 事件，在该事件注册的方法中实现商品数据的删除。假设数据库服务器地址为"145.23.1.211"，数据库名为"SW"，商品表名为"S_Product"，该表主键为"ProductID"，并将"ProductID"设为 GridView 控件的 DataKeyNames 属性值。删除数据后，需要刷新 GridView 控件，可以调用 BindData()方法重新绑定数据以实现刷新的效果。根据题意，完成删除指定商品的代码。

```
protected void gvProduct_RowDeleting(object sender, EventArgs e)
{
    string strcon = "server= (11) ;database= (12) ;uid=sa;pwd=a1b2c3";
    SqlConnection con = new SqlConnection(strcon);
    stringproductID = gvProduct.DataKeys[e. (13) ].Value;
     string sqlStr="delete from  (14)  where productID='"+productID+"'";
```

```
try
{
con.Open();
SqlCommand command = new SqlCommand(sqlStr, con);
if (command.ExecuteNonQuery() > 0)
Response.Write("删除成功");
else
Response.Write("删除失败，可能是要删除的数据不存在");
    }
…                    //异常处理程序省略
 (15)   ;            //重新绑定数据
}
```

试题二分析

本题考查基于 Android 平台的 App 开发技术及 ASP.NET 模板列、连接访问数据库技术。

【问题 1】

根据题意，首先需要根据 id 获取对象、用户名输入框（id 为 "uname"）、密码输入框（id 为 "password"），然后取出对象中的值并转换为字符串；当用户名及密码为空时，应返回重新输入后再验证；当用户名及密码非空时，判断用户名及密码是否合法，如果合法，则登录成功并输出显示 "登录成功"，否则登录失败并输出显示 "登录失败"。

完整的程序代码如下：

```
public void loginClicked(View view) {
username=(EditText)findViewById(R.id.uname);
userpassword=(EditText)findViewById(R.id.password);
   String userName=username.getText().toString();
   String passWord=userpassword.getText().toString();
if (userName.isEmpty()||passWord.isEmpty()){
Toast.makeText(MainActivity.this, "账号和密码不能为空",
Toast.LENGTH_SHORT).show();
return;
    }
if (login(userName,passWord)) {
Toast.makeText(MainActivity.this, "登录成功",
Toast.LENGTH_SHORT).show();
}
else {
Toast.makeText(MainActivity.this, "登录失败",
Toast.LENGTH_SHORT).show();
    }
}
```

【问题 2】

ASP.NET 的 GridView 控件模板列采用 TemplateField 实现，控件模板只是一个可以添加其他内容的容器，如文本、HTML 控件或 ASP.NET 控件。TemplateField 提供了 6 个不同的模板，用于定制列的指定区域，或创建列中的单元格能进入的模式，下表列出了这些模板。

模 板 名	说 明
ItemTemplate	用于显示数据绑定控件的 TemplateField 中的一项
AlternatingItemTemplate	用于显示 TemplateField 的替换项
EditItemTemplate	用于显示编辑模式下的 TemplateField 项
InsertItemTemplate	用于显示插入模式下的 TemplateField 项
HeaderTemplate	用于显示 TemplateField 的标题部分
FooterTemplate	用于显示 TemplateField 的脚标部分

根据题意，要在模板列添加"删除"按钮，要触发 GridView 控件的 RowDeleting 事件，"删除"按钮的 CommandName 必须为"Delete"，完整的程序代码如下：

```
<asp:TemplateField HeaderText="删除">
<ItemTemplate>
<asp:LinkButton ID="LinkButton1" runat="server" CausesValidation="False"
CommandName="Delete"       Text="删除"></asp:LinkButton>
</ItemTemplate>
<ControlStyle Width="50px" />
</asp:TemplateField>
```

【问题 3】

根据题意，数据库服务器地址为"145.23.1.211"，数据库名为"SW"，商品表名为"S_Product"，该表主键为"ProductID"，并将"ProductID"设为 GridView 控件的 DataKeyNames 属性值。删除数据后，需要刷新 GridView 控件，可以调用 BindData()方法重新绑定数据以实现刷新的效果，完整的程序代码如下：

```
protected void gvProduct_RowDeleting(object sender, EventArgs e)
{
    string strcon = "server=145.23.1.211;database=SW;uid=sa;pwd=a1b2c3";
    SqlConnection con = new SqlConnection(strcon);
    string productID = gvProduct.DataKeys[e.RowIndex].Value;
string sqlStr = "delete from S_Product where productID='" + productID+"'";
try{
con.Open();
SqlCommand command = new SqlCommand(sqlStr, con);
if (command.ExecuteNonQuery() > 0)
Response.Write("删除成功");
else
Response.Write("删除失败,可能是要删除的数据不存在");
    }
```

```
    …                    //异常处理程序省略
    BindData();          //重新绑定数据
}
```

参考答案

【问题 1】

（1）uname

（2）password

（3）getText()

（4）isEmpty()或 equals("")

（5）return

（6）登录成功

（7）登录失败

【问题 2】

（8）TemplateField

（9）ItemTemplate

（10）Delete

【问题 3】

（11）145.23.1.211

（12）SW

（13）RowIndex

（14）S_Product

（15）BindData()

注：（14）字母不区分大小写

试题三（共 15 分）

阅读以下说明，回答问题 1 至问题 3，将解答填入答题纸的对应栏内。

【说明】

在开发某大型电子商务系统项目过程中，为保证软件的开发质量，需要进行软件测试。某测试员需要完成销售情况统计模块及某函数的测试任务。

【问题 1】(7 分)

根据以下程序代码、程序控制流程图及测试用例表，填写（1）～（7）空。

```
1.  int TestFunction(int sum,int flag)
2.  {
3.      int temp=0;
4.      while(sum >0)
5.      {
6.          if(flag==0)
7.          {
8.              temp = sum +50;
```

```
9.                break;
10.           }
11.      else
12.      {
13.           if(flag==1)
14.           {
15.                temp+ = 10;
16.           }
17.           else
18.           {
19.                temp+ = 20;
20.           }
21.      }
22.      sum--;
23.  }
24.  return temp;
25. }
```

测试人员使用基本路径测试方法测试该函数，根据程序执行情况，绘制程序的控制流程图，如图 3-1 所示。

注：在图 3-1 中的数字是源程序中的行号，语句 3 和 4 顺序执行，合并为结点 4；语句 8 和 9 顺序执行，合并为结点 8。

由图3-1 可以计算出程序环路复杂度 V（G）= __(1)__ – __(2)__ + 2 = 4。

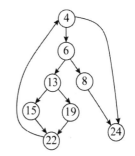

图 3-1 程序控制流程图

结合程序代码，在图 3-1 中，从起始结点 4 到终止结点 24 共有 4 条独立路径：

Ⅰ）4,24

Ⅱ）4,6,8,24

Ⅲ）__(3)__

Ⅳ）4,6,13,19,22,4,24

针对上面 4 条独立路径，可以设计表 3-1 所示的测试用例。

表 3-1 基本路径测试用例表

输入数据		预期结果	独立路径
flag	Sum	temp	
2	(4)	20	Ⅳ
0	1	51	(5)
任意值	−7	(6)	Ⅰ
1	2	20	(7)

【问题 2】（4 分）

现有需测试的程序结构图，如图 3-2 所示。

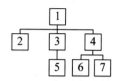

图 3-2 被测程序结构图

采用自顶向下的集成测试方法,完成图 3-2 程序的测试。按照深度优先方式进行集成测试的顺序为__(8)__,按照广度优先方式进行集成测试的顺序为__(9)__。

【问题 3】(4 分)

对图 3-2 使用自底向上的集成测试方法,其基本过程如图 3-3 所示。根据题意,完成自底向上的集成测试过程,填写(10)~(13)空。

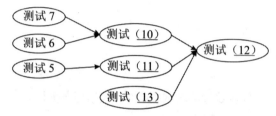

图 3-3 自底向上的集成测试过程

试题三分析

本题考查软件测试中使用基本路径和集成测试完成程序中功能模块和函数的测试。

题目已经给出程序代码、程序控制流程图、测试用例表以及自底向上的集成测试过程中的部分内容,需要根据需求描述,完善测试用例表中的内容;根据被测程序结构图,完成集成测试过程中的部分内容。

【问题 1】

本问题考查了基本路径软件测试方法。结合程序代码、程序控制流程图,计算程序环路复杂度,分析程序执行的独立路径。

环路复杂度用来定量度量程序的逻辑复杂度,通常标记为 V(G)。环路复杂度可根据程序控制流图计算得到(流图一般标记为 G)。计算环路复杂度通常采用以下 3 种方法:

(1) 控制流图中的区域数等于环路复杂度。
(2) V(G) = E–N+2,其中,E 是控制流图中边的数量,N 是节点的数量。
(3) V(G) = P+1,其中,P 是控制流图中判定节点的数量。

题目考查的是使用第二种方法计算环路复杂度,由图 3-1 控制流图可得到,控制流图中边的数量 E=10,节点的数量 N=8,所以 V(G)=10–8+2=4。

独立路径也称为基本路径,其含义包含以下两点:

(1) 独立路径是一条从起始节点到终止节点的路径。
(2) 一条独立路径至少包含一条其他独立路径没有包含的边,也就是说,至少引入了一条新的执行语句。

根据上述规则,可以看出从起始结点 4 到终止结点 24 共有 4 条独立路径,而第三条独立路径应为：4，6，13，15，22，4，24。

分析程序代码可知，当 flag=0 时，执行结果返回 sum +50；当 flag=1 时，执行结果返回 sum *10；当 flag 为其他值、sum 的值大于 0 时，执行结果返回 sum *20；当 flag 为其他值、sum 的值小于 0 时，程序不执行循环体中的语句，执行结果返回 temp 的初始值。

在基本路径测试用例中，要使程序代码执行路径Ⅳ，当 flag=2，执行结果 temp=20 时，说明 sum 的值大于 0，根据执行结果可知，sum=1；

当 flag=0，sum=1 时，temp=1+50 =51，程序代码执行路径Ⅱ；

当 flag 的值为任意值、sum 小于 0 时，程序不执行循环体语句，temp=0，程序代码执行路径Ⅰ；

当 flag=1，sum=2 时，temp=2×10=20，程序代码执行路径Ⅲ。

【问题 2】
自顶向下的集成测试按照软件模块在设计中的层次结构，从上到下逐步进行集成和测试。先从最上层的主控模块开始，再沿着软件的模块层次向下移动，逐步将软件所包含的模块集成在一起。深度优先（纵向）方式和广度优先（横向）方式是两种集成策略。深度优先方式首先集成在结构中的一个主控路径下的所有模块；而广度优先方式首先沿着水平方向，把每一层中所有直接隶属于上一层的模块集成起来，直到底层。

由上述规则可知，被测程序结构图 3-2，按照深度优先方式进行集成测试的顺序为 1->2->3->5->4->6->7，按照广度优先方式进行集成测试的顺序为 1->2->3->4->5->6->7。

【问题 3】
自底向上的方式是从软件结构的最底层模块开始，自下而上地逐步完成模块的集成和测试工作。由于下层模块的实际功能都已开发完成，因此在集成过程中就不需要开发桩模块，只需要开发相应的上层驱动模块即可。

自底向上集成测试过程的具体步骤：
①将底层模块组合成实现某一特定系统子功能的功能族。
②编写驱动程序，能够调用已组合的模块，并协调测试数据的输入与输出。
③对组合模块构成的子功能族进行测试。
④去掉驱动程序，沿着软件结构从下往上移动，将已测试过的子功能族组合在一起，形成更大粒度的子功能族。
⑤从步骤②开始重复进行，直到所有的模块都被集成到系统中。

根据上述集成步骤可知，使用自底向上的方式测试程序结构图 3-2，第（10）空填写：4，6，7；第（11）空填写：3，5；第（12）空填写：1，2，3，4，5，6，7；第（13）空填写 2。

参考答案

【问题 1】
  （1）10
  （2）8
  （3）4，6，13，15，22，4，24
  （4）1

（5）Ⅱ或者 2
　　（6）0
　　（7）Ⅲ或者 3

【问题 2】
　　（8）1->2->3->5->4->6->7
　　（9）1->2->3->4->5->6->7

【问题 3】
　　（10）4，6，7
　　（11）3，5
　　（12）1，2，3，4，5，6，7
　　（13）2

试题四（共 15 分）

阅读以下说明，回答问题 1 至问题 4，将解答填入答题纸的对应栏内。

【说明】

某公司是一家大型超市，该公司近年收购了多家小型超市，目前需要进行电子商务平台整合和相关应用软件开发，图 4-1 为该项目实施制订的工作计划甘特图。根据该项目及计划甘特图完成问题 1 至问题 4。

图 4-1　项目计划甘特图

【问题 1】（3 分）

根据项目甘特图，计算各工作的持续时间，并分析每项工作的紧前任务，填入表 4-1 中。

表 4-1　项目任务分解表

任务名称	持续时间	紧前任务
A	8	
B	3	A
C	（1）	A
D	3	（4）
E	（2）	（5）

任务名称	持续时间	紧前任务
F	8	B，C
G	4	D，E
H	(3)	(6)

【问题2】（4分）

请根据项目计划甘特图，将该项目的双代号网络图即图4-2补充完整。

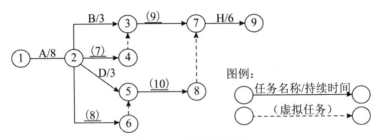

图4-2 双代号网络图

【问题3】（2分）

（1）运用网络图，确定该项目的关键路径为___(11)___。

（2）项目完成的总工期为___(12)___。

【问题4】（6分）

请根据项目计划甘特图，将该项目的单代号网络图即图4-3补充完整。

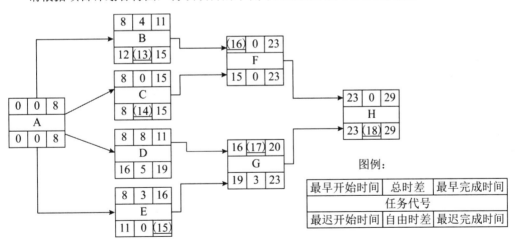

图4-3 单代号网络图

试题四分析

本题考查项目控制方法的应用、优化与计算，考查知识点主要有甘特图画法，使用单代号网络图和双代号网路图进行项目控制优化的方法，关键路线寻找方法等。

【问题1】

甘特图可用来安排项目中各项工作的进度，同时还能和各项资源在不同阶段的需求数量结合，有利于对项目管理过程进行有效的控制，当项目中某些工作进度安排有机动时间时，可以利用机动时间安排工作的实施进度，使项目对资源的集中需求尽可能分散，得到合理利用。由甘特图可填写项目的任务如下表所示，反之亦然。

工作名称	持续时间	紧前工作
A	8	
B	3	A
C	7	A
D	3	A
E	8	A
F	8	B，C
G	4	D，E
H	6	F，G

【问题2】

双代号网络图又称箭线式网络图，它是以箭线及其两端节点的编号表示工作，同时，节点表示工作的开始或结束以及工作之间的连接状态。网络图中的节点都必须有编号，应使每一条箭线上箭尾节点编号小于箭头节点编号。在双代号网络图中，一项工作必须有唯一的一条箭线和相应的一对不重复出现的箭尾、箭头节点编号。因此，一项工作的名称可以用其箭尾和箭头节点编号来表示。可以允许存在虚箭线，虚箭线不代表实际工作，我们称之为虚工作。虚工作既不消耗时间，也不消耗资源。

虚工作主要用来表示相邻两项工作之间的逻辑关系。但有时为了避免两项同时开始、同时进行的工作具有相同的开始节点和完成节点，也需要用虚工作加以区分。根据甘特图和项目任务分解图绘制的双代号图如右图所示。

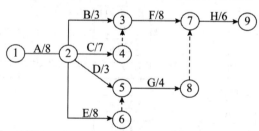

【问题3】

本问题考查由网络图计算关键路线。关键线路上所有工作的持续时间总和称为该线路的总持续时间，将网络图中所有线路的作业时间进行比较，总持续时间最长的线路称为关键线路，关键线路上的工作称为关键工作，关键线路的长度就是网络计划的总工期。在网络计划中，关键线路可能不止一条，而且在网络计划执行过程中，关键线路还会发生转移。关键工作和关键线路的确定对于项目计划和控制具有十分重要的意义。从整个项目管理来看，对于非关键工序，由于总存在时差，所以它的进度在一定范围内可自由安排，或充分利用时差，抽调非关键工序上的人力、物力、设备等资源来支持关键线路，保证关键线路提前完工或起码不误工期，以达到缩短项目总工期的目标。

该项目的关键路径为 ACFH 或节点为 1-2-4-3-7-9，此为持续时间最长路径，即为关键路径。总工期为 8+7+8+6=29 天。

【问题 4】

本问题考查单代号网络图相关知识及应用。

在单代号网络图中，一项工作必须有唯一的一个节点及相应的代号，该工作的名称可以用其节点编号来表示。在单代号网络图中，虚拟工作只能出现在网络图的起点节点或终点节点处。工作之间先后顺序关系是项目逻辑关系的组成部分。工作关系可以被描述为紧前工作、紧后工作和平行工作。紧前工作、紧后工作及平行工作是工作之间逻辑关系的具体表现，只要能根据工作之间的关系明确其紧前或紧后关系，即可据此绘出网络图。它是正确绘制网络图的前提条件。

网络参数的计算应在确定各项工作的持续时间之后进行，网络计划起点节点的最早开始时间为零。

网络计划中各项工作的最早开始时间（ES）和最早完成时间（EF）的计算应从网络计划的起点节点开始，顺着箭线方向依次逐项计算。工作的最早开始时间等于该工作的各个紧前工作的最早完成时间的最大值，ES=max{紧前工作的 EF}；工作的最早完成时间等于该工作的最早开始时间加上其持续时间，EF=ES+本工作持续时间。

网络计划中各项工作的最迟开始时间（LS）和最迟完成时间（LF）的计算应以项目规定或计算的工期为基准，从网络计划的终止节点，逆着箭线方向依次逐项计算。某工作的最迟完成时间等于该工作的各项紧后工作的最迟开始时间的最小值，LF=min{紧后工作的 LS}；最迟开始时间等于本项工作的最迟完成时间减本项工作的持续时间，LS=LF−工作的持续时间。

某项工作总时差（TF）等于该工作最迟完成时间与最早完成时间之差，或该工作最迟开始时间与最早开始时间之差，TF=LF−EF 或 TF=LS−ES。

某项工作自由时差（FF）的计算有两种情况，对于有紧后工作的工作，其自由时差等于本工作之紧后工作最早开始时间减本工作最早完成时间所得之差的最小值，FF=min{ES（紧后工作）}−EF；对于无紧后工作的工作，也就是以网络计划终点节点为完成节点的工作，其自由时差等于计划工期与本工作最早完成时间之差。

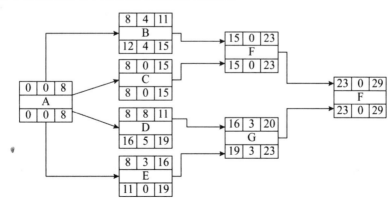

参考答案

【问题 1】

（1）7

（2）8

（3）6

（4）A

（5）A

（6）F，G 或 G，F

【问题 2】

（7）C/7

（8）E/8

（9）F/8

（10）G/4

【问题 3】

（11）A，C，F，H 或 1，2，4，3，7，9

（12）29 或 29 天

【问题 4】

（13）4

（14）0

（15）19

（16）15

（17）3

（18）0

试题五（共 15 分）

阅读下列说明，回答问题 1 至问题 3，将解答填入答题纸的对应栏内。

【说明】

某车展上，A 公司策划了一场为期 9 天的营销活动。该活动最大的卖点在于利用智能手机上的 GPS 功能捕捉 MINI 新款双门轿跑车（以下简称 MINI）。

这是一个类似捉迷藏的游戏，所有人都可以参与。参与者需要先下载一个 App，通过这个 App 可以在地图上看到猎物——也就是虚拟 MINI 的位置。如果你和虚拟 MINI 的距离在 50m 以内，就可以捕捉到它。地图上蓝色的"YOU"是你所在的位置，红色的"MINI"是这辆虚拟 MINI 所处的位置，其他黑色的点是参与这项活动的其他玩家的位置。狼多肉少，大家同时追逐猎物。

如果你有幸捕捉到它，你就拥有了虚拟 MINI，但也同时成为了猎物，其他人会想方设法来捕捉你手上的 MINI。雷达就是参与者智能手机中的应用程序，各玩家通过 GPS 实时连接。

这项活动历时 9 天，在 9 天中，这辆虚拟 MINI 多次易手，被人们抢来抢去。9 天后，这项活动结束时，最终拥有虚拟 MINI 的玩家可以得到一台真正的 MINI 新款双门轿跑车。

宣传重点:"MINI 车主拥有年轻的心!"

这是一个真正令人兴奋的游戏,规则非常简单,但是成功地吸引了各方的关注。每天比赛的情况被拍摄成视频,在 YouTube 上播出。

营销结果:网站 PV 达 433249;应用程序下载 20130 次;相关 twitter 数超过 8000;播放次数达 26086 次;移动距离约 5300km;总参加人数 13115 人;最后一天同时参加的人数达 2315 人;新闻报道超过 210 篇。

【问题1】(4分)

案例中 A 公司采用的营销模式是 __(1)__ ,该营销模式是利用无线通信媒介作为传播和沟通的主要渠道。该营销具有的特点包括 __(2)__ 、__(3)__ 、__(4)__ 。

(1)的备选答案:
    A. 移动营销   B. 微博营销   C. E-mail 营销   D. 搜索引擎营销

(2)~(4)的备选答案:
    A. 精准性   B. 封闭性   C. 互动性   D. 私人性
    E. 整合性   F. 非经济性   G. 分众不可识别性

【问题2】(7分)

此次营销活动采用的营销模式实现方式有多种,其中 A 公司的实现方式是 __(5)__ ,该方式采用的营销模式是 __(6)__ 。A 公司采用该营销模式的目的是 __(7)__ ,这种营销模式是将产品或品牌有代表性的视觉符号甚至内容,策略性地融入影视娱乐节目、游戏或软文中,给观众留下深刻印象的一种广告方式。

该广告与传统广告形式相比:它采取的是一种间接、委婉的方式来表达广告信息和广告诉求,这体现它的 __(8)__ 特点;另外广告产品或品牌信息需要巧妙、含蓄、不动声色地与影视娱乐节目、游戏或软文融为一体,与故事情节需保持高度的 __(9)__ ,这样广告的到达率和记忆度会达到最佳效果;该广告的 __(10)__ 特点,使其具有很高的投资回报率;该广告诉求的产品信息都是借助剧情以顺其自然的方式展现出来的,受众不知不觉地接受广告信息,减少排斥心理,因而该广告具有 __(11)__ 的特点。

(8)~(11)的备选答案:
    A. 经济性   B. 一致性   C. 隐蔽性   D. 强制性
    E. 说服性   F. 关联性

【问题3】(4分)

结合案例材料分析 A 公司本次营销活动成功的原因,写出四个主要原因,分别填入(12)~(15)空中。

试题五分析

本题考查移动营销及植入式广告的相关知识。

【问题1】

结合案例材料分析,A 公司采用的是移动营销模式。美国移动营销协会 MMA 在 2003 年对移动营销定义如下:移动营销就是利用无线通信媒介作为传播内容和沟通的主要渠道所进行的跨媒介营销。移动营销具有以下特点:

①整合性。移动互联网媒体形式的多样、资源的海量与碎片化决定了移动营销的整合性，它不仅仅是 APP 上的条幅广告、弹出广告、全屏广告，也不仅仅是 APP 推荐墙、游戏内植入广告，而是一切结合移动设备使用场景、时间和移动设备的技术优势，实施和创意包含音频、视频、互动等在内与消费者沟通的方式。

②互动性。移动营销通过建立客户数据库，增加客户参加活动的机会，更加强调消费者的互动、参与和体验。

③精准性。移动营销通过统计管理用户的移动行为，可以帮助企业发现商机，了解用户的兴趣偏好、时间频次等，并可以借助媒体综合分析、用户行为分析、广告精准播控等技术，为企业配置投放方案，实现目标人群匹配和精准投放。

【问题 2】

移动营销的实现方式有：微信营销、LBS、AR 及 App 等多种方式。其中，App 营销是通过智能手机、社区、SNS 等平台上运行的应用程序来开展的营销活动。案例中的 A 公司采用移动营销模式的实现方式为 App。App 营销的主要模式有广告植入、用户植入和购物网站植入。

①广告植入。App 营销常见的广告植入有三种：加载应用时段植入的广告、运行应用时穿插的广告及运行主界面中商家 LOGO 广告。

②用户植入。主要的应用类型是网站移植类和品牌应用类，企业把符合自己定位的应用发布到应用商店内，供智能手机用户下载，用户利用这种应用可以很直观地了解企业的信息。这种营销模式具有很强的实验价值，让用户了解产品，增强产品信心，提升品牌美誉度。

③购物网站植入。将购物网站移植到手机上，用户可以随时随地浏览网站获取商品信息，进行下单。这种模式相对于手机购物网站的优势是快速便捷、内容丰富，并且这种应用一般具有很多优惠措施。

本案例中的 A 公司实施 App 营销的模式为广告植入，目的是让消费者认识产品，提升品牌知名度。通过广告植入形成植入式广告，植入式广告是将产品或品牌的有代表性的视觉符号甚至内容，策略性地融入影视娱乐节目、游戏或软文中，给观众留下深刻印象的一种广告方式。它和传统广告形式相比，具有隐蔽性、关联性、经济性、说服性的特点。

①隐蔽性。植入式广告采取的是一种间接、委婉的方式来表达广告信息和广告诉求，很强的隐蔽性是影视植入式广告最明显的特点，也是最大的优点。

②关联性。植入式广告需巧妙、含蓄、不动声色地与影视娱乐节目、游戏或软文融为一体，与故事情节高度关联，这样广告的到达率和记忆度才会达到最佳效果。

③经济性。植入式广告不受播出时段的限制，也不受广告媒体排期影响，广告信息会随节目的播出反复出现，使得观众记忆深刻。另外，传统广告播出时，受众会选择跳过避开，但植入式广告无法跳过。随着电视、电影等媒体经营成本上升，传统广告的价格会越来越高，而植入式广告的成本相对较低，具有很高的投资回报率。

④说服性。由于植入式广告的隐蔽性，产品广告信息都是借助剧情以顺其自然的方式展现出来，受众不知不觉地接受广告信息，减少排斥心理，因而具有较强的说服力。

【问题 3】
案例中 A 公司运用移动营销模式，通过广告植入的 App 实现方式，取得理想的营销效果。A 公司成功原因归纳为以下方面：

首先，通过游戏的形式，运用奖励手段，并且通过智能手机的 GPS、AR 应用，加强了用户的参与和体验。同时制造与竞争对手的差异。其次，借助用户行为分析、广告精准播控等技术实现了对目标客户的精准定位和营销。最后，通过移动设备使用场景、时间、技术，实现了包含音频、视频、互动等与消费者沟通方式的整合，再加之 YouTube 视频网站传播活动内容和品牌信息，达到口碑营销的效果。

参考答案
【问题 1】
（1）A 或移动营销
（2）A 或精准性
（3）C 或互动性
（4）E 或整合性
注：（2）～（4）答案可互换

【问题 2】
（5）App 或 App 营销
（6）广告植入或植入广告
（7）让消费者认识产品，提升品牌知名度
（8）C 或隐蔽性
（9）F 或关联性
（10）A 或经济性
（11）E 或说服性

【问题 3】
（12）～（15）只需答出以下 10 个要点中的任意 4 个即可（或与要点意思相近）。
要点 1：通过游戏互动的形式，巧妙地传播了品牌诉求。
要点 2：通过智能手机的 GPS 应用，让参与者产生紧张和兴奋感。
要点 3：实现了对目标客户的精准定位和营销。
要点 4：用户在体验中对品牌产生了亲近感，拉近了用户和品牌的距离。
要点 5：实现了参与者对品牌的价值观和理念的分享或共享。
要点 6：将虚拟世界和现实世界完美结合，增强了用户的体验感。
要点 7：设置奖励机制，激发用户参与热情。
要点 8：通过 YouTube 视频网站传播活动内容和品牌信息，达到口碑营销的效果。
要点 9：让消费者在参与游戏的乐趣中，实现企业与竞争对手差异化。
要点 10：A 公司通过 GPS、AR 等多方技术的整合，吸引客户的眼球。

第9章 2020下半年电子商务设计师上午试题分析与解答

试题（1）

在 CPU 和主存之间设置高速缓存（Cache）的目的是解决 __(1)__ 的问题。

（1）A．主存容量不足　　　　　　　　B．主存与外存储器速度不匹配

　　　C．主存与 CPU 速度不匹配　　　　D．外设访问效率

试题（1）分析

本题考查计算机存储系统基础知识。

高速缓冲存储器是存在于主存与 CPU 之间的一级存储器。主存储器存取速度一直比中央处理器操作速度慢得多，使中央处理器的高速处理能力不能充分发挥，整个计算机系统的工作效率受到影响。高速缓冲存储器可用来缓和中央处理器和主存储器之间速度不匹配的矛盾。

参考答案

（1）C

试题（2）

以下关于磁盘碎片整理程序的描述中，正确的是 __(2)__ 。

（2）A．磁盘碎片整理程序的作用是延长磁盘的使用寿命

　　　B．用磁盘碎片整理程序可以修复磁盘中的坏扇区，使其可以重新使用

　　　C．用磁盘碎片整理程序可以对内存进行碎片整理，以提高访问内存速度

　　　D．用磁盘碎片整理程序对磁盘进行碎片整理，以提高访问磁盘速度

试题（2）分析

本题考查磁盘碎片整理程序的作用。

磁盘碎片整理程序（Disk Defragmenter）是一种用于分析本地卷以及查找和修复碎片文件和文件夹的系统实用程序。磁盘碎片整理程序可以分析本地卷、整理合并碎片文件和文件夹，以便每个文件或文件夹都可以占用卷上单独而连续的磁盘空间。这样，系统就可以更有效地提高访问文件和文件夹速度，以及更有效地保存新的文件和文件夹了。

参考答案

（2）D

试题（3）

二叉树遍历是按照某种策略访问树中的每个节点，且仅访问一次。按照遍历左子树要在遍历右子树之前进行的原则，根据访问 __(3)__ 位置的不同，可得到二叉树的前序、中序和后序三种遍历方法。

（3）A．根节点　　　　B．导航节点　　　　C．叶子节点　　　　D．兄弟节点

试题（3）分析

本题考查数据结构基础知识。

第9章　2020下半年电子商务设计师上午试题分析与解答

所谓二叉树遍历（Traversal）是指沿着某条搜索路线，依次对树中每个节点均做一次且仅做一次访问的过程。访问节点所做的操作依赖于具体的应用问题。由二叉树的递归定义可知，遍历一棵二叉树便要决定对根节点N、左子树L和右子树R的访问顺序。按照先遍历左子树再遍历右子树的原则，常见的遍历方式有先序遍历（NLR）、中序遍历（LNR）和后序遍历（LRN）三种。其中，先、中、后序指的是根节点在何时被访问。

参考答案

（3）A

试题（4）

以下关于拒绝服务攻击的叙述中，不正确的是___(4)___。

（4）A．拒绝服务攻击的目的是使计算机或者网络无法提供正常的服务
　　　B．拒绝服务攻击是通过不断向计算机发起请求来实现的
　　　C．拒绝服务攻击会造成用户密码的泄露
　　　D．DDoS是一种拒绝服务攻击形式

试题（4）分析

本题考查网络安全相关的知识。

拒绝服务攻击是攻击者想办法让目标机器停止提供服务，是黑客常用的攻击手段之一。攻击者进行拒绝服务攻击，实际上是让服务器实现两种效果：一是迫使服务器的缓冲区满，不接收新的请求；二是使用IP欺骗，迫使服务器把非法用户的连接复位，影响合法用户的连接。分布式拒绝服务攻击（DDoS）是一种基于DoS的特殊形式的拒绝服务攻击，是一种分布的、协同的大规模攻击方式。

参考答案

（4）C

试题（5）

以下计算机软件著作权权利中，不可以转让的是___(5)___。

（5）A．发行权　　　　B．复制权　　　　C．署名权　　　　D．信息网络传播权

试题（5）分析

本题考查计算机软件著作权知识。

计算机软件著作权包含诸多项权利，发表权是决定软件是否公之于众的权利；署名权是表明开发者身份，在软件上署名的权利，署名权是不可更改的；修改权是对软件进行增补、删节，或者改变指令、语句顺序的权利；复制权是将软件制作一份或者多份的权利；发行权是以出售或者赠与方式向公众提供软件的原件或者复制件的权利；出租权是有偿许可他人临时使用软件的权利，但是软件不是出租的主要标的的除外；信息网络传播权是以有线或者无线方式向公众提供软件，使公众可以在其个人选定的时间和地点获得软件的权利；还有应当由软件著作权人享有的其他权利。

参考答案

（5）C

试题（6）

操作系统的功能可分为相互配合、协调工作的 5 大部分，其中不含__(6)__。

(6) A．进程管理　　　B．文件管理　　　C．存储管理　　　D．事务管理

试题（6）分析

本题考查操作系统的功能。

操作系统的基本功能包括处理器管理、存储器管理、设备管理、文件管理和作业管理。

参考答案

(6) D

试题（7）

传统过程模型中，__(7)__首先引入了风险管理。

(7) A．瀑布模型　　　B．螺旋模型　　　C．V 模型　　　D．原型化模型

试题（7）分析

本题考查过程模型的相关知识。

常见的传统过程模型有瀑布模型、增量模型、V 模型、原型法、螺旋模型等。其中螺旋模型是一种演化软件开发过程模型，它兼顾了快速原型的迭代的特征以及瀑布模型的系统化与严格监控。螺旋模型最大的特点在于引入了其他模型不具备的风险分析，使软件在无法排除重大风险时有机会停止，以减小损失。

参考答案

(7) B

试题（8）

关系的完整性约束不包含__(8)__。

(8) A．实体完整性　　B．参照完整性　　C．属性完整性　　D．用户定义完整性

试题（8）分析

本题考查数据库中关系的完整性约束的相关知识。

关系完整性约束是为保证数据库中数据的正确性和相容性，对关系模型提出的某种约束条件或规则。完整性通常包括域完整性、实体完整性、参照完整性和用户定义完整性，其中域完整性、实体完整性和参照完整性是关系模型必须满足的完整性约束条件。

参考答案

(8) C

试题（9）

下列关于 BCNF 的描述，正确的是__(9)__。

(9) A．BCNF 不满足列的原子性

　　B．BCNF 中存在非主属性对码的部分依赖

　　C．BCNF 中存在非主属性对码的传递依赖

　　D．BCNF 中每个函数依赖左部都包含码

试题（9）分析

本题考查数据库基础知识。

范式（数据库设计范式）是符合某一种级别的关系模式的集合。构造数据库必须遵循一定的规则。在关系数据库中，这种规则就是范式。关系数据库中的关系必须满足一定的要求，即满足不同的范式。BCNF 比 3NF 又进了一步，通常认为是修正的第三范式。满足 BCNF 的条件有：所有非主属性对每一个候选键都是完全函数依赖；所有的主属性对每一个不包含它的候选键，也是完全函数依赖；没有任何属性完全函数依赖于非候选键的任何一组属性。

参考答案

（9）D

试题（10）

数据库恢复操作的基本原理是 （10） 。

（10）A．存取控制　　　　B．加密　　　　C．完整性约束　　　　D．冗余

试题（10）分析

本题考查数据库基础知识。

在应用系统中，数据库往往是最核心的部分，一旦数据库损坏，将会带来巨大的损失，所以数据库恢复越来越重要。使用数据库的过程中，由于断电或其他原因，有可能导致数据库出现一些小错误，比如检索某些表特别慢、查询不到符合条件的数据等。出现这些情况的原因往往是数据库有些损坏或索引不完整。数据库恢复操作的基本原理是冗余。利用存储在系统其他地方的冗余数据来重建数据库中已被破坏或不正确的那部分数据。

参考答案

（10）D

试题（11）

在 Word 编辑状态下，将光标移至文本行首左侧空白处呈 形状时，单击鼠标左键可以选中 （11） ，进行操作。

（11）A．单词　　　　B．一行　　　　C．一段落　　　　D．全文

试题（11）分析

本题考查计算机应用基础知识。

在 Word 编辑状态下，将光标移至文本行首左侧空白处呈 " " 形状时，若单击鼠标左键，则可以选中一行；若双击鼠标左键，则可以选中当前段落；若三击鼠标左键，则可以选中整篇文章。

参考答案

（11）B

试题（12）

已知 A1 单元格中的公式为"=AVERAGE(B1：F6)"，将 B 列删除之后，A1 单元格中的公式将调整为 （12） 。

（12）A．=AVERAGE(#REF!)　　　　　　　　B．=AVERAGE(C1：F6)

　　　C．=AVERAGE(B1：E6)　　　　　　　　D．=AVERAGE(B1：F6)

试题（12）分析

本题考查计算机应用基础知识。

已知 A1 单元格中的公式为"=AVERAGE(B1：F6)"，将 B 列删除之后，A1 单元格中的公式将随之发生调整，活动单元格左移，因此公式调整为"=AVERAGE(B1：E6)"。

参考答案

（12）C

试题（13）

临时放置从内存里面取得的程序指令的寄存器是　（13）　。

（13）A．程序计数器　　　　　　　　B．通用寄存器
　　　C．指令寄存器　　　　　　　　D．状态寄存器

试题（13）分析

本题考查计算机系统基础知识。

指令寄存器（InstructionRegister，IR），是临时放置从内存里面取得的程序指令的寄存器，用于存放当前从主存储器读出的正在执行的一条指令。

参考答案

（13）C

试题（14）

构成运算器的部件中，最核心的是　（14）　。

（14）A．数据缓冲寄存器　　　　　　B．累加器
　　　C．算术逻辑运算单元　　　　　D．状态寄存器

试题（14）分析

本题考查计算机系统基础知识。

运算器的核心部件由算术逻辑单元（ALU）、累加器、状态寄存器、通用寄存器组等组成。算术逻辑运算单元（ALU）的基本功能有加、减、乘、除四则运算，与、或、非、异或等逻辑操作，以及移位、求补等操作。计算机运行时，运算器的操作和操作种类由控制器决定。

参考答案

（14）C

试题（15）

Windows 中的文件关联是为了更方便用户操作，当用户双击"2020.jpg"文件时，Windows 就会　（15）　。

（15）A．弹出对话框提示用户选择相应的程序执行
　　　B．自动执行关联的程序打开数据文件
　　　C．顺序地执行相关的程序
　　　D．并发地执行相关的程序

试题（15）分析

本题考查计算机应用基础知识。

文件关联就是将一种类型的文件与一个可以打开它的程序建立起一种依存关系。一个文件可以与多个应用程序发生关联。可以利用文件的"打开方式"进行关联选择。例如，位图

文件(BMP 文件)在 Windows 中的默认关联程序是"图片",如果将其默认关联改为用 ACDSee 程序来打开,那么 ACDSee 就成为其默认关联程序。

参考答案

(15) B

试题（16）

在计算机行业里,多媒体中的"媒体"一是指存储信息载体,二是指表达与传递信息的载体。以下选项中　(16)　是存储信息的载体。

(16) A. 文字、图形、磁带、半导体存储器
　　　B. 磁盘、光盘、磁带、半导体存储器
　　　C. 文字、图形、图像、声音
　　　D. 图形、图表、符号、音乐

试题（16）分析

本题考查多媒体的相关知识。

多媒体是融合了两种或两种以上媒体的一种人机交互式信息交流和传播的媒体,其使用的媒体包括文字(Text)、图像(Image)、图形(Graph)、动画(Animation)、音频(Audio)、视频(Video)。在计算机行业里,媒体(Media)通常包括两方面的含义:一是指信息的物理载体(即存储和传递信息的实体),如手册、磁盘、光盘、磁带以及相关的播放设备等;二是指承载信息的载体,即信息的表现形式,如文字、声音、图像、动画和视频等。

参考答案

(16) B

试题（17）

使用 500DPI 的打印分辨率打印一幅 3×4 平方英寸的彩色照片,得到原始的 24 位真彩色图像的数据量是　(17)　Byte。

(17) A. 9 000 000　　B. 90 000　　C. 2 700 000　　D. 8 100 000

试题（17）分析

本题考查多媒体基础知识。

500DPI 是指每英寸 500 个像素点,24 位真彩色图像是指每个像素点用 3（即 24/8）个字节来表示,扫描 3×4 平方英寸的彩色照片得到 3×500×4×500 个像素点,所以数据量为 3×500×4×500×3=9 000 000 字节；一般的激光打印机的输出分辨率是 300DPI～600DPI。

参考答案

(17) A

试题（18）

天猫属于 B2C 网站盈利模式中　(18)　的典型代表。

(18) A. 自主销售式网站收益模式　　　B. 网络广告收益模式
　　　C. 销售平台式网站收益模式　　　D. 收费会员制收益模式

试题（18）分析

本题考查 B2C 盈利模式的类型。

B2C 的盈利模式主要包括四种：①产品销售营业收入模式：以产品交易作为收入主要来源，这是多数 B2C 网站采用的盈利模式。这种 B2C 网站又可分为销售平台式网站和自主销售式网站两种。销售平台式网站并不直接销售产品，而是为商家提供了 B2C 的平台服务，通过收取虚拟店铺出租费、交易手续费、加盟费等来实现盈利。天猫是这种类型的典型代表。自主销售式网站直接销售产品。②网络广告收益模式：网络广告收益模式是互联网经济中比较普遍的模式，B2C 网站通过免费向顾客提供产品信息或服务信息吸引足够的"注意力"，从而吸引广告主投入广告，通过广告盈利。③收费会员制收益模式。④网上支付收益模式：当 B2C 网上支付拥有足够的用户，就可以借助其他途径来获取收入。

参考答案

（18）C

试题（19）

 （19） 不能作为病毒性营销的传播工具。

（19）A．手机短信　　　　B．电话　　　　C．电子邮件　　　　D．微信

试题（19）分析

本题考查病毒性营销传播工具的特点。

病毒性营销传播的通信工具应具有即时性、直观性、廉价性等特点，并能够克服大多数人的传播惰性，使得用户愿意并且积极地参与病毒性信息的传播。如手机短信、微信、E-mail 等具有以上这些优点，而电话不具备以上特点。所以，电话不能作为病毒性营销的传播工具。

参考答案

（19）B

试题（20）

中国互联网络信息中心（CNNIC）在京发布第 45 次《中国互联网络发展状况统计报告》显示，截至 2020 年 3 月，我国网民规模突破 （20） ，为数字经济发展打下坚实用户基础。

（20）A．12 亿　　　　B．11 亿　　　　C．10 亿　　　　D．9 亿

试题（20）分析

本题考查考生对最新的网络发展情况的关注。

CNNIC 发布第 45 次《中国互联网络发展状况统计报告》（以下简称《报告》），《报告》显示，截至 2020 年 3 月（受新冠肺炎疫情影响，本次《报告》电话调查截止时间为 2020 年 3 月 15 日，故数据截止时间调整为 2020 年 3 月），我国网民规模为 9.04 亿，互联网普及率达 64.5%，庞大的网民构成了中国蓬勃发展的消费市场，也为数字经济发展打下了坚实的用户基础。CNNIC 主任指出，数字经济已成为经济增长的新动能，新业态、新模式层出不穷。在此次疫情中，数字经济在保障消费和就业、推动复工复产等方面发挥了重要作用，展现出了强大的增长潜力。

参考答案

（20）D

试题（21）

社交电商借助 （21） 或互动网络媒体，通过分享、内容制作、分销等方式，实现了对

传统电商模式的迭代创新。

(21) A．电子游戏　　　　B．社交媒体　　　　C．流媒体　　　　D．社交活动

试题 (21) 分析

本题考查社交化电子商务的概念。

社交化电子商务，是指将关注、分享、沟通、讨论、互动等社交化的元素应用于电子商务交易过程的现象。从消费者的角度来看，社交化电子商务，既体现在消费者购买前的店铺选择、商品比较等，又体现在购物过程中通过 IM、论坛等与电子商务企业间的交流与互动，也体现在购买商品后消费评价及购物分享等。

参考答案

(21) B

试题 (22)

企业在本产业中首先淘汰自己的老产品，抢先一步生产出性能更好的下一代产品，这是 __(22)__ 在企业制定长期战略中的运用。

(22) A．反摩尔定律　　　　　　　　　B．安迪比尔定律
　　　C．达维多定律　　　　　　　　　D．锁定效应

试题 (22) 分析

本题考查达维多定律的内涵。

达维多（Davidow）认为，任何企业在本产业中必须不断更新自己的产品。一家企业如果要在市场上占据主导地位，就必须第一个开发出新一代产品。如果被动地以第二或者第三家企业将新产品推进市场，那么获得的利益远不如第一家企业作为冒险者获得的利益，因为市场的第一代产品能够自动获得 50% 的市场份额。尽管可能当时的产品还不尽完善。比如英特尔公司的微处理器并不总是性能最好、速度最快的，但是英特尔公司始终是新一代产品的开发者和倡导者。

参考答案

(22) C

试题 (23)

一个企业发现了某个市场机会，有一个初步的想法和假设，并验证想法的可行性，证实或否定初步的假设。这个阶段称为 __(23)__ 。

(23) A．产品概念阶段　　　　　　　　B．产品定义阶段
　　　C．产品设计阶段　　　　　　　　D．试验推广阶段

试题 (23) 分析

本题考查产品周期的四个阶段的主要内容。

产品周期划分为四个阶段，包括产品概念阶段、产品定义阶段、产品设计阶段和试验推广阶段。其中产品概念阶段是一个企业发现了某个市场机会，有一个初步的想法和假设，并验证想法的可行性，证实或否定初步的假设。

参考答案

(23) A

试题（24）

发挥互联网的创新驱动作用，以促进创新创业为重点，推动各类要素资源聚集、开放和共享等，引导和推动全社会形成大众创业、万众创新的浓厚氛围，打造经济发展新引擎属于__(24)__。

(24) A."互联网+"电子商务　　　　B."互联网+"创业创新
　　 C."互联网+"普惠金融　　　　D."互联网+"协同制造

试题（24）分析

国务院关于积极推进"互联网+"行动的指导意见中指出，"互联网+"创业创新是充分发挥互联网的创新驱动作用，以促进创业创新为重点，推动各类要素资源聚集、开放和共享，大力发展众创空间、开放式创新等，引导和推动全社会形成大众创业、万众创新的浓厚氛围，打造经济发展新引擎。

参考答案

(24) B

试题（25）

智能制造以智能工厂为发展方向，开展智能制造试点示范，加快推动云计算、__(25)__、智能工业机器人、增材制造等技术在生产过程中的应用，推进生产装备智能化升级、工艺流程改造和基础数据共享。

(25) A. 智能商务　　　　　　　　B. 智能物流
　　 C. 物联网　　　　　　　　　D. 智慧能源

试题（25）分析

本题考查"互联网+"协同制造的内涵。

国务院关于积极推进"互联网+"行动的指导意见中指出，大力发展智能制造。以智能工厂为发展方向，开展智能制造试点示范，加快推动云计算、物联网、智能工业机器人、增材制造等技术在生产过程中的应用，推进生产装备智能化升级、工艺流程改造和基础数据共享。着力在工控系统、智能感知元器件、工业云平台、操作系统和工业软件等核心环节取得突破，加强工业大数据的开发与利用，有效支撑制造业智能化转型，构建开放、共享、协作的智能制造产业生态。

参考答案

(25) C

试题（26）

智能手环体现了__(26)__技术的数据采集功能。

(26) A. 统计报表　　B. 网络爬虫　　C. API 接口　　D. 传感器

试题（26）分析

本题考查物联网与大数据的应用。

智能手环运动监测功能通过重力加速传感器实现。比如现在智能手机的屏幕翻转功能，就是通过传感器来实现的。传感器通过判断人运动的动作得到一些基础数据，再结合用户之前输入的个人身体体征的基本信息，根据一些特定算法，得到针对个人的个性化监测数据，诸如运动步数、距离以及消耗的卡路里等，从而判断运动的频率和强度。

参考答案

（26）D

试题（27）

特征判定技术是根据病毒程序的特征对病毒进行分类处理的技术，以下不是特征判定技术检测方法的是__（27）__。

（27）A．比较法　　　　　　　　　　B．行为检测法
　　　C．启发式扫描法　　　　　　　　D．特征扫描法

试题（27）分析

本题考查计算机病毒检测技术的基本方法。

特征判定技术是根据病毒程序的特征，如感染标记、特征程序段内容、文件长度变化、文件校验和变化等，对病毒进行分类处理，以后在程序运行中凡有类似的特征点出现，则认定是病毒。特征判定技术常用的检测方法：比较法、校验和检测法、特征扫描法、启发式扫描法。

行为监测法是常用的行为判定技术，其工作原理就是利用病毒的特有行为监测病毒。

参考答案

（27）B

试题（28）

在 RSA 算法中，选择两个质数 p=11, q=17，加密密钥为 e=23，则解密密钥 d 为__（28）__。

（28）A．5　　　　B．7　　　　C．11　　　　D．13

试题（28）分析

本题考查的是 RSA 算法中求解密密钥的计算方法。

在已知两个不大的质数 p、q（p 和 q 不相等）和加密密钥 e 时，计算解密密钥 d 的依据：

首先计算 N=p×q；根据欧拉函数，不大于 N 且与 N 互质的整数个数为 (p–1)×(q–1)；选择一个整数 e 与 (p–1)×(q–1) 互质，并且 e 小于 (p–1)×(q–1)；使用公式"d×e≡1 (mod (p–1)(q–1))"计算解密密钥 d。最后将 p 和 q 的记录销毁。

根据上述规则，可以计算出，当质数 p=11 和 q=17，加密密钥为 e=23 时，则解密密钥 d 的值为 7。

参考答案

（28）B

试题（29）

使用数字证书技术发送一份保密文件时，发送方使用__（29）__对数据进行加密。

（29）A．接收方的公钥　　　　　　　　B．接收方的私钥
　　　C．发送方的公钥　　　　　　　　D．发送方的私钥

试题（29）分析

本题主要考查的是数字证书中的加密方法。

数字证书是非对称加密算法公钥的载体。当发送一份保密文件时，发送方使用接收方的

公钥对数据加密处理，而接收方则使用自己的私钥对接收到的信息进行解密，这样信息就可以安全无误地到达目的地了。

参考答案

（29）A

试题（30）

DES（Data Encryption Standard）算法是一种迭代型分组密码算法，它使用 56 位的密钥对 64 位长的数据块进行 __(30)__ 轮加密处理后，得到 64 位长的密文。

（30）A．64　　　　B．16　　　　C．32　　　　D．8

试题（30）分析

本题考查 DES 算法基础知识。

在 DES 算法中，涉及的主要参数如下：分组长度为 64 比特、密钥长度为 64 比特、有效密钥长度为 56 比特、迭代圈数为 16 圈、每圈子密钥长度为 48 比特。其加密过程是使用 56 位密钥对 64 位的数据块进行加密，并对 64 位的数据块进行 16 轮编码，最后生成长度为 64 位的密文。

参考答案

（30）B

试题（31）

在电子商务安全体系结构中，__(31)__ 是加密技术层和安全认证层的安全控制技术的综合运用和完善，为电子商务安全交易提供保障机制和交易标准。

（31）A．网络服务层　　　　　　B．应用系统层
　　　　C．安全协议层　　　　　　D．信息发布与传输层

试题（31）分析

本题考查电子商务安全体系与电子商务基本框架结构的基础知识。

在该题目的选项中，既包含电子商务安全体系的组成情况，也包含电子商务基本框架结构涉及的层次关系。

电子商务安全体系主要由网络服务安全层、加密技术层、安全认证层、安全协议层、应用系统层组成；而电子商务基本框架结构主要由网络层、信息发布与传输层、电子商务服务和应用层、公共政策和法律规范、技术标准和网络协议。

参考答案

（31）C

试题（32）

以下对公开密钥密码体制的描述中，错误的是 __(32)__ 。

（32）A．是一种非对称加密算法　　　B．典型的算法是 RSA 算法
　　　　C．公共密钥是公开的　　　　　D．加密密钥和解密密钥相同

试题（32）分析

本题考查公开密钥密码体制的基础知识。

在公开密钥密码体制中，加密密钥和解密密钥不同，分为公钥和私钥。公钥用于加密，

私钥用于解密。非对称加密技术也称为公钥加密，即公开密钥密码体制，是建立在数学函数基础上的一种加密方法，它使用两个密钥，在保密通信、密钥分配和鉴别等领域都产生了深远的影响。迄今为止，在所有公钥密码体系中，RSA 系统是最著名、使用最广泛的一种。

参考答案

（32）D

试题（33）

SSL 协议利用公开密钥加密算法和__（33）__技术，对信息的完整性进行检验，保证信息在传输过程中不被篡改。

（33）A．数字信封　　　　　　　B．数字证书
　　　C．数字摘要　　　　　　　D．CA 认证中心

试题（33）分析

本题考查 SSL 协议的基础知识。

SSL 协议利用密码算法和散列（Hash）函数，通过对传输信息特征值的提取来保证信息的完整性，确保要传输的信息全部到达目的地，可以避免服务器和客户端之间的信息受到破坏。而数字摘要就是采用单向 Hash 函数将需要加密的明文"摘要"成一串固定长度（128位）的密文，这一串密文又称为数字指纹，它有固定的长度，而且不同的明文摘要成密文时，其结果总是不同的，而同样的明文其摘要必定一致。

参考答案

（33）C

试题（34）

在入侵检测系统中，__（34）__负责存放各种中间和最终数据。

（34）A．事件产生器　　　　　　B．事件分析器
　　　C．事件数据库　　　　　　D．响应单元

试题（34）分析

本题考查入侵检测系统的基本构成。

入侵检测系统（Intrusion Detection System，IDS）是一种对网络传输进行即时监视，在发现可疑传输时发出警报或者采取主动反应措施的网络安全设备。

入侵检测系统通常由事件产生器、事件分析器、事件数据库、响应单元等基本组件构成。其中事件产生器负责原始数据的采集，它对数据流、日志文件等进行追踪，然后将收集到的原始数据转换为事件，并向系统的其他部分提供此事件；事件分析器负责接收事件信息，然后对其进行分析，并判断是否是入侵行为或异常现象，最后将判断结果转为警告信息；事件数据库负责存放各种中间和最终数据；响应单元根据警告信息做出反应，它可以做出切断连接、改变文件属性等强烈反应，也可以只是简单的报警。

参考答案

（34）C

试题（35）

以下关于电子货币与传统货币的叙述中，错误的是__（35）__。

(35) A．传统货币可以当面交换和流通，而电子货币流通必须有一定的基础设施

　　　B．传统货币防伪依赖物理设置，而电子货币防伪采取技术上的加密算法或认证系统来实现

　　　C．电子货币是以中央银行和国家信誉为担保的法币，而传统货币的担保主要依赖于各个发行人自身的信誉和资产

　　　D．传统货币以纸币、硬币等形式存在，电子货币是一种无形货币，实质是一些电子数据

试题（35）分析

本题考查电子货币的属性方面的知识。

电子货币与传统货币相比具有以下属性：传统货币是以纸币的形式存在、金额的多少显示在纸面上，电子货币是一种无形货币，实质上是一些电子数据；传统货币无需其他附属设备即可以当面交换和进行流通，电子货币的流通必须有一定的基础设施；传统货币是以中央银行和国家信誉为担保的法币，电子货币大部分是不同的机构自行开发设计的带有个性特征的产品，其担保主要依赖于各个发行人自身的信誉和资产，风险并不一致；传统货币的防伪可依赖于物理设置，电子货币的防伪只能采取技术上的加密算法或认证系统来实现。

参考答案

（35）C

试题（36）

公认的信用卡或借记卡网上支付的国际标准是　(36)　。

(36) A．专用协议方式　　　　　　B．专用账号方式
　　　C．SET 方式　　　　　　　　D．账号直接传输方式

试题（36）分析

本题考查信用卡电子支付的方式方面的知识。

信用卡支付主要有四种：账号直接传输方式、专用账号方式、专用协议方式和 SET 协议方式。其中，安全电子交易（Secure Electronic Transaction，SET）协议是用于银行卡网上交付的协议。安全措施主要包含对称密钥系统、公钥系统、消息摘要、数字签名、数字信封、双重签名和认证等技术。消息摘要主要解决信息的完整性问题，即是否被修改过。数字信封是用来给数据加密和解密的。双重签名是将订单信息和个人账号信息分别进行数字签名，保证商家只看到订货信息而看不到持卡人账户信息，并且银行只能看到账户信息，而看不到订货信息。因此它成为公认的信用卡或者借记卡网上支付的国际标准。

参考答案

（36）C

试题（37）

　(37)　负责为参与商务活动的各方发放、管理数字证书，以确认各方的身份，保证电子商务交易安全。

(37) A．支付网关　　B．认证机构　　C．客户开户行　　D．商家开户行

试题（37）分析

本题考查电子支付系统的构成方面的知识。

在电子支付中，当资金从开放的因特网进入某一封闭的付款系统时，中间通过一套安全的软件（即支付网关）把从因特网上传来的信息翻译成后端系统所能接收的信息，以使两套互不兼容的信息模式在切换时安全性得到保证。认证机构是负责为参与商务活动的各方发放数字证书，以确认各方的身份，保证电子商务交易安全性的机构。

参考答案

（37）B

试题（38）

以下关于第三方支付平台的叙述中，不正确的是__(38)__。

(38) A．解决了买卖双方的信任问题，并涉及双方交易的具体内容
B．较为有效地解决交易的诚信问题
C．争取最广泛银行的合作是第三方支付平台成功的关键因素之一
D．第三方支付平台对接入的商家收取一定比例的交易费用

试题（38）分析

本题考查第三方支付平台的地位。

从 B2C 第三方支付交易流程可以看出，第三方支付平台作为信用中介解决了买卖双方的信任问题，但第三方并不涉及双方交易的具体内容，相对于传统的资金划拨交易方式，第三方支付较为有效地保障了货物质量、交易诚信、退换要求等环节，在整个交易过程中，可以对交易双方进行约束和监督。第三方支付平台和银行对接入的商家收取固定比例的交易费用，与第三方合作的银行越多，第三方经营业务的范围就越广，在同行业中的竞争能力就越强。由此可见，要争取最广泛银行的合作，是第三方支付平台成功的关键之一。

参考答案

（38）A

试题（39）

当电子支付机构没有足够的资金满足客户兑现电子货币或结算需求时，就会面临__(39)__。

(39) A．信用风险　　B．流动性风险　　C．欺诈风险　　D．操作风险

试题（39）分析

本题考查支付系统风险的概念。

信用风险指支付过程中因一方无法履行债务所带来的风险。当电子支付机构没有足够的资金满足客户兑现电子货币或结算需求时，就会面临流动性风险。流动性风险往往是威胁金融机构生存的最主要和最直接的风险。因此，各金融机构都将保持流动性放在首位，把在保持流动性的前提下追求最大盈利作为经营原则。欺诈风险指犯罪分子通过欺诈行为而带来的损失。欺诈风险对一国的支付系统的稳定和信誉形成严重威胁，如何有效防止金融犯罪是要考虑的重要问题。操作风险指由于系统本身而造成的风险，由于技术问题，如计算机失灵、管理及控制系统缺陷等引致的风险。

参考答案

(39) B

试题（40）

以下关于绿色供应链管理模式的叙述中，错误的是__(40)__。

(40) A．可以有效规避绿色技术贸易壁垒
　　　B．是一种企业追求最大经济利益的管理模式
　　　C．绿色物流是绿色供应链管理的实现途径之一
　　　D．可以提高整个供应链的效益，增强企业的竞争力

试题（40）分析

本题考查绿色供应链管理模式的作用。

绿色供应链管理是一种追求经济利益与绿色利益的新型管理模式，不是片面追求最大化的经济利益。该模式的作用体现为：一是增强企业的竞争力，提高整个供应链的效益；二是树立值得信任、安全可靠、有责任心的企业形象，增加客户价值；三是规避绿色技术贸易壁垒，一般达到绿色供应链要求标准的产品也会符合其他国家，尤其是发达国家的环保标准，降低贸易进入壁垒。绿色供应链也可以说是用绿色化的途径提供绿色产品的过程，包括绿色制造、绿色采购、绿色物流、绿色销售、绿色消费、绿色回收。

参考答案

(40) B

试题（41）

仓库__(41)__功能的发挥，有利于缩短商品的生产时间，克服生产单一性与需求多样化的矛盾，提高商品的适销率。

(41) A．调节货物运输能力　　　　B．流通加工
　　　C．调节供需　　　　　　　　D．储存

试题（41）分析

本题考查仓库的功能。

一般来说，仓库应具有以下功能：（1）储存功能是仓库最基本的功能，商品生产与商品消费存在着时间上的不均衡，这就使得商品流通的连续进行存在着时间上的矛盾。要克服这个矛盾，必须依靠储存来发挥作用。（2）流通加工是在商品从生产者向消费者运动的过程中，为了促进销售维护商品质量和实现物流效率，而对商品进行的再加工。流通加工职能的发挥，有利于缩短商品的生产时间，满足消费者的多样化需求，克服生产单一性与需求多样化的矛盾，提高商品的适销率。（3）各种运输工具的运量相差很大，不同运输方式转运时，运输能力是很不匹配的，这种运力的差异必须通过仓库或货场将货物短时存放以进行调节和衔接。（4）由于生产节奏和消费节奏不可能完全一致，产生了供需不平衡，这就要有仓库的储存作为平衡环节加以调控，使生产和消费协调起来，这也体现出物流系统创造物资时间效用的基本职能。

参考答案

(41) B

试题（42）

GIS 物流分析软件中的__(42)__，可以解决物流网点布局问题。

(42) A．网络物流模型　　　　　　B．车辆路线模型
　　　C．分配集合模型　　　　　　D．设施定位模型

试题（42）分析

本题考查 GIS 物流分析软件的结构和功能。

完整的 GIS 物流分析软件集成了车辆路线模型、网络物流模型、分配集合模型和设施定位模型等。①车辆路线模型，用于解决一个起始点、多个终点的货物运输中，如何降低物流作业费用，并保证服务质量的问题。②网络物流模型，用于解决寻求最有效的分配货物路线问题，也就是物流网点布局问题。③分配集合模型，用以解决确定服务范围和销售市场范围等问题。④设施定位模型，用于确定一个或多个设施的位置。

参考答案

　　(42) A

试题（43）

__(43)__ 能最大满足客户对快递时效性需求，整体提升供应链价值，使得仓配更可控、金融更可信、服务更精准。

(43) A．第三方物流模式　　　　　B．第四方物流模式
　　　C．联盟物流模式　　　　　　D．自营物流模式

试题（43）分析

本题考查电子商务物流的模式。

我国电子商务物流模式包括：(1) 自营物流模式是电商企业投资建设自己的仓库、配送中心等物流设施，并建立自己的配送队伍的一种配送方式。这种模式整体提升了供应链价值，使得仓配更可控、金融更可信、服务更精准。(2) 第三方物流是指独立于买卖双方之外的专业化物流公司，以签订合同的形成承包部分或全部物流配送服务工作。简单来说，就是将物流配送"外包"，物流环节外包给除发货人、收货人之外的第三方。它是一般电商企业采用的最为普遍的物流配送模式。(3) 第四方物流是指一个供应链集成商，它对公司内部和具有互补性的服务供应商所拥有的不同资源、能力和技术进行整合和管理，提供一整套供应链解决方案。第四方物流公司应物流公司的要求为其提供物流系统的分析和诊断，或提供物流系统优化和设计方案等。借助第四方物流对整个供应链及物流系统进行整合规划，供应链供应商进行资源整合，信息及网络优势，可大大减少物流设施的资本投入，降低资金占用，减少投资风险。(4) 物流联盟模式是一种介于自营和外包之间的物流模式，指多个物流企业通过建立一定的契约达成合作共识，进而构建企业间资源共享、风险共担、共同合作的合作伙伴关系。联盟之间互补的优势，能更好地对市场变化做出反应，实现资源的优化配置，降低成本，提升企业效益。

参考答案

　　(43) D

试题（44）

新经济时代供应链管理的基本思想是以 __(44)__ 为导向，以提高竞争力、市场占有率、客户满意度和获取最大利润为目标。

(44) A．产品　　　　B．客户需求　　　　C．竞争　　　　D．销售

试题（44）分析

本题考查供应链管理的含义。

新经济时代的供应链管理的基本思想就是以客户需求为导向，以核心企业为盟主，以提高竞争力、市场占有率、客户满意度和获取最大利润为目标，以协同商务、协同竞争和双赢原则为基本运作模式，通过运用现代企业管理技术、信息技术、网络技术和集成技术，达到对整个供应链上的信息流、物流、资金流、业务流和价值流的有效规划和控制，从而将客户、销售商、供应商、制造商和服务商等合作伙伴连成一个完整的网链结构，形成一个极具竞争力的战略联盟。

参考答案

(44) B

试题（45）

RFID 技术的特点不包括 __(45)__ 。

(45) A．方便快捷　　　B．安全性高　　　C．兼容性强　　　D．非接触性

试题（45）分析

本题考查 RFID 技术的特点。

AIDC（自动标识与数据采集）技术提供了快速、精确、方便、低成本的数据采集方法，来代替容易出错并且耗时的手工数据输入；在此基础上，AIDC 技术通过对商品或对人进行编码而实现跟踪功能。RFID 技术（射频标识）作为 AIDC 技术之一，最早出现在 20 世纪 80 年代，用于跟踪业务。RFID 技术的特点包括：非接触作业，它能穿透雪、雾、冰、涂料、尘垢和在条形码无法使用的恶劣环境阅读标签；阅读速度非常快，大多数情况下，可用于流程跟踪或者维修跟踪等交互式业务；RFID 的主要问题是不兼容的标准。

参考答案

(45) C

试题（46）

以企业网站建设为基础，通过一系列的推广措施，达到顾客和公众对企业的认知和认可。这体现网络营销的 __(46)__ 职能。

(46) A．品牌建设　　　B．顾客服务　　　C．网上销售　　　D．信息发布

试题（46）分析

本题考查网络营销职能的表现。

网络营销的职能主要表现为：信息发布、网上调研、销售促进、网站推广、顾客服务、品牌建设、网上销售和顾客关系等八个方面。(1) 信息发布是通过各种互联网手段，将企业营销信息以高效的手段向目标用户、合作伙伴、公众等群体传递；(2) 顾客服务是指通过互联网提供了更加方便的在线顾客服务手段，从形式最简单的 FAQ（常见问题解答），到电子

邮件、邮件列表，以及在线论坛和各种即时信息服务等；（3）网上销售是企业销售渠道在网上的延伸。一个具备网上交易功能的企业网站本身就是一个网上交易场所，网上销售渠道建设并不限于企业网站本身，还包括建立在专业电子商务平台上的网上商店，以及与其他电子商务网站不同形式的合作等；（4）品牌建设是以企业网站建设为基础，通过一系列的推广措施，达到顾客和公众对企业的认知和认可。

参考答案

（46）A

试题（47）

以下关于网络市场调研的叙述中，错误的是__(47)__。

（47）A．费用低　　　　　　　　B．共享性好

　　　C．调查样本代表性强　　　　D．及时性强

试题（47）分析

本题考查网络市场调研的特点。

网络市场调研有别于传统调研，呈现出以下特点：（1）及时性强。网络的传输速度快，一方面加快了调研信息传递到用户的速度，另一方面也加快了用户向调研者的信息传递速度。（2）共享性好。网上调研是开放的，任何网民都可以参加投票和查看结果，这充分体现网络调研的共享性。（3）样本的代表性不强。与传统调研方式相比，网络调研的对象较难确定。在无人监管的情况下，上网者填写问卷的随意性和弄虚作假随时都可能发生。另外，可能出现一人重复多次填写问卷的情况，使得调研结果与预期大相径庭。（4）低费用。通过网络进行调研，调查者只需在企业站点上发出电子调查问卷供网民自愿填写，然后通过统计分析软件对访问者反馈回来的信息进行整理和分析。在这种情况下，调研费用会大幅度地减少。

参考答案

（47）C

试题（48）

以下关于客户关系管理定义的叙述中，错误的是__(48)__。

（48）A．客户关系管理是一种管理理念或商业策略

　　　B．客户关系管理被看成是一种管理机制或手段

　　　C．客户关系管理可以通过软件实现

　　　D．客户关系管理通过满足最终客户的需求，以建立和保持与客户长期稳定的关系

试题（48）分析

本题考查客户关系管理的含义。

客户关系管理包括以下几层含义：（1）客户关系是一种管理理念。它的核心思想是将企业的客户（包括最终客户、分销商和合作伙伴）视为最重要的企业资产，通过完善的客户服务和深入的客户分析来满足客户的个性化需求，提高客户满意度和忠诚度，进而保证客户终生价值和企业利润增长的实现。（2）客户关系管理是一种旨在改善企业与客户之间关系的新型管理机制，可以应用于企业的市场营销、销售、服务与技术支持等与客户相关的领域。（3）客户关系管理是信息技术、软硬件系统集成的管理方法和应用解决方法。通过软件实现对客户关系的

深度分析，了解客户的终生价值，发掘各种与客户交流的新途径。

参考答案

（48）D

试题（49）

网易云音乐与农夫山泉通过 AR 技术打造全新瓶身，同时通过平台合作打通线上线下用户体验，这种跨界合作属于__（49）__的典型代表。

（49）A．原生广告　　B．搜索引擎广告　　C．弹出式广告　　D．自媒体广告

试题（49）分析

本题考查网络广告的形式。

网络广告有多种形式。其中，(1) 弹出式广告是指当人们浏览某网页时，网页会自动弹出一个很小的对话框。随后，该对话框或在屏幕上不断盘旋，或漂浮到屏幕的某一角落。当用户试图关闭时，另一个会马上弹出来，这就是互联网上的"弹出式"广告。(2) 搜索引擎广告是指广告主根据自己的产品或服务内容、特点等，确定相关的关键词，撰写广告内容并自主定价投放的广告，是当前网络广告的热门，主流形式是关键词广告和竞价排名。(3) 自媒体广告是指在自媒体，如博客、微博、微信、百度贴吧、论坛等网络社区发布的广告。(4) 原生广告（native advertising）是基于用户体验出发，软性植入品牌营销信息的广告。该类型广告具有内容的原创性、对受众的价值性和用户主动、乐于分享内容的特点。网易云音乐与农夫山泉跨界合作就是原生广告的典型代表。他们在 2017 年 8 月宣布合作，推出全新音乐瓶身，同时通过平台性合作打通线上线下用户体验。网易云音乐精选 30 段经典乐评上瓶身，赋予农夫山泉不一样的饮水心情。通过 AR 技术打造全新瓶身，通过品牌视频定调、快乐男声现场互动预热、纪念水壶事件、线下校园乐评车装置、超市互动点唱机，实现全方位整合营销。该跨界合作事件媒体转发量超过 1500 家，非主动传播达到 90%，曝光量突破 200 万；合作的广告视频全平台播放量超过 800 万次；AR 体验超过 50 万人次。

参考答案

（49）A

试题（50）

网络广告计价方法中的 CPC 指的是__（50）__。

（50）A．千人印象成本计价法　　　　B．点击成本计价法
　　　C．购买成本计价法　　　　　　D．业绩付费计价法

试题（50）分析

本题考查网络广告的计价方法。

网络广告常用的计价法有：(1) CPM 意为每千人印象成本，指的是广告播放过程中，听到或看到某广告的每一人平均分担到多少广告成本。(2) CPC 即每点击成本。(3) CPP 是指根据每个商品的购买成本决定广告费用，其好处是把商品的购买和广告费用联系起来。(4) PFP（Pay-For-Performance）意为按业绩付费。

参考答案

（50）B

试题（51）

网络营销站点推广策略不包括 __(51)__ 。

(51) A．搜索引擎推广　　　　B．发送电子邮件
　　　C．网络广告投放　　　　D．有奖促销

试题（51）分析

本题考查网络营销站点推广的策略。

网络营销站点建好后，就需要采用各种方式对其进行推广，具体包括搜索引擎推广、网络广告投放、发送电子邮件、电子杂志、网站合作推广等，有奖促销是针对产品或服务推广的策略，不是针对网站推广采用的策略。

参考答案

(51) D

试题（52）

以下关于微信营销的说法中，错误的是 __(52)__ 。

(52) A．点对点精准营销　　　　B．个人隐私安全性高
　　　C．运营成本低　　　　　　D．企业和用户容易形成强关系

试题（52）分析

本题考查微信营销的特点。

微信营销的特点包括：(1)点对点精准营销。微信拥有庞大的用户群，借助移动终端、天然的社交和定位等优势，每条信息都可以推送给每个微信用户，并且能够让每个用户都有机会接收到这条信息，继而帮助商家实现点对点精准化营销。(2)运营成本低。微信本身是免费的，使用微信发布各种信息也不需要任何费用。(3)企业和用户容易形成强关系。通过微信，企业可以和客户实时互动，答疑解惑，可以讲故事甚至可以"卖萌"，用一切形式让企业与消费者形成朋友的强关系。但是微信作为一个社交平台，在使用过程中容易泄露个人信息，再加上定位功能，会为用户的个人隐私带来困扰。

参考答案

(52) B

试题（53）

以下关于 IPv4 地址的描述中，错误的是 __(53)__ 。

(53) A．IP 地址的总长度是 32 位
　　　B．IP 地址由网络号与主机号两部分组成
　　　C．B 类地址用 2 个字节做网络号
　　　D．IPv4 地址是"冒分十六进制地址格式"

试题（53）分析

本题考查 IPv4 和 IPv6 基础知识。

IPv6 的主要目的是解决 IPv4 中存在网络地址资源不足的问题，IPv6 除了具有 IPv4 具有的功能外，还消除了 IPv4 的局限性，它们之间既有相同点，又有不同点。IPv4 地址的总长度是 32 位，而 IPv6 具有长达 128 位的地址空间，可以彻底解决 IPv4 地址不足的问题；IPv4

地址被分为网络号和主机号两部分，若网络号用一个字节表示，则最大可以创建 256 个网络，B 类地址用 2 字节做网络号；而 IPv6 报文的整体结构分为 IPv6 报头、扩展报头和上层协议数据 3 部分。IPv6 报头是必选报文头部，长度固定为 40B，包含该报文的基本信息；扩展报头是可选报头，可能存在 0 个、1 个或多个，IPv6 协议通过扩展报头实现各种丰富的功能；上层协议数据是该 IPv6 报文携带的上层数据，可能是 ICMPv6 报文、TCP 报文、UDP 报文或其他可能报文。

在地址表示形式方面，IPv4 地址是"点分十进制地址格式"，IPv6 地址是"冒分十六进制地址格式"。

参考答案

（53）D

试题（54）

在 OSI 模型中，__（54）__用于建立管理和维护端到端的连接。

（54）A．应用层　　　B．传输层　　　C．网络层　　　D．数据链路层

试题（54）分析

本题考查开放式系统互联通信参考模型（OSI 模型）的基础知识。

在 OSI 模型中，各层的基本功能如下：

①物理层：OSI 的物理层规范是有关传输介质的特性，这些规范通常也参考了其他组织制定的标准。

②数据链路层：定义了在单个链路上如何传输数据。

③网络层：对端到端的包传输进行定义，定义了能够标识所有结点的逻辑地址、路由实现的方式和学习的方式。

④传输层：建立主机端到端的连接，包括是否选择差错恢复协议还是无差错恢复协议，及在同一主机上对不同应用的数据流的输入进行复用，对收到顺序不对的数据包的重新排序功能。

⑤会话层：定义了如何开始、控制和结束一个会话，包括对多个双向消息的控制和管理，以便在只完成连续消息的一部分时可以通知应用，从而使表示层看到的数据是连续的，在某些情况下，如果表示层收到了所有的数据，则用数据代表表示层。

⑥表示层：定义数据格式及加密。

⑦应用层：与其他计算机进行通信的一个应用，是对应应用程序的通信服务。

参考答案

（54）B

试题（55）

在网页中播放一个视频文件，文件为当前路径下的 myVideo.mp4，能正确播放、暂停视频，且能进行音量控制的是__（55）__。

（55）A．<video width="320" height="240" controls><source　src="myVideo.mp4" type="video/mp4"></video>

B．<video width="320" height="240" ><source　src="myVideo.mp4"type="video/

mp4"></video>

  C．<audio width="320" height="240" controls><source src="myVideo.mp4" type="video/mp4"></audio>

  D．<audio width="320" height="240"><source src="myVideo.mp4" ></audio>

试题（55）分析

本题考查 HTML 网页标签属性的基础知识。

HTML5 提供了播放音频文件的标准，controls 属性供添加播放、暂停和音量控件。<audio>元素允许使用多个<source>元素，<source>元素可以链接不同的音频文件，浏览器将使用第一个支持的音频文件。其中 audio 标签主要的属性包括 autoplay、controls、loop、preload 和 src 等，而 video 标签主要的属性包括 muted、poster、autoplay、controls、loop 和 src 等。<audio>标签支持的 3 种文件格式：MP3、Wav、Ogg；<video>标签支持三种视频格式：MP4、WebM、Ogg。

参考答案

（55）A

试题（56）

在 Android 的系统架构中，__(56)__ 提供了开发 Android 应用程序所需的一系列类库，方便开发人员快速地构建应用整体框架。

（56）A．Libraries and Android Runtime   B．Application
   C．Application Framework   D．Linux Kernel

试题（56）分析

本题考查 Android 系统架构基础知识。

Android 的系统架构采用了分层架构思想，从上到下分为 4 层，分别为 Application（应用层）、Application Framework（应用框架层）、Libraries and Android Runtime（系统运行库层）和 Linux Kernel（Linux 内核层）。其中在应用层，Android 会附带一系列核心应用程序包，包括 E-mail 客户端、SMS 短信程序、日历、地图、浏览器、联系人管理程序等。应用框架层主要为开发者提供了可以访问 Android 应用程序框架中的 API，该应用程序架构简化了组件的重用，任何一个应用程序都可以发布它的功能块，并且任何其他的应用程序都可以使用这些发布的功能块；另一方面该应用程序的重用机制使用户可以方便地替换程序组件。在系统运行库层，Android 平台包含了一些 C/C++库，Android 系统中的组件可以使用这些库，而 Android 运行时环境由一个核心库和 Dalvik 虚拟机组成。Linux 内核层作为硬件和软件栈之间的抽象层，为 Android 核心系统服务提供可以依赖的 Linux 内核。

参考答案

（56）C

试题（57）

以下对 Java EE 技术规范的描述中，错误的是__(57)__。

（57）A．JDBC 用于实现网络上不同平台上的对象相互之间的交互
   B．JNDI 用于执行名字和目录服务

C．JMS 用于和面向消息的中间件相互通信的应用程序接口

D．XML 用来在不同的商务过程中共享数据

试题（57）分析

本题主要考查 JavaEE 技术规范基础知识。

在 JavaEE 中包含十几种技术规范。其中 JNDI 是一个 Java 应用程序设计接口，提供了查找和访问各种命名和目录服务的通用、统一方式；JMS 是 Java 平台上有关面向消息中间件的技术规范；XML 是一种与平台无关的通用数据交换格式。

JDBC API 为访问不同的数据库提供了一种统一的途径。JDBC 对开发者屏蔽了一些细节问题，JDCB 对数据库的访问也具有平台无关性。

参考答案

（57）A

试题（58）

在下列选项中，使用 css 代码实现给网页中所有<h1>标签添加背景颜色的是　（58）　。

（58）A．#h1{background-color:yellow; }　　　　B．h1{background-color:yellow; }

C．h1.all{background-color:#00ff00;}　　　　D．h1{background-color:#00ff00;}

试题（58）分析

本题主要考查网页中 css 样式表的基础知识。

css3 的常用选择器主要有标签选择器、类选择器、id 选择器和伪类选择器。

标签选择器可以用来寻找特定类型的元素，如段落、超链接或者标题元素，只需要指定希望应用样式的元素的名称。

用类选择符可以把相同的元素分类定义成不同的样式。在定义类选择符时，在自定义类名称的前面加一个点（.）。

在 HTML 文档中，需要唯一标识一个元素时，就会赋予它一个 id 标识，以便在对整个文档进行处理时能够快速地找到这个元素。而 id 选择符就是用来对这个单一元素定义单独的样式。其定义方法与类选择符大同小异，只需要把"."改为"#"。

伪类不属于选择符，它是让页面呈现丰富表现力的特殊属性。之所以称为"伪"，是因为它指定的对象在文档中并不存在，它们指定的是元素的某种状态。应用最为广泛的伪类是链接的 4 个状态：未链接状态（a:link）；已访问链接状态（a:visited）；鼠标指针悬停在链接上的状态（a:hover）；被激活（在鼠标单击与释放之间发生的事件）的链接状态（a:active）。

参考答案

（58）D

试题（59）

在 JavaScript 中，Array 对象的　（59）　方法用于向数组的末尾添加一个或多个元素。

（59）A．sort()　　　　B．pop()　　　　C．push()　　　　D．slice()

试题（59）分析

本题考查对 JavaScript 中 Array 对象常用方法的掌握情况。

Array 对象即数组对象，在 JavaScript 中用于在单个变量中存储多个值，由于 JavaScript

中的数组是弱类型，允许数组中含有不同类型的元素，数组元素甚至可以是对象或者其他数组。Array 对象提供的主要方法包括：sort()方法用于对数组元素进行排序；pop()方法用于删除并返回数组的最后一个元素；splice()方法用于插入、删除或替换数组中的元素；push()方法用于向数组的末尾添加一个或多个元素，并返回新的长度。

参考答案

（59）C

试题（60）

在 jQuery 的 DOM 事件函数中，属于表单事件函数的是 (60) 。

（60）A．dblclick()　　B．blur()　　C．scroll()　　D．keyup()

试题（60）分析

本题考查 jQuery 的基础知识。

在 jQuery 的 DOM 事件函数中，当鼠标双击元素时，会发生 dblclick 事件，dblclick()方法触发 dblclick 事件，或规定当发生 dblclick 事件时运行的函数。当元素失去焦点时发生 blur 事件，blur()函数触发 blur 事件，或者如果设置了 function 参数，该函数也可规定当发生 blur 事件时执行的代码，blur 事件仅发生于表单元素上。当用户滚动文档或窗口时，会发生 scroll 事件，scroll 事件适用于所有可滚动的元素和 window 对象。而 keyup()方法用于当按键被松开时，发生 keyup 事件，它发生在当前获得焦点的元素上。

参考答案

（60）B

试题（61）

以下关于 JSON 的描述中，错误的是 (61) 。

（61）A．JSON 是一种轻量级的数据交换格式
　　　B．使用 JSON 表示数组时，以"{"开始，"}"结束
　　　C．JSON 的文件类型是后缀为".JSON"的文件
　　　D．JSON 的值可以是数字、字符串、对象、逻辑值、数组以及 null

试题（61）分析

本题考查 JSON 的基础知识。

JSON（JavaScript Object Notation，JS 对象的简称）是一种轻量级的数据交换格式。它基于 ECMAScript（欧洲计算机协会制定的 JS 规范）的一个子集，采用完全独立于编程语言的文本格式来存储和表示数据。简洁和清晰的层次结构使得 JSON 成为理想的数据交换语言。

使用 JSON 表示数组时，一个数组以"["（左中括号）开始，"]"（右中括号）结束。值之间使用"，"（逗号）分隔。

参考答案

（61）B

试题（62）

在 XML 的第一条声明语句中，不能使用的属性是 (62) 。

（62）A．standalone　　B．name　　C．encoding　　D．version

试题（62）分析

本题考查 XML 文档的基础知识。

XML 声明是文档头部的第一条语句，也是整个文档的第一条语句。XML 声明语句的格式如下：

<?xml version="version–number" encoding="encoding–declaration" standalone="standalone-status" ?>

XML 声明语句以"<?xml"开始、以"?>"结束，表示这是一个 XML 文档。处理指令是在 XML 文档中由应用程序进行处理的部分，XML 解析器把信息传送给应用程序，应用程序解释指令，按照它提供的信息进行处理。处理指令是以："<?"开始、以"?>"结束，其格式是：

<?处理指令名称处理指令信息?>

以"xml-[name]"开头的处理指令指定的是[name]中给出的与 XML 相关的技术。

参考答案

（62）B

试题（63）

在电子商务网站的基本构件中，__(63)__ 用来管理防火墙内外的用户、资源和控制安全权限，同时为用户的通信和电子商务交易提供通道。

(63) A．网站服务器　　　　　　　　　　B．安全服务器
　　　C．邮件和消息服务器　　　　　　　D．目录服务器

试题（63）分析

本题考查电子商务网站基本构件知识。

在电子商务的基本构件中，网站服务器主要是为了把网站的信息发布给用户；邮件和消息服务器是为企业员工、合作伙伴和客户提供商业级的通信架构；目录服务器主要用来管理防火墙内外的用户、资源和控制安全权限，同时为用户的通信和电子商务交易提供通道；而安全服务器主要是为了保证电子商务系统的数据安全、应用安全和交易安全。

参考答案

（63）D

试题（64）

数据库的概念设计阶段，__(64)__ 是常用的概念数据模型。

(64) A．层次模型　　　　　　　　　　　B．网状模型
　　　C．实体联系模型　　　　　　　　　D．面向对象模型

试题（64）分析

本题主要考查数据库的基础知识。

最常用的数据模型为概念数据模型和基本数据模型。其中基本数据模型是按计算机系统的观点对数据建模，是现实世界数据特征的抽象，用于 DBMS 的实现。基本的数据模型有层次模型、网状模型、关系模型和面向对象模型。而概念数据模型是按用户的观点对数据和信息建模，是现实世界到信息世界的第一层抽象，强调其语义表达功能，易于用户理解，是用

户和数据库设计人员交流的语言,主要用于数据库设计。这类模型中最著名的是实体联系模型,简称 E-R 模型。

参考答案

（64）C

试题（65）

在网页中要给"电子商务设计师"增加外边框,要求上下边框为实线、左边框为点线、右边框为凹型线,可以实现该功能的选项是 __（65）__ 。

（65）A. <p style="border-style:solid dotted solid groove">电子商务设计师</p>
　　　B. <p style="border-style:solid groove solid dotted">电子商务设计师</p>
　　　C. <p style="border-style:solid groove dotted">电子商务设计师</p>
　　　D. <p style="border-style:solid dotted">电子商务设计师</p>

试题（65）分析

本题主要考查 Web 前端开发中"盒模型"的基础知识。

边框样式属性 border-style 是一个复合属性,同时取 1 到 4 个值。border-style 属性:取 1 个值时,四条边框均使用这一个值;取 2 个值时,上下边框使用第一个值,左右边框使用第二个值,两个值一定要用空格隔开;取 3 个值时,上边框使用第一个值,左右边框使用第二个值,下边框使用第三个值,取值之间要用空格隔开;取 4 个值时,四条边框按照上、右、下、左的顺序来调用取值,取值之间也要用空格隔开。

根据上述规则,结合题目要求,上下边框为实线（solid）、左边框为点线（dotted）、右边框为凹型线（groove）,故选择 B 项。

参考答案

（65）B

试题（66）

区块链经济组织的信任基础是 __（66）__ 。

（66）A. 公司章程　　　B. 共识算法　　　C. 国家法律　　　D. 国际贸易规则

试题（66）分析

本题考查区块链经济组织的相关知识。

区块链是一种将数据区块以时间顺序相连的方式组合成的、并以密码学方式保证不可篡改和不可伪造的分布式数据库(或者叫分布式账本技术,Distributed Ledger Technology,DLT)。区块链的本质是一套技术体系,核心价值是解决信任问题。区块链经济组织的信任基础是共识算法。

参考答案

（66）B

试题（67）

一般情况下,机器学习、深度学习和人工智能之间的层次关系为 __（67）__ 。

（67）A. 机器学习<深度学习<人工智能　　　B. 深度学习<人工智能<机器学习
　　　C. 深度学习<机器学习<人工智能　　　D. 深度学习=机器学习<人工智能

试题（67）分析

本题考查人工智能、机器学习、深度学习之间的联系。

机器学习是一门多学科交叉专业，涵盖概率论知识、统计学知识、近似理论知识和复杂算法知识，使用计算机作为工具并致力于真实、实时地模拟人类学习方式，并将现有内容进行知识结构划分来有效提高学习效率。机器学习算法一直是人工智能背后的推动力量。所有机器学习算法中最关键的是深度学习。深度学习是机器学习的一个子集，机器学习是人工智能的一个子集。人工智能是研究使计算机来模拟人的某些思维过程和智能行为（如学习、推理、思考、规划等）的学科，主要包括计算机实现智能的原理、制造类似于人脑智能的计算机，使计算机能实现更高层次的应用。

参考答案

（67）C

试题（68）

大数据分析的效果好坏，可以通过模拟仿真或者实际运行来验证，这体现了大数据思维维度的 __(68)__ 。

（68）A．定量思维　　B．实验思维　　C．因果思维　　D．相关思维

试题（68）分析

本题考查大数据思维维度的相关知识。

大数据思维的三个维度是指定量思维、相关思维、实验思维。定量思维是指提供更多描述性的信息，其原则是一切皆可测。相关思维是指一切皆可连，消费者行为的不同数据都有内在联系。实验思维是指一切皆可试，可以通过模拟仿真或者实际运行来验证。这就是大数据运用递进的三个层次：首先是描述，然后是预测，最后验证及应用。

参考答案

（68）B

试题（69）

以下关于数据电文的叙述中，不符合《中华人民共和国电子签名法》规定的是 __(69)__ 。

（69）A．以电子、光学、磁或者类似手段生成、发送、接收或者储存的数据电文不能作为法律证据使用
　　　B．数据电文进入收件人指定特定接收系统的时间，视为该数据电文的接收时间
　　　C．数据电文进入发件人控制之外的某个信息系统的时间，视为该数据电文的发送时间
　　　D．一般情况下，除非发件人与收件人另有协议，数据电文应以发件人的主营业地为数据电文发送地点，收件人的主营业地为数据电文接收地点

试题（69）分析

本题考查《中华人民共和国电子签名法》对数据电文的规范和界定。

①数据电文进入发件人控制之外的某个信息系统的时间，视为该数据电文的发送时间。数据电文进入收件人指定特定接收系统的时间，视为该数据电文的接收时间；未指定特定系统的，数据电文进入收件人的任何系统的首次时间，视为该数据电文的接收时间。

②一般情况下，除非发件人与收件人另有协议，数据电文应以发件人的主营业地为数据电文发送地点，收件人的主营业地为数据电文接收地点。没有主营业地的，则以其常居住地为发送或接收地点。数据电文发送和接收地点对于确定合同成立的地点和法院管辖、法律适用具有重要意义。

③数据电文的证据法律效力：以电子形式存在的、能够证明案件真实情况的一切材料及其派生物则可成为电子证据。数据电文不得仅因为其是以电子、光学、磁或者类似手段生成、发送、接收或者储存的而被拒绝作为证据使用。

参考答案

（69）A

试题（70）

根据《中华人民共和国电子签名法》，__（70）__并不符合可靠的电子签名条件。

（70）A．电子签名制作数据用于电子签名时，属于电子签名人专有
　　　B．签署时电子签名制作数据由数字认证中心控制
　　　C．签署后对电子签名的任何改动能够被发现
　　　D．签署后对数据电文内容和形式的任何改动能够被发现

试题（70）分析

本题考查《中华人民共和国电子签名法》关于可靠电子签名条件的法律界定。

电子签名同时符合下列条件的，视为可靠的电子签名：(1) 电子签名制作数据用于电子签名时，属于电子签名人专有；(2) 签署时电子签名制作数据仅由电子签名人控制；(3) 签署后对电子签名的任何改动能够被发现；(4) 签署后对数据电文内容和形式的任何改动能够被发现。

参考答案

（70）B

试题（71）～（75）

In November 2017, we followed it up with "e-Conomy SEA Spotlight 2017 — Unprecedented growth for Southeast Asia's $50B __（71）__".There, we highlighted some of the most significant industry trends, such as the boom of e-commerce marketplaces and ride hailing services as well as the acceleration of __（72）__ in the region. We also discussed the encouraging progress made by ecosystem players in addressing challenges that constrain the internet economy from reaching its full potential, such as the availability of homegrown tech talent, digital payment solutions, last-mile __（73）__, high-speed internet access, and consumer trust.

Coping with the continuous development of Southeast Asia's internet economy ecosystem,"e-Conomy SEA 2018 — Southeast Asia's internet economy hits an inflection point" includes sectors of the internet economy not covered in our previous research, such as Online Vacation Rentals (__（74）__), Subscription Music & Video on Demand (__（75）__), and Online Food Delivery (Ride Hailing). These sectors have achieved substantial adoption among Southeast Asian users, resulting in significant business size and growth.

(71) A. internet access　　　　　　B. internet economy
　　　C. economic form　　　　　　D. economic activity

(72) A. venture capital investments　B. Internet of things technology
　　　C. venture market acceleration　D. artificial intelligence technology

(73) A. logistics operation　　　　B. logistics management
　　　C. logistics technology　　　D. logistics infrastructure

(74) A. Online education　　　　　B. Online games
　　　C. Online Travel　　　　　　D. Offline Travel

(75) A. Traditional media　　　　　B. Online trading
　　　C. Multi-media　　　　　　　D. Online Media

参考译文

2017年11月，我们以"2017年电子经济海洋焦点——东南亚500亿美元互联网经济前所未有的增长"作为跟踪报道。在那里，我们强调了一些最重要的行业趋势，如电子商务市场和搭车服务的繁荣，以及该地区风险投资的加速。我们还讨论了生态系统参与者在应对限制互联网经济充分发挥潜力的挑战方面取得的令人鼓舞的进展，这些挑战包括本土技术人才、数字支付解决方案、最后一英里物流基础设施、高速互联网接入和消费者信任。

为应对东南亚互联网经济生态系统的不断发展，"经济海2018——东南亚互联网经济迎来拐点"包括了我们之前研究未涉及的互联网经济领域，如在线度假租赁（在线旅游）、订阅音乐和视频点播（在线媒体）和在线食品配送（搭车）。这些部门在东南亚用户中获得了大量采用，从而带来了显著的业务规模和增长。

参考答案

(71) B　(72) A　(73) D　(74) C　(75) D

第10章 2020下半年电子商务设计师下午试题分析与解答

试题一（共15分）

阅读下列说明，回答问题1至问题4，将解答填入答题纸的对应栏内。

【说明】

某电子商务集团拟开发一套商品库存销售系统，该系统的部分功能及初步需求分析结果如下所述：

1. 仓库信息包括仓库号、仓库名、仓库类型和仓库地址等；
2. 商店信息包括商店号、商店名、商店地址、店员编号、店员姓名、店员电话和岗位等，一个商店可以有多个店员，一个店员也可以在多个商店工作，但岗位有所不同；
3. 商品信息包括商品号、商品名和单价等；
4. 仓库与商品之间存在"库存"联系，每个仓库可存储多种商品，每种商品存储在多个仓库中，库存包括存取量、库存量和存取时间等；
5. 商店与商品之间存在着"销售"联系，一个商店可销售多种商品，一种商品可在多个商店里销售，销售包括销售时间和销售量等；
6. 仓库、商店、商品之间存在一个三元联系"供应"，反映了把某个仓库中存储的商品供应到某个商店，此联系有供应时间和供应量两个属性。

【概念模型设计】

根据需求阶段收集的信息，设计的部分实体联系图如图1-1所示。

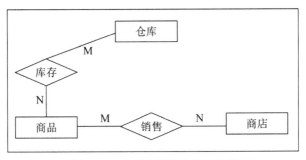

图1-1 商品库存销售系统实体联系图

【关系模式设计】

仓库(仓库号,仓库名,仓库类型,仓库地址)
商品(商品号,商品名,单价)
商店(商店号,商店名,商店地址,店员编号,店员姓名,店员电话,岗位)
库存(仓库号,商品号,存取时间,存取量,库存量)
销售(商店号,商品号,销售时间,销售量)
供应(__(1)__,__(2)__,__(3)__,供应时间,供应量)

【问题 1】（4 分）

在"商品库存销售系统实体联系"图中画出三元联系"供应"。

【问题 2】（3 分）

根据题意，将关系模式中的空（1）～（3）补充完整。

【问题 3】（4 分）

供应关系的主键为__(4)__，外键为__(5)__、__(6)__、__(7)__。

【问题 4】（4 分）

a. 商店关系属于第几范式？为什么？

b. 如果要使商店关系满足第三范式，应如何修改？

试题一分析

本题考查数据库概念结构设计、逻辑结构设计及关系数据理论的相关知识及应用。

此类题目要求考生认真阅读题目对现实问题的描述，经过分类、聚集、概括等方法，从中确定实体及其联系。题已经给出了 3 个实体及部分联系，需要根据需求描述，给出实体间的三元联系，并根据概念结构设计逻辑结构，同时对关系进行规范化处理。

【问题 1】

由"每个仓库可存储多种商品，每种商品存储在多个仓库中"可知仓库与商品间为 m：n 联系；由"一个商店可销售多种商品，一种商品可在多个商店里销售"可知商店与商品间为 m：n 联系；再由"仓库、商店、商品之间存在一个三元联系"可知仓库和商店之间存在 m：n 联系，完整的实体联系如图 1-2 所示。

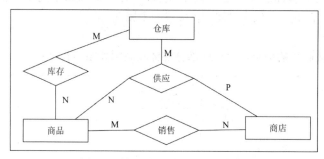

图 1-2 商品库存销售系统实体联系图

【问题 2】

由题意"仓库、商店、商品之间存在一个三元联系'供应'，反映了把某个仓库中存储的商品供应到某个商店"和图 1-2 实体联系图，根据概念模型转逻辑模型的原则，将三元联系"供应"转换成逻辑模型时，需要创建关系模型"供应"，对于 m：n 的联系，要将联系对应的实体主码都加入到新的关系模型"供应"中，完整的"供应"关系模式如下：

供应(仓库号,商品号,商店号,供应时间,供应量)

【问题 3】

"供应"关系反映了把某个仓库中存储的商品供应到某个商店，同时还需注意可以给一个商店分时间多次供应一个仓库的一种商品，因此供应关系的主键为（仓库号，商品号，商店号，供应时间），外键为仓库号（参照"仓库"关系）、商品号（参照"商品"关系）及商店号（参照"商店"关系）。

【问题 4】

a.

第一范式是指在关系模型中，所有的域都应该是原子性的，即关系中的每一列都是不可分割的原子数据项。

第二范式在 1NF 的基础上，非码属性必须完全依赖于候选码（在 1NF 基础上消除非主属性对主码的部分函数依赖）。

商店（商店号，商店名，商店地址，店员编号，店员姓名，店员电话，岗位）关系中每一列都不可分割，属于第一范式；其主码是{商店号，店员编号}，而商店号→商店名，即存在部分函数依赖，因此不属于第二范式，只能属于第一范式。

b.

第三范式在 2NF 基础上，任何非主属性不依赖于其他非主属性（在 2NF 基础上消除传递依赖），即第三范式不能存在部分函数依赖及传递函数依赖，因此需将商店关系分解为：

商店(商店号,商店名,商店地址)
店员(店员编号,店员姓名,店员电话)
工作(商店号,店员编号,岗位)

参考答案

【问题 1】

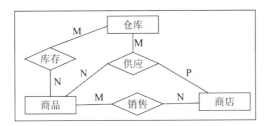

【问题 2】

（1）仓库号

（2）商店号

（3）商品号

注：（1）～（3）答案可以互换

【问题 3】

（4）仓库号，商店号，商品号，供应时间

（5）仓库号

（6）商店号

（7）商品号

注：1.（4）中的四个属性不分先后顺序；

　　2.（5）～（7）可以互换

【问题 4】

a. 第一范式

商店（商店号，商店名，商店地址，店员编号，店员姓名，店员电话，岗位）关系的主码是{商店号，店员编号}，而商店号→商店名，因此存在部分函数依赖，属于第一范式。

b. 第三范式不能存在部分函数依赖及传递函数依赖，需将商店关系分解为：

商店(商店号,商店名,商店地址)
店员(店员编号,店员姓名,店员电话)
工作(商店号,店员编号,岗位)

试题二（共 15 分）

阅读以下说明，回答问题 1 至问题 3，将解答填入答题纸的对应栏内。

【说明】

某公司开发一套网上商城系统，其中服务端程序基于 ASP.NET+SQL Server 平台，采用 C#语言设计，客户端除了 PC 端的系统外（PC 端采用 C#语言开发基于 ASP.NET+SQL Server 平台的系统），还基于 Android 平台设计了 App，App 采用 Java 语言开发。

【问题 1】（7 分）

App 中包括一个积分兑换功能，兑换积分规则有两种：一是 500 积分兑换 10 元代金券，二是 1000 积分兑换 25 元代金券。在积分兑换界面中包括一个积分余额的 TextView（@+id/pointsBalance）、一个用户输入要兑换的积分数的 EditText（@+id/pointsUse）、一个显示兑换结果的 TextView（@+id/result）、一个查看可兑换结果的 Button（@+id/call）及一个兑换的 Button（@+id/exchange）。

要求在点击查看可兑换结果按钮时，首先判断用户输入的积分数，如果已超过积分余额，显示"余额不足"，否则按最大可兑换代金券数量的原则计算兑换结果，并将结果显示。以下是计算可兑换结果的主要程序，根据描述，完成代码。

```
public class CalculateResultActivity extends Activity {
    private TextViewnumBalanceText = null;
    private EditTextnumUseText = null;
    private Button callBtn = null;
    private TextViewresultView = null;
    @Override
    public void onCreate(Bundle savedInstanceState) {
        super.onCreate(savedInstanceState);
        setContentView(R.layout.main);
        numBalanceText = (TextView)findViewById(R.id._(1)_);
        numUseText = (EditText)findViewById(R.id._(2)_);
        callBtn = (Button)findViewById(R.id._(3)_);
        resultView = (TextView)findViewById(R.id._(4)_);
        callBtn.setOnClickListener(new OnClickListener() {
            @Override
            public void onClick(View v) {
                intnumBalance=Integer.parseInt(numBalanceText.getText().
```

```
toString());
            intnumUse = Integer.parseInt (numUseText.getText().toString());
            if( (5) ){
                Toast.makeText(MainActivity.this,"余额不足",Toast.LENGTH_SHORT).
show();
                return;
            }
            else{
                int num25= (6) ;
                int num10= (7) ;
                resultView.setText("可兑换："+num25 + "张 25 元代金券, " + num10+
"张 10 元代金券");
            }
        }
    });
    }
}
```

【问题 2】(3 分)

假定该购物系统的部分结构如图 2-1 所示，其中首页在网站根目录下，网页文件名为"index.aspx"，所有产品的页面文件都放在网站根目录下的"Products"目录中，其中"热销产品"网页文件名为"BestSell.aspx"、"手机"网页文件名为"Mobile.aspx"、"iPad"网页文件名为"iPad.aspx"、"蓝牙耳机"网页文件名为"Bluetooth.aspx"。根据这个站点结构创建一个 Web.sitemap 站点地图文件，根据题意，补全站点地图文件程序。

图 2-1 购物系统结构

```
    <?xml version="1.0" encoding="utf-8" ?>
    <sitemap xmlns="http://schemas.microsoft.com/AspNET/SiteMap-File-1.0" >
        <siteMapNode url=" (8) " title="首页" description="首页">
         <siteMapNode url="~/ (9) /BestSell.aspx" title="热销产品"
description="热销产品" >
          <siteMapNode url="~/ (9) /Mobile.aspx" title="手机"
description="手机" />
          <siteMapNode url="~/ (9) /iPad.aspx"title="iPad"description=
"iPad" />
```

```
        <siteMapNode url="~/ (9) /Bluetooth.aspx" title="蓝牙耳机"
description="蓝牙耳机" />
          < (10) >
      <!--其他站点内容省略-->
        </siteMapNode>
</siteMap>
```

【问题 3】（5 分）

在服务端 ASP.NET 程序的产品修改页面中，包括产品 ID 的显示控件 Label（ID：lblProductID），产品名称的文本框（ID：txtProductName），产品单价的文本框（ID：txtPrice），产品描述的文本框（ID：txtDetail），以及保存按钮（ID：btnSave）。当点击保存按钮时，将产品修改页面中的信息保存到产品表（表名：products）中，并返回当前路径下的产品查询页面（ProductList.aspx）。其中 SQL Server 数据库服务器地址为"135.40.3.21"，数据库名为"Business"，数据库登录用户名为"myBusiness"，密码为"@Business_China"，产品表（products）结构如表 2-1 所示。

表 2-1 products 表结构

字段名	数据类型	说明
productID	Nchar（20）	商品编号，主键
productName	Nchar（20）	商品名称
price	Float	单价
detail	Varchar（1000）	商品详情

根据题意，完成修改指定商品的代码。

```
protected void btnSave_Click(object sender, EventArgs e)
{
    string strcon="server=135.40.3.21;database= (11) ;uid=myBusiness;pwd=@Business_China";
    SqlConnection con = new SqlConnection( (12) ); //新建 SQL 连接
    string sqlStr = "update (13) set productName='"+txtProductName.Text ;
    sqlStr+="',price="+txtPrice.Text+",detail='"+txtDetail.Text;
    sqlStr +="' where (14) ='"+ lblProductID.Text+"'";
    try
    {
        con.Open(); //打开 SQL 连接
        SqlCommand command = new SqlCommand(sqlStr, con);
        if(command.ExecuteNonQuery() >0)
        {  //提示成功信息
            Response.Write("<script> alert('修改成功');window.location.href=' (15) '; </script> ");
        }
        else
```

```
            {   //提示失败信息
                Response.Write("<script>alert(' 修 改 失 败 ， 请 检 查 后 重 新 修 改 ')
</script>");
            }
        }
        //异常处理程序省略
    }
```

试题二分析

本题考查基于 Android 平台的 App 开发、ASP.NET 站点地图、连接访问数据库等技术。

此类题目要求考生认真阅读题目对问题的描述，题目已经给出了部分程序，分析该部分程序代码，再根据需求描述，补全程序代码。

【问题 1】

根据题意，首先创建了 4 个对象，再分别根据 id 获取对象，其中积分余额文本框 id 为"pointsBalance"、兑换积分数的输入框 id 为"pointsUse"、查看可兑换结果的按钮 id 为"call"及显示兑换结果的文本框 id 为"result"。在查看可兑换结果的按钮单击时，分别获取积分余额文本框和兑换积分数输入框的内容并转换成整型值；然后判断当兑换积分数大于积分余额数时，显示"余额不足"，否则按照最大可兑换代金券数量的原则，应尽可能用 1000 积分兑换 25 元代金券，则最多可兑换 25 元代金券数量为：兑换积分数/1000 的整数值，可兑换 10 元代金券数量为：兑换积分数 MOD1000/500 的整数值，最后输出兑换结果。完整的程序代码如下：

```
    public class CalculateResultActivity extends Activity {
        private TextView numBalanceText = null;
        private EditText numUseText = null;
        private Button callBtn = null;
        private TextView resultView = null;
        @Override
        public void onCreate(Bundle savedInstanceState) {
            super.onCreate(savedInstanceState);
            setContentView(R.layout.main);
            numBalanceText = (TextView)findViewById(R.id.pointsBalance);
            numUseText = (EditText)findViewById(R.id.pointsUse);
            callBtn = (Button)findViewById(R.id.call);
            resultView = (TextView)findViewById(R.id.result);
            callBtn.setOnClickListener(new OnClickListener() {
            @Override
            public void onClick(View v) {
               int numBalance=Integer.parseInt(numBalanceText.getText().
toString());
                int numUse = Integer.parseInt (numUseText.getText().toString());
                if(numUse>numBalance){
                    Toast.makeText(MainActivity.this, "余额不足", Toast.
LENGTHSHORT).show();
                    return;
```

```
                }
                else{
                    int num25= numUse/1000;
                    int num10= numUse%1000/500;
                    resultView.setText("可兑换: "+num25 + "张25元代金券, " + num10+ "张10元代金券");
                }
            }
        });
    }
}
```

【问题2】

根据题意，首页在网站根目录下，网页文件名为"index.aspx"，首页的路径应该为"~/index.aspx"，所有产品的页面文件都放在网站根目录下的"Products"目录中，其中"热销产品"网页文件名为"BestSell.aspx"，其路径应为"~/ Products /BestSell.aspx"，"手机"网页文件名为"Mobile.aspx"，其路径应为"~/ Products / Mobile.aspx"，"iPad"网页文件名为"iPad.aspx"，其路径应为"~/Products /iPad.aspx"，"蓝牙耳机"网页文件名为"Bluetooth.aspx"，其路径应为"~/Products / Bluetooth.aspx"。另外，XML标记一般是成对出现。完整的程序代码如下：

```xml
<?xml version="1.0" encoding="utf-8" ?>
<siteMap xmlns="http://schemas.microsoft.com/AspNET/SiteMap-File-1.0" >
    <siteMapNode url="~/index.aspx" title="首页" description="首页">
        <siteMapNode url="~/Products /BestSell.aspx" title="热销产品" description="热销产品" >
            <siteMapNode url="~/Products/Mobile.aspx" title="手机" description="手机" />
            <siteMapNode url="~/Products/iPad.aspx" title="iPad" description="iPad" />
            <siteMapNode url="~/Products /Bluetooth.aspx" title="蓝牙耳机" description="蓝牙耳机" />
        </siteMapNode>
        <!--其他站点内容省略-->
    </siteMapNode>
</siteMap>
```

【问题3】

根据题意，首先设置数据库连接字符串，其中SQL Server数据库服务器地址为"135.40.3.21"，数据库名为"Business"，数据库登录用户名为"myBusiness"，密码为"@Business_China"，然后再根据连接字符串创建连接对象。题目要求根据产品编号（productID）的值修改产品（products表）相应的值，修改成功时返回当前路径下的产品查询页面（ProductList.aspx），否则显示"修改失败"。完整的程序代码如下；

```
protected void btnSave_Click(object sender, EventArgs e)
{
    String strcon="server=135.40.3.21;database=Business;uid=myBusiness;pwd=@Business_China";
    SqlConnection con = new SqlConnection(strcon);   //新建SQL连接
    String sqlStr="update products set productName='"+txtProductName.Text;
    sqlStr +="', price ="+ txtPrice.Text +", detail ='"+ txtDetail.Text;
    sqlStr +="' where productID ='"+lblProductID.Text+"'";
    try
    {
        con.Open();  //打开SQL连接
        SqlCommand command = new SqlCommand(sqlStr, con);
        if (command.ExecuteNonQuery() >0)
        {   //提示成功信息
            Response.Write("<script> alert('修改成功');window.location.href=' ProductList.aspx '; </script> ");
        }
        else
        {   //提示失败信息
            Response.Write("<script>alert('修改失败,请检查后重新修改')</script>");
        }
    }
    //异常处理程序省略
}
```

参考答案

【问题1】

（1）pointsBalance

（2）pointsUse

（3）call

（4）result

（5）numUse>numBalance

（6）numUse/1000

（7）numUse%1000/500

【问题2】

（8）~/index.aspx

（9）Products

（10）/siteMapNode

【问题3】

（11）Business

（12）strcon

（13）products

（14）productID

（15）ProductList.aspx

注：（13），（14）字母不区分大小写

试题三（共 15 分）

阅读以下说明，回答问题 1 至问题 3，将解答填入答题纸的对应栏内。

【说明】

在开发某大型电子商务系统项目过程中，为保证软件的开发质量，需要进行软件测试。某测试员需要完成销售情况统计模块及某函数的测试任务。

【问题 1】（5 分）

现有一个功能模块，需要验证员工编号输入是否正确。员工编号的编码规则如下：

（1）员工编号是由"地区码+顺序号"组成；

（2）地区码是以 0 开头的 3 位或 4 位数字；

（3）顺序号是以非 0 和非 1 开头的 4 位数字。

由上述规则设计员工编号的等价类（如表 3-1 所示）以及员工编号问题的部分测试用例（如表 3-2 所示），根据题意，填写（1）～（5）空。

表 3-1 员工编号问题的等价类表

输入条件	有效等价类	无效等价类
地区码	以 0 开头的 3 位地区码① 以 0 开头的 4 位地区码②	以非 0 开头数字③ （1）④ 以 0 开头且大于 4 位的数字⑤ 含有非数字字符⑥
顺序号	（2）⑦	以 0 开头的数字⑧ 以 1 开头的数字⑨ 以非 0 和非 1 开头且小于 4 位的数字⑩ 以非 0 和非 1 开头且大于 4 位的数字⑪ 含有非数字字符⑫

表 3-2 员工编号问题的等价类测试用例

用例编号	输入数据		覆盖等价类编号	输出
	地区码	顺序号		
1	029	2345	①，⑦	有效
2	02a	4567	⑥	无效
3	0112	7452	（3）	有效
4	021	0045	（4）	（5）
5	010	18d2	①，⑫	无效
…	…	…	…	…

【问题 2】（8 分）

现有一个求给定序列中最小元素位置的函数，其中形参 i 和 n 分别代表序列的起始和结束位置。被测程序的流程图如图 3-1 所示。

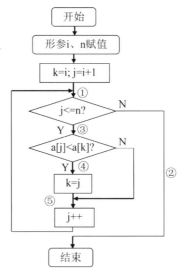

图 3-1 被测试程序的流程图

说明：流程图中数字代表程序执行的路径，形参 i 和 n、中间变量 k 和 j 都为整型变量。

现选用测试数据为"7，3，5，1，0，11，3，8，23，44"，依次将这些测试数据存放在数组 a 中，结合表 3-3 被测试程序的测试用例，填写（6）～（12）空。

表 3-3 被测试程序的测试用例

序号	循环次数	形参		中间变量	测试结果	执行路径
		i	n	j	k	
1	0	1	0	2	1	①—②
2	0	1	1	(6)	1	(7)
3	1	1	1	(8)	3	①—③—⑤—①—②
4	0	2	1	3	2	①— —②
5	(9)	1	3	(10)	(11)	(12)
…	…	…	…	…	…	…

【问题 3】（2 分）

在表 3-3 被测试程序的测试用例中，当选用语句覆盖测试时，语句覆盖率为 100%的测试用例为 (13) （填写测试用例的序号）。

试题三分析

本题考查软件测试中，使用等价类测试、语句覆盖等测试方法完成程序中功能模块和函数的测试。

题目已经给出员工编号的等价类以及员工编号问题的部分测试用例，需要根据员工编号的编码规则，完善等价类和测试用例表中内容；根据被测程序结构图，完成被测试程序的测试用例中部分内容。

【问题 1】

本问题考查等价类软件测试方法。结合员工问题的等价类表、员工编号的编号规则，完成员工问题的等价类测试用例。

等价类划分法是黑盒测试中最基本、最常用的测试用例设计思想与方法，通过该方法可以将海量的随机输入数据测试变为少量的、更有针对性的测试。其具体方法就是将所有可能的输入数据，即程序的输入域划分成若干部分（子集），然后从每一个子集中选取少数具有代表性的数据作为测试用例。

等价类是指某个输入域的子集合，可有两种不同的情况：有效等价类和无效等价类。"有效等价类"是指对于程序的规格说明来说是合理的、有意义的输入数据构成的集合，利用有效等价类可以检验程序是否实现了规格说明中所规定的功能和性能要求。"无效等价类"与"有效等价类"相反，是指对程序的规格说明来说是无意义的、不合理的输入数据构成的集合，利用无效等价类可以检验程序是否具有容错性和较高的可靠性。

分析"地区码"的无效等价类，③、⑤和⑥将"非数字字符（其他字符输入）""以 0 开头的大于 4 位的数字"以及"非 0 开头的数字"非法输入检测中，对"以 0 开头且小于 3 位的数字"的非法输入未包含，因此"地区码"的无效等价类④处应填写"以 0 开头且小于 3 位的数字"。

根据员工编号的编号规则"顺序号是以非 0 和非 1 开头的 4 位数字"可知，顺序号的有效等价类⑦处应填写"以非 0 和非 1 开头的 4 位数字"。

在"被测试程序的测试用例"表中，地区码"0112"覆盖了等价类②，顺序号"7452"覆盖了等价类⑦，因此第（3）空应填②、⑦，输出"有效"；地区码"021"覆盖了等价类①，顺序号"0045"覆盖了等价类⑧，因此第（4）空应填①、⑧，第（5）空的输出结果为"无效"。

【问题 2】

分析"被测试程序的流程图"可知，函数模块的主要功能是求给定序列（数组）中最小元素位置的函数，函数的形参为 n 和 i，中间变量为 k 和 j，数据类型均为整型。给定不同的形参值，执行过程为：

当 i=1，n=0 时，k=1，j=2，此时"j<=n"的值为"假"，执行路径为①-②，直接结束。

当 i=1，n=1 时，k=1，j=2，此时"j<=n"的值为"假"，执行路径为①-②，直接结束。因此第（6）空应填写"2"，第（7）空填写执行的路径为"①-②"。

当 i=1，n=2 时，k=1，j=2，此时"j<=n"的值为"真"，此时 a[j]即 a[2]=5，a[k]即 a[1]=3，选择条件"a[j]<a[k]"的值为"假"，执行路径为①-③-⑤，进行"j++"操作后，j=3，执行路径为①-③-⑤-①，此时"j<=n"的值为"假"，执行路径为①-③-⑤-①-②，直接结束。整个循环执行了 1 次。因此第（8）空形参 n 的值为"2"。

当 i=1，n=3 时，k=1，j=2，此时"j<=n"的值为"真"，此时 a[j]=a[2]=5，a[k]=a[1]=3，

选择条件"a[j]<a[k]"的值为"假",执行路径为①-③-⑤,进行"j++"操作后,j=3,执行路径为①-③-⑤-①,循环体完成 1 次执行;由于"j<=n"的值为"真",执行路径为①-③-⑤-①-③,a[j]=a[3]=1,a[k]=a[1]=3,选择条件"a[j]<a[k]"的值为"真",执行路径为①-③-⑤-①-③-④,k 和 j 的值一样都是 3;执行路径变为①-③-⑤-①-③-④-⑤,执行"j++"语句后,j 的值变为 4;当执行路径变为①-③-⑤-①-③-④-⑤-①时,完成第 2 次循环后,"j<=n"的值为"假",执行路径为①-③-⑤-①-③-④-⑤-①-②,直接结束。整个循环执行了 2 次。因此第(9)空循环次数为"2",第(10)空中间变量 j 的值为"4",第(11)空中间变量 k 的值为"3",第(12)空整个程序执行的路径为"①-③-⑤-①-③-④-⑤-①-②"。

【问题 3】

所谓语句覆盖,就是设计若干个测试用例,运行被测程序,使得每条可执行语句至少执行一次。而语句覆盖率的计算公式为"语句覆盖率=被评价到的语句数量/可执行的语句总数×100%",分析"被测试程序的流程图"可知,被测程序的"被评价到的语句数量"和"可执行的语句总数"在形参 n 和 i 满足某个条件时,它们是相等的,此时语句覆盖率就是 100%。

分析表 3-3 被测试程序的测试用例可知,在测试用例序号为 5 时,此时形参 i=1、n=3,整个循环将执行 2 次,所有的语句都会被执行,被测程序的"被评价到的语句数量"和"可执行的语句总数"相等,因此该测试用例对应的语句覆盖率为 100%。

参考答案

【问题 1】

(1)以 0 开头且小于 3 位的数字

(2)以非 0 和非 1 开头的 4 位数字

(3)②,⑦

(4)①,⑧

(5)无效

【问题 2】

(6)2

(7)①-②

(8)2

(9)2

(10)4

(11)3

(12)①-③-⑤-①-③-④-⑤-①-②

【问题 3】

(13)5

试题四(共 15 分)

阅读下列说明,回答问题 1 至问题 4,将解答填入答题纸的对应栏内。

【说明】

刘经理负责某公司一个电子商务网站建设的项目管理工作。为了更好地对该项目的开发过程进行监控,保证项目顺利完成,刘经理拟采用网络计划技术对项目进度进行管理,图 4-1 为该项目的网络进度计划图,表 4-1 为项目各项作业正常工作与应急工作的时间和费用。

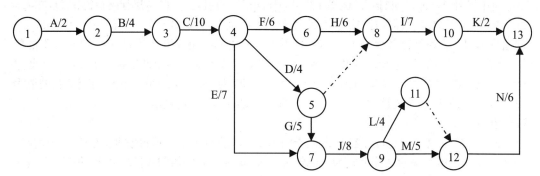

图 4-1 项目的网络进度计划图

表 4-1 项目各项作业正常工作与应急工作的时间和费用

作业代码	正常工作		应急时间	
	时间(天)	费用(元)	时间(天)	增加的费用(元)
A	2	1200	1	300
B	4	2500	3	200
C	10	5500	7	900
D	4	3400	2	700
E	7	1400	5	200
F	6	1900	4	300
G	5	1100	3	300
H	6	9300	4	600
I	7	1300	5	400
J	8	4600	6	200
K	2	300	1	100
L	4	900	3	100
M	5	1800	3	300
N	6	2600	3	360
间接费用 200 元/天				

【问题 1】(3 分)

运用网络图,确定该项目的关键路径为__(1)__。

【问题 2】(2 分)

项目完成的总工期为__(2)__天。

【问题 3】(7 分)

根据项目要求,工期缩短到 38 天完成,需要调整工作计划。按照时间-成本平衡法的目标,请给出具体的工期压缩方案并计算需要增加的最少费用:

最优压缩的作业依次是 __(3)__ 压缩 __(4)__ 天，__(5)__ 压缩 __(6)__ 天，__(7)__ 压缩 __(8)__ 天；

项目缩短工期增加成本最少 __(9)__ 元。

【问题4】（3分）

项目工期缩短到38天，刘经理请财务部估算项目的费用，该项目费用变化了 __(10)__ 元。

试题四分析

本题考查电子商务项目计划控制与优化的知识及应用，包括关键路径、工期、时间成本平衡优化等知识点的应用。

此类题目要求考生掌握电子商务项目计划控制优化方法，关键路径寻找方法及单代号图、双代号图等；时间成本平衡法的目标是在总成本增加最少的条件下压缩工期，使项目在最短时间完成。

【问题1】

在关键线路法（CPM）中，线路上所有工作的持续时间总和称为该线路的总持续时间，将网络图中所有线路的作业时间进行比较，总持续时间最长的线路称为关键线路，关键线路上的工作称为关键工作，关键线路的长度就是网络计划的总工期。可用网络计算找关键路径，即总持续时间最长的线路，分别计算各路径：

ABCDGJMN =2+4+10+4+5+8+5+6=44

ABCDGJLN=2+4+10+4+5+8+4+6=43

ABCEJMN =2+4+10+7+8+5+6=42

ABCEJLN=2+4+10+7+8+4+6=41

ABCFHIK=2+4+10+6+6+7+2=37

ABCDIK=2+4+10+4+7+2=29

因此关键路径为 ABCDGJMN。

【问题2】

由于关键线路的长度就是网络计划的总工期，因此总工期为44天。

【问题3】

根据题目要求，工期缩短到38天完成，按照时间-成本平衡法的目标，即在总成本增加最少的条件下压缩工期，使项目在最短时间完成。每项工作的工期从正常时间缩短至应急时间都有自己的单位时间和成本。正常时间是在正常条件下完成工作需要的估计时间长度；正常成本是在正常时间内完成工作的预计成本。应急时间是完成工作的最短估计时间长度；应急成本是在应急时间内完成工作的预计成本。缩短工期的单位时间和成本可用如下公式计算：（应急成本－正常成本）/（正常时间－应急时间）。

要达到要求则要缩短6天，所以需要先将大于38天的4条路径中某些共同活动进行缩减。其中在4条路径共同活动中计算。首先从单位增加成本最低的活动开始，单位成本最小依次为 J（200/2=100）、N（360/3=120）、B（200/1=200）、C（900/3=300）、A（300/1=300）。

首先 J 可以缩短2天，增加成本200元，还需缩短4天，然后 N 活动缩短3天，增加成本360元，还需缩短1天。

压缩到这里的时候，路径 ABCEJLN、ABCEJMN 和 ABCDGJLN 都是已经小于或等于 38 了的，所以这个时候只要保证关键路径 ABCDGJMN 还可压缩一天即可，由于 G 和 M 缩短 1 天的成本都是 150 元，所以在这两个活动中任意压缩一天即可。增加成本 150 元。本题答案为：（3）J，（4）2，（5）N，（6）3，（7）G 或 M，（8）1。

所以增加的总成本为：200（J）+360（N）+150（G 或 M）=710 元。

【问题 4】

题目中间接费用为每天 200 元，即工期缩短一天可减少费用 200 元，6 天共计 1200 元。增加费用为 710 元，因此项目缩短工期为 38 天后，该项目费用变化了 1200–710=490 元，即实际节省费用为 490 元。

参考答案

【问题 1】

（1）ABCDGJMN 或 (1-2-3-4-5-7-9-12-13) 或 A-B-C-D-G-J-M-N

【问题 2】

（2）44

【问题 3】

（3）J

（4）2

（5）N

（6）3

（7）G 或 M

（8）1

（9）710

【问题 4】

（10）490

试题五（共 15 分）

阅读下列说明，回答问题 1 至问题 4，将解答填入答题纸的对应栏内。

【说明】

A 品牌充分利用网络营销手段，在消费者形成购买决策前就与之充分互动，将消费者最想预先知晓的产品信息进行有效的传递，在广告预算没有增长的情况下，产生的销售业绩增长超过两倍。A 品牌网络营销的成功取决于以下方面：

首先，A 品牌通过调研获知，有 65%的消费者在做出购买决定前，会进行至少 3 次的搜索；有 29%的消费者会进行 5 次以上的搜索。而用户关注的信息主要体现在三个层面：价格、服务和产品性能的详细信息。因此，针对这三个层面的信息，A 品牌通过详细研究用户查询时可能出现的关键词组合方式，将产品名称的各种排列组合的关键词一并购买，让旗下所有产品名称都置于搜索结果的第一位。并且对关键词的选择以及结果的呈现方式做了优化，使消费者在决策前知晓相关的信息，从而促进产品的销量。

基于以上消费者分析，A 品牌对关键词及其组合进行选择、优化，大大提升 A 品牌被收录的机会。通过百度 A 品牌专区的促销公告、商品信息等图文并茂形式的呈现，这种新颖的内容呈现方式可以将潜在消费者吸引到 A 品牌网站进行消费。同时广告主在品牌专区亲手编辑栏目内容，将企业的最新信息前移，主动管理企业在搜索引擎上的品牌形象，实现网络平台和线下活动的良性互动。这样不但能够提升品牌形象，并且为 A 品牌网上商城带来了很多高质量的流量，大幅度地提高了品牌关键词的转化率，进而促进销售的大幅度提升。

此外，A 品牌与搜索运营商达成精诚合作，利用搜索引擎分 IP 显示关键词广告的功能，联合分散在全国各城市的经销商，进行当地市场的品牌精准传播。用户输入 A 品牌产品的名称后，在结果列表首位展示的是 A 品牌的官方网站，结果列表次位展示的是当地经销商的网站。

A 品牌的这一创举，首先达成了品牌的大面积覆盖，关于 A 品牌的一切产品都排在搜索结果首位，在用户心目中树立了良好的品牌形象。其次，达成了品牌的细分覆盖，能够根据用户所属地区提供有针对性的结果，为经销商的销售带来线索。最后，A 品牌与经销商联合进行营销，使得 A 的整体品牌形象得到高度统一，同时节省了各经销商各自为战带来的高额广告预算。

【问题 1】（3 分）

案例中 A 品牌采用的营销方法是 （1） ，A 品牌采用该营销方法最基本的目标是 （2） 和 （3） 。

（1）的备选答案：

  A．移动营销 B．微博营销 C．E-mail 营销 D．搜索引擎营销

（2）～（3）的备选答案：

  A．被收录 B．提高转化率 C．提高品牌知名度 D．排名靠前

【问题 2】（5 分）

结合案例材料分析 A 品牌实施该营销的目标有四层：第一层是存在层，它的营销目标是 （4） ，这是该营销的基础；第二层是表现层，它的营销目标是 （5） ；第三层是关注层，它的营销目标是 （6） ；第四层是转化层，它的营销目标是 （7） 。其中 （8） 属于战略层次的目标。

（4）～（7）的备选答案：

  A．在搜索结果中排名靠前

  B．通过用户访问量的增加进而提升销售业绩

  C．增加被主要搜索引擎收录的机会

  D．增加用户的点击（点进）率

（8）的备选答案：

  A．存在层 B．转化层 C．关注层 D．表现层

【问题 3】（3 分）

结合案例材料分析 A 品牌实施该营销采用的基本方法是： （9） 、 （10） 、 （11） 。

（9）～（11）的备选答案：

  A．资源合作

  B．搜索引擎优化

C．购买关键词广告
D．竞价排名
E．PPC（按点击付费）广告

【问题4】（4分）

结合案例材料分析，列出A品牌提高知名度所采用的策略分别是 __(12)__、__(13)__、__(14)__、__(15)__ 。

试题五分析

本题考查搜索引擎营销的目标和方法。

此类题目要求考生认真阅读案例材料，运用搜索引擎营销的相关知识对案例材料进行分析。

【问题1】

搜索引擎营销（Search Engine Marketing），简称为SEM。简单来说，搜索引擎营销就是基于搜索引擎平台的网络营销，利用人们对搜索引擎的依赖和使用习惯，在人们检索信息的时候尽可能将营销信息传递给目标客户。通过对案例材料分析，A品牌采用的营销方法是搜索引擎营销。一般认为，被搜索引擎收录和在搜索结果中排名靠前是搜索引擎营销两个最基本的目标。

【问题2】

搜索引擎营销的目标包括四个层次：增加被主要搜索引擎收录的机会、在搜索结果中排名靠前、增加用户的点击（点进）率、通过用户访问量的增加进而提升销售业绩。其中第一层是存在层，它的营销目标是增加被主要搜索引擎收录的机会，这是搜索引擎营销的基础；第二层是表现层，它的营销目标是在搜索结果中排名靠前；第三层是关注层，它的营销目标是增加用户的点击（点进）率；第四层是转化层，它的营销目标是通过用户访问量的增加进而提升销售业绩，它属于战略层次的目标。

【问题3】

结合案例材料分析，A品牌实施搜索引擎营销的方法包括：(1) 搜索引擎优化。A品牌对关键词及其组合进行选择、优化，大大提升A品牌被收录的机会。通过百度A品牌专区的促销公告、商品信息等图文并茂形式的呈现，同时广告主在品牌专区亲手编辑栏目内容。(2) 资源合作。A品牌与搜索运营商达成精诚合作，利用搜索引擎分IP显示关键词广告的功能，联合分散在全国各城市的经销商，进行当地市场的品牌精准传播。(3) 竞价排名。A品牌通过详细研究用户查询时可能出现的关键词组合方式，将产品名称的各种排列组合的关键词一并购买，让旗下所有产品名称都置于搜索结果的第一位。

【问题4】

结合案例材料分析，A品牌提高知名度所采用的策略有：(1) 优化关键词。A品牌对关键词的选择以及结果的呈现方式做了优化，使消费者在决策前知晓相关的信息，从而促进产品的销量。(2) 优化内容。商品信息以图文并茂形式的呈现，这种新颖的内容呈现方式可以将潜在消费者吸引到A品牌网站进行消费。同时广告主在品牌专区亲手编辑栏目内容，将企业的最新信息前移，达到提升品牌形象的目的。(3) 加强与搜索运营商合作。A品牌与搜索运营商达成精诚合作,利用搜索引擎分 IP 显示关键词广告的功能,联合分散在全国各城市的经销商,进行当地市场的品牌精准传播。(4)线上与线下活动的互动。A 品牌主动管理企业在搜索引擎上的品牌形象,实现网络平台和线下活动的良性互动。(5)广告促销。用户输入 A 品牌产品的名称后,在结果列表首位展示的是 A 品牌的官方网站,结果列表次位展示的是当地经销商的网站。

参考答案
【问题 1】
　　(1) D 或搜索引擎营销
　　(2) A 或被收录
　　(3) D 或排名靠前
　　注:(2)～(3)答案可互换
【问题 2】
　　(4) C 或增加被主要搜索引擎收录的机会
　　(5) A 或在搜索结果中排名靠前
　　(6) D 或增加用户的点击(点进)率
　　(7) B 或通过用户访问量的增加进而提升销售业绩
　　(8) B 或转化层
【问题 3】
　　(9) A 或资源合作
　　(10) B 或搜索引擎优化
　　(11) D 或竞价排名
　　注:(9)～(11)答案可互换
【问题 4】
　　(12)～(15)只需答出以下五个要点(或与要点意思相近)中的任意四个即可。
　　要点 1:优化关键词(关键词选取/突出关键词密度)
　　要点 2:优化内容(新颖的内容呈现形式/原创网站的内容)
　　要点 3:加强与搜索运营商合作
　　要点 4:线上与线下活动的互动
　　要点 5:广告促销